O2O实战笔记

计鑫◎著

電子工業出版社
Publishing House of Electronics Industry
北京•BEIJING

内 容 简 介

近些年，随着线上电子商务的兴起和用户规模不断扩大，以及传统线下门店面临越来越大的成本压力和增长放缓的需求，无论是线上互联网公司还是线下实体企业对于O2O的呼声和需求越发的迫切。于是各种“权威专家”、各类“兴衰论调”及各行业的实业企业纷纷热捧、试水O2O，连原本已经很热闹的电子商务平台为了赶上这趟车也纷纷推出了O2O平台和O2O各种战略。

本书主要从互联网等信息渠道角度，结合传统线下门店业务的商业模式、产品特征和盈利等，从消费者需求、产品变革、市场营销、系统改进，以及产业链、资源整合的角度，全面诠释O2O的特点、需求和实际情况。

图书在版编目（CIP）数据

O2O实战笔记 / 计鑫著. —北京：电子工业出版社，2016.3
ISBN 978-7-121-28285-0

Ⅰ. ①O… Ⅱ. ①计… Ⅲ. ①电子商务－研究 Ⅳ. ①F713.36

中国版本图书馆CIP数据核字(2016)第045333号

策划编辑：张彦红
责任编辑：徐津平
印　　刷：三河市双峰印刷装订有限公司
装　　订：三河市双峰印刷装订有限公司
出版发行：电子工业出版社
北京市海淀区万寿路173信箱　　邮编：100036
开　　本：720×1000　1/16　印张：20.5　字数：279千字
版　　次：2016年3月第1版
印　　次：2016年3月第1次印刷
定　　价：59.00元

凡所购买电子工业出版社图书有缺损问题，请向购买书店调换。若书店售缺，请与本社发行部联系，联系及邮购电话：（010）88254888。

质量投诉请发邮件至zlts@phei.com.cn，盗版侵权举报请发邮件至dbqq@phei.com.cn。

服务热线：（010）88258888。

前言

近些年，随着线上电子商务的兴起和用户规模不断扩大，以及传统线下门店面临越来越大的成本压力和增长放缓的需求，无论是线上互联网公司还是线下实体企业对于 O2O 的呼声和需求越发的迫切。于是各种“权威专家”、各类“兴衰论调”及各行业的实业企业纷纷热捧、试水 O2O，连原本已经很热闹的电子商务平台为了赶上这趟车也纷纷推出了 O2O 平台和 O2O 各种战略。

在媒体、舆论、专家乃至各种电商 O2O 战略热闹的背后，看惯了“三分钟热情”和“蜂拥而上”的我们仍需冷静把握。O2O 作为一种新兴的模式，需要从其最基本的商业本质，即满足需求、盈利的方面去诠释和运用。

在实际生活中，大部分顾客对于商品和服务的购买往往是根据自身需求来进行选择的，很少有人因为产品的购买形式、产品的展示方式而进行选择。O2O 这种形式也不例外，对于现阶段线上线下整合及线下实体经济而言，其最本质的核心是通过互联网与线下实体店结合，即通过互联网、APP、二维码等互联网线上手段，以顾客个性化的大数据为基础，结合线下门店的体验与服务，满足用户不同层次的需求，同时满足对周边产品的需求。这种与移动互联网结合的方式满足了线下企业对于低成本、跨地域、广范围的市场推广需求，同时可以让客户享受到区别于以往的更好的服务体验。这个过程的实现，又会对 LBS、EDM、短信、CRM、大数据与数据挖掘等技术有所要求。当然对于 CRM、数据库等方式和技术，无论是对于线上互联网而言还是线下实体企业而言，都是发展到一定阶段后，所必需的技术基础，并且要结合国内现行的线下实体企业现状。对于本书中的 O2O，我们把这些方面作为企业发展的必需条件，而没有简单地归结到线上互联网部分。

站在顾客和市场空间的角度，由于时间性、地域性方面的原因，对于线下服务与产品的需求将会是一种刚性的和持续放量的。O2O 这种模式刚好可以使线下原有的商业服务从产品+卖场为核心，转变为以消费者个性化+精准化为核心。同时，对于线下的各类闲散资源和剩余资源也会是一种很好的盘盈和处理方式。面对 O2O 的浪潮和变革，传统线下企业和互联网的创业者们应当更加冷静。因为不同的企业、行业、商业模式和领域对于 O2O 的运用本质和最终目的是截然不同的。例如，有些上市企业大肆炒作自身的 O2O 是为了企业股市价格；有些平台扩张性 O2O 战略是为了自身扩大销售份额，继续资本裂变服务。对商业模式的使用也是一样，"先烧钱后上市"、"免费理论"等互联网化的商业模式其背后是其行业自身规律、环境及资本的需要等多种条件所决定的。O2O 的进入者们首先应当根据自身企业发展的需求，在完善现有商业模式和经营的情况下，制定并寻找自身的 O2O 模式，因为企业自身特点、发展阶段、盈利模式是不同的，盲目模仿必然会导致失败。这种模式的探索同时也是多方面的，不仅仅是简单的商道，还包括企业文化、市场竞争策略、产品策略等多方面的内容。

O2O 不是免费的午餐，企业企盼从 O2O 中完善自身、增加竞争力和销售额。对于顾客而言，更好地满足需求才是最重要的，“白猫黑猫，捉到老鼠的才是好猫”

本书主要从互联网等信息渠道角度，结合传统线下门店业务的商业模式、产品特征和盈利等，从消费者需求、产品变革、市场营销、系统改进，以及产业链、资源整合的角度，全面诠释 O2O 的特点、需求和实际情况。

目录

企业作为营利性的组织，其经营离不开市场和营销环节。好的市场策略和营销方案可以帮助企业迅速实现腾飞，成为其发展助力，而一旦企业在市场和营销方面出现了问题，则往往对企业的日常经营造成致命性的影响。

线下实体经济的发展不同于线上经济的发展，其自身具备完整的理论性和体系性，且发展时间较长，并且在不同的发展周期中受宏观经济因素影响较大。

1

大环境与商业模式

谈到商业模式，相信传统行业的从业者并不会觉得陌生，随着市场经济的发展和行业间竞争的加剧，不同的商业模式日新月异。下面我们简单介绍几种目前比较流行的商业模式。

1.1 次世代的中国互联网和电子商务

谈到电子商务，如果还以为这是个高大上的新玩意儿，那你可就落伍了。谈到电子商务，如果你还以为就是简简单单地买点东西赚点利润，那你可能连一个铜板也赚不到。谈到电子商务，如果你还想续写从几个人的小店发展为几百亿人的平台神话，那你可能有点难度。今日的电子商务，早已度过了幼年、青年，进入而立之年。

电商历史虽然不长，但仍值得回味和品读。有必要从历史的角度，简单地介绍一下电商的发展经历和阶段。自上世纪 90 年代互联网、计算机和信息技术突飞猛进的发展，电脑和网络渐渐开始成为人们家庭日常生活的一部分，随着 eBay、亚马逊等国外电商巨头陆续进入中国市场，国内也诞生了如 8848 这样最早的国内互联网电子商务先驱企业，但受到当时用户的购买喜好、购物观念，以及基础硬件条件支撑不足等因素制约，国内电子商务市场始终发展得比较缓慢。当初除了在各大高校的课本上，可以接触到关于电子商务的相关内容和信息外，在实际的日常生活中难寻其踪影。电子商务发展到 2005 年前后，经过多年的教育、探索和磨合，电子商务所需的硬件环境、行业环境，以及用户习惯在消费市场上才日臻成熟。这期间，消费者人群特别是年轻消费人群对于新鲜事物接受较快，其购物习惯已经悄悄跟随电子商务的壮大而逐渐发生变化，随着淘宝、京东、凡客等一大批电子商务网站的创建，我国电子商务市场终于初见成效。

但电商行业进入 2010 年前后，伴随电子商务销售额呈几何倍数的增长，越来越多的资本、传统企业和传媒企业参与到了电子商务的产业链中。电子商务原先在产品和服务的竞争中逐渐转变为资本和价格上的竞争上来。

这期间，电子商务行业的整体结构从“跑马圈地”、“八仙过海”似的中等规模电商企业居多的枣核型结构逐步转变成“寡头通吃”和“全民电商”的次世代的哑铃型电子商务体系结构。

一方面，电子商务企业间的无序竞争和资本热捧导致线上的营销成本和通路成本呈几何形暴增，新增用户购买成本从过去的几十元增长至几百元不等，以致有电商市场总监曾对媒体自嘲道：“与其花了天价营销费用吸引新顾客来买东西，还不如干脆直接把商品免费送给顾客呢”。

另一方面发生在电子商务所售出的产品上，因为绝大多数电商网站是从网站平台起家，这也就造成了其自有产品的基因不足。因此，直接导致了同类型电商网站间主售的产品大量雷同，用户在选择购买产品时首先出于对于产品本身的品牌和功能的信任，其次是价格。对于平台而言消费者毫无忠诚度和黏性可言，这也为未来电子商务领域爆发一轮轮的价格战埋下了伏笔。

从电子商务网站的盈利模式看，除了个别有产品优势或某些垂直电子商务能够从产品销售所产生的毛利润中平衡掉市场、物流等费用，基本处于盈亏平衡和微盈利的状态外，大多数电子商务企业处于亏损状态。当然，这些盈亏平衡和微盈利的电商企业其市场宣传费用、仓储物流等投入往往不高，这也直接导致了市场宣传不足，消费者认知较少及服务配送较慢等问题，企业总体年度增长较其他电商网站偏低。

而扩张型电子商务网站的盈利模式大多遵循资本裂变的方式进行获利，即通过天价的市场宣传、漫天的广告投放和耗费巨大两败俱伤的价格战，以巨额亏损的代价获得市场占有率、新增用户数量、用户交易额等数据指标的爆炸式增长，以此获得风险投资和资本市场的青睐，在不断融资和股权稀释中套现并最终通过上市模式将价值转嫁，实现资本利益的最大化。这种类型的电子商务网站其年度销售额所产生的利润根本无法平衡掉企业在各方面所花的费用，企业长期处于亏损，甚至出现上市和上市后不久即跌破发行价的市场奇观。

正是这种资本、利益及规模的追逐，导致电子商务原来单纯依靠所售商品盈利的模式发生了“畸形”改变，并最终形成资本游戏和寡头垄断的次世代电子商务局面。

从行业产业链角度观察次世代的电子商务，电商上游主要产品生产和供应商越来越重视网络销售渠道，纷纷试水成立了自己的电子商务部门与团队，并加大了在电商领域的产品线投入和生产。上游企业电商部门的成立和渠道进一步扁平化使得原先线下的经销商受到了一定程度的冲击和影响。

从产业环境上看，各大媒体尤其是线上媒体都将电商作为重点客户和扶持业务，各种电商代运营和专业电商广告公司如雨后春笋般出现。至此中国次世代电子商务的大幕已经拉开，中国的电子商务进入了电子商务 2.0 时代。

作为一种销售业态，为更好地满足客户服务需求，主流电子商务网站大多自建物流体系和遍布全国的仓储平台。正是由于电子商务公司继承了互联网公司“轻公司”的理念，所以在产品的控制权、商品仓储和订单配送服务上一直先天不足。造成了产品同质化严重并引发价格战，仓储条件不足导致商品周转率低和大量季节性损耗，终端配送能力不足、第三方配送服务差，从而造成顾客购物体验上的缺失。值得庆幸的是越来越多的电子商务公司注意到了这些问题，从网站自有品牌产品建设，到阿里集团宣布投资建立菜鸟物流体系都是在尝试解决问题。

2013年5月16日，阿里物流在深圳成立注册公司。菜鸟公司经营许可项目颇多，如物联网软件研究、设计、开发与制作，相关技术咨询与技术服务，以及投资管理、企业管理、投资咨询、经济信息咨询服务。

在菜鸟江湖大会上，菜鸟网络表示："菜鸟网络已经建成了完整覆盖全国的物流网络，年内将实现50城市的次日必达。"菜鸟网络接下来将在快递、仓配、跨境、农村和驿站五大战略方向发力，力争早日实现包裹国内24小时送达，全球72小时必达的目标。

在快递方面，菜鸟网络下一步的重点是利用互联网和大数据，协同快递公司推进快递业务数据化及产品、服务的分层，全面提升物流行业的速度和服务水平。同时围绕消费者体验，建立良好的市场秩序，帮助快递公司告别低端的价格战。在要建设的仓配备智能骨干网络方面，菜鸟网络通过社会化协同的方式形成一张覆盖全国的骨干网络，帮助商家提升仓配运营效率和体验。通过全国五地分仓的方式，降低物流成本，在年内实现50个城市次日达。为配合阿里巴巴集团的全球化和农村战略，在跨境物流方面，菜鸟通过全球网络的搭建，降低跨境电商物流的门槛。在出口方面，实现各国邮政信息直连，同步设立海外仓，更好地服务全球市场；在进口方面，菜鸟网络将实现集货进口、直邮线路等方式，让消费者获得与国内网购一样的物流体验。

菜鸟网络计划首期投资人民币1000亿元，希望在5～8年的时间内，努力打造遍布全国的开放式、社会化物流基础设施，建立一张能支撑日均300亿元（年度约10万亿元）网络零售额的智能骨干网络。

利用先进的互联网技术，建立开放、透明、共享的数据应用平台，为电子商务企业、物流公司、仓储企业、第三方物流服务商、供应链服务商等各类企业提供优质服务，支持物流行业向高附加值领域发展和升级。最终促使建立社会化资源高效协同机制，提升中国社会化物流服务品质，打造中国未来的商业基础设施。

菜鸟网络方面表示，中国智能骨干网要在物流的基础上搭建一个开放、共享、社会化的基础设施平台。据悉，中国智能骨干网体系，将通过自建、共建、合作、改造等多种模式，在全中国范围内形成一张开放的社会化仓储设施网络。

“菜鸟网络”是基于互联网思考、互联网技术，以及对未来判断而建立的创新型企业。中国智能骨干网将秉承和发扬开放、透明的互联网文化，致力于服务整个电商生态圈内的所有企业，促进生态圈的共同繁荣。

中国智能骨干网不仅是电子商务的基础设施，更是中国未来商业的基础设施。中国智能骨干网将应用物联网、云计算、网络金融等新技术，为各类 B2B、B2C 和 C2C 企业提供开放的服务平台，并联合网上信用体系、网上支付体系共同打造中国未来商业的三大基础设施。菜鸟网络更强调说，菜鸟网络不会从事物流，而是希望充分利用自身优势支持国内物流企业的发展，为物流行业提供更优质、高效和智能的服务。

行业人士指出，中国智能骨干网的建设还将助力地方经济发展与产业升级，加速推进城镇化进程，提高国民经济信息化水平。一方面，中国智能骨干网将在不断完善物流信息系统的同时，依托国家现有公路、铁路、机场等交通基础设施的布局和规划，建设遍布全国的现代化物流仓储网络，提升社会物流效率和基础设施利用率，并向所有的制造商、网商、快递物流公司、第三方服务公司开放，与产业链中的各个参与环节共同发展。

另一方面，中国智能骨干网的建设将带动地方经济的结构转型，推动外贸型企业多渠道发展，促使更多产业电商化，促进资源优化配置。在重要节点城市，将发挥产业集群效应，加速地区传统产业和电子商务的不断融合，促进第三产业服务商、配送、包装、软件等服务企业，以及电子商务企业的发展。通过提升就业率、提高新产值收入贡献，实现区域电子商务的繁荣，真正打造出若干具有示范效应的产业生态圈。

菜鸟网络表示，公司在初步发展期间将不计短期回报，持续投入，完成中国智能骨干网的搭建，支持1000万家新型企业发展，创造1000万个就业岗位，为中国社会经济发展转型和未来商业基础设施建设发挥更大的效力。

电子商务1.0版已经实现了基本覆盖主流网民及主流消费城市。在互联网上销售标准化产品已经改变了中国网民特别是年轻一代网民的购物和消费习惯。

电子商务2.0版受到资本利益和企业扩大规模的发展，需要在以下几个方面进行重点突破和集中放量。

1. 市盈规模

传统电子商务在标准化产品销售方面深受产品同质化、价格战和产品上游厂商的打压，其年营业额增长趋于放缓和理性。由于资本利益、股价需求等因素的影响，使得电子商务公司迫切需要从更大、更广的领域进行突破，而广大的线下零售、服务等资源恰恰是最好的选择。

2. 服务

顾客在购物时，对于小型、标准化或者已经使用过的熟知产品，完全没有认知层面上的问题，可以放心购买。除对产品自身的需求外，这种购买行为对于产品的配送、服务和退换货、维修、使用咨询等层面的服务要求却与日俱增。对此类客户进行跟踪调研，并且此类调研需要整合订单数据、呼叫中心、退货管理、财务和物流等多方面资源和信息，在全面整合的基础上开展。

在数据样本中，从顾客满意度的角度看，当日送达顾客满意度高达91.5%，次日送达顾客满意度为82%，三日内送达顾客满意度为51%，五日内送达顾客满意度仅为23%。

从退货率角度看当日送达顾客退货率为 5%，次日送达顾客退货率为8%，三日内送达顾客退货率为14%，五日内送达顾客退货率高达31%。

由此，我们可以得出以下结论。

1）网购用户对于标准化产品的购买，忍耐时间一般为三日内。

2）电商为了满足顾客购物的体验和时间需求，遍布全国建立了仓储体系和物流配送体系，但仍然不能满足部分顾客对于商品紧迫性需求（如药品）。

3）电子商务本质上是一种互联网化的零售业态，受到其本质特征的限制，仍有其先天不足的地方。

目前国内能够实现网上购物且当日送达的电商公司屈指可数，在这屈指可数的电商公司中也仅仅是针对核心一线城市能够实现，广大二、三线城市尚有很大的发展空间。

此外，电商公司所面临的产品售后问题，如及时退换货、上门自提、产品咨询与维修等，对大多数电商公司无论是投入还是资源整合均有很大程度的不足。

3．购物体验

品牌和标准化产品的好处就在于可以使得顾客在购买时免去对商品选购时的认知、疑虑和尝试风险。然后，作为电子商务这种零售业态，并非所有的商品都是品牌和标准化的产品，国际权威零售调研机构曾对1000名消费者展开随机的调研，数据结果显示顾客在购买小型、低价值的商品时考虑较少，主要是从产品的品牌、功效和价格等几方面考虑；而在购买大型、高价值商品时，顾客的考虑因素则明显增多，这其中首要因素是购买产品的安全性，另外一些次要的因素，如尺寸、颜色、材质等也会对顾客的购买产生决定性的影响。

因此，在非标准化产品和高价值产品的销售过程中，由于产品个体本身的唯一性和顾客选购的多条件性，以及网络本身这种展现形式的局限性，导致顾客在购买家具、珠宝等产品时，需要对商品本身有直接的考察、研究、体验和感受。

同时，在对商品的体验过程中也不仅仅是顾客本身和商品的互动，服务人员的专业知识、使用维护经验的传递、现场环境与氛围，以及销售人员本身的销售技巧都是顾客体验和电子商务线上服务的延续与补充。

4．广域人群

电子商务由于网络的特性，在前期的发展上受到了网络建设、计算机和智能硬件等必要基础条件的影响，目前主要在经济发达地区和主流网民中较为普遍。中老年人群，作为一直不可忽视的消费人群，有其自身的行为习惯和购物需求。对于这块庞大的市场，目前电子商务涉及较少，预计在未来会进一步扩大。

5．核心需求延伸

作为服务业和零售业的集合，电子商务满足顾客对商品的需求仅仅是其基本职能之一，这其中还应包括商品的配送、维修、使用指导等一系列围绕核心需求之外的潜在需求和服务。电子商务目前仅能满足顾客对于实现要求不强的标准化产品的销售，其核心需求之外的用户需求市场尚有巨大的增长空间。此外，随着近几年智能手机的普及和移动互联网的发展，在技术、位置和地域层面也为 O2O 打下了坚实的基础。

总之，电子商务经过几轮的洗礼和资本冲击，带着高投入低产出、产品同质化、价格战的烙印进一步继续扩大市场占有率和销售额，伴随着自身天生短板的“残疾”进入了线上线下互动的电子商务 2.0 时代。传统线下产业在面对线上电子商务和互联网模式的大举入侵时，用一句名言“祸兮福之所倚，福兮祸之所伏”最能表示其命运状况。

1.2　线下店面的困境与 O2O 的萌芽

传统线下门店由于实体经济自身的特点，以及房租、人员等成本较大的压力，其商业模式和盈利模式往往以短、平、快的方式为主，消费者可以直观地进行购买和享受服务，商家则通过提供产品或者服务直接进行获利。

但传统线下商业模式在实际运营时，却受到诸多条件的限制。如店面所在地区的人流量、当地消费人群的收入水平等。此外由于市场理念和渠道方式所限，线下门店进行宣传和推广的手段乏善可陈，不仅推广的效果一般、缺乏监测，而且市场费用巨大、周期长。这些情况往往不适合中小规模的门店进行市场推广和品牌宣传。

此外，线下店面的成本也与线上不同，除商品本身的成本外，还需要支出昂贵的店面租金、人员成本等。因此，传统线下店面急需一种能够有效降低企业运营成本，提高市场宣传效果的途径和方式。

站在生活、娱乐和消费者需求的角度上看，消费者对于从时间性、地域性上产生的体验需求和直接性购买刺激需求是一种长期的、刚性的且无法替代的消费欲望和需求综合体。

消费者的这些需求和产品的非标准化的特性，往往是传统电子商务网站所不具备的，传统的线上模式无法满足这些需求。因此，电子商务在往纵深发展时急需对这些资源和模式进行适应和整合。

在这种线下店面和线上电商为满足交易额扩大的共同需求下，同时为了更好地适应和满足消费者对于体验式和非标准化的产品需求，诞生了早期的O2O基础萌芽——团购。

良性市场和健康发展的团购模式，其核心和基础是盘活线下店面的零散资源，消化闲置库存产品，满足消费者对便捷和低廉价格的需求。

团购这种方式充分利用了互联网宣传跨越地域性和时间性的优势，不仅为困境中的线下店面带来了一种全新的低成本宣传渠道，而且大大提升了店面闲置资源的利用率，提高了店面收益。站在顾客的角度上，团购不仅可以低价享受原来高价的产品和服务，而且较好地满足了体验性和时间性的需求。

团购网站，正常的商业模式是从商家的产品销售中获得利益，但这种商业模式的弊端是盈利低、规模小。团购网站为了快速圈地、追求速度和规模，出现了“烧钱”买断产品的方式以换取交易量、订单量和市场占有率的扩张。这些使得原本正常发展的团购模式在中国市场无法按照原有模式和道路发展。团购由于进入门槛低、需求旺盛，最疯狂的时候在全国出现了 1000 余家团购网站，甚至三个初中生就可以建立日交易量几百单的团购网站。一时间全民办团购的疯狂之举在我国四处蔓延。

与此同时，团购网站间的竞争也在不断加剧。从最初企业级挖人、挖团队，发展到商家产品层面合作的排他性，即如果商户和一家知名团购网站合作，则其今后就不能与该团购网站之外的其他团购网站合作。同时，为了得到最佳的产品组合和价格，团购网站纷纷采取包量和买断的方式对“电影票+爆米花”之类的产品进行资本优势性垄断。

此外，坊间还经常爆出团购网站间彼此丑化和恶搞的闹剧。

在团购市场热闹非凡的同时，团购的配套市场也是风声水起，各类团购网站系统的版本如雨后春笋般出现。在大大降低团购网站创业门槛的同时，也带来了很多黑客入侵、用户信息泄露等严重的问题。

在消费者层面，随着团购网站的增多，之前很多高不可攀或者价格昂贵的产品与服务仿佛一夜间飞入寻常百姓家。消费者在欣喜之余，也进入了商家早已设计好的消费陷阱。团购商家设置消费门槛、暗自扣费等消费类投诉不断增加。很多商家在利益最大化的驱使下，纷纷降低了团购的服务质量和水平。消费者的团购体验明显下降，致使越来越多的消费者渐渐对团购产生了不满的情绪。

正是由于团购网站的畸形发展，商家的利益趋势导致了团购市场在不到一年多的时间内整个行业大洗牌，从商家到消费者纷纷对团购网站不再买账。而团购网站由于正常订单的薄利，难以抵挡市场成本的增加也纷纷倒闭，甚至出现了团购网站卷款外逃或者恶意拖欠商家货款的现象发生。

随着团购网站硕果仅存的几家融资兼并完成，热闹的团购市场日趋理性。团购的兴衰成败有其自身发展规律的历史性，但同时也有其合理性。

首先，线下商家在面对高租金、高成本的线下僵局时，的确需要一种跨越时间、地域的低成本宣传和引流渠道，以此带动客流并盘活店内剩余资源，因而商家对 O2O 的线上部分存在着必然的需求。

其次，站在用户层面。团购网站兴起之时，正是传统电子商务网站大举发展之时。团购网站的蓬勃发展，与其线下非标准化产品为主不无关联。团购网站相比传统电子商务网站很难在产品渠道资源上获得明显优势。因此，也证明了用户对于线下产品与服务的刚性需求之旺盛和不可替代。

第三，站在团购网站本身，其作为线上与线下 O2O 的尝试和结合，有着不可替代的历史意义。同时也为下一步 O2O 的纵深发展打下了良好基础。

传统门店和企业在与互联网结合时，首先应当考虑的就是自身的产品特点和用户的核心需求。其次明确自身的盈利模式，互联网模式和免费模式并不适合所有行业和产品，切不可盲目跟风。在利用互联网吸引客流的同时，门店企业做好成本控制和产品本身才是正道。

1.3 乱花渐欲迷人眼的商业模式

谈到商业模式，相信传统行业的从业者并不会觉得陌生。随着市场经济的发展和行业间竞争的加剧，不同的商业模式日新月异，下面我们简单介绍几种目前比较流行的商业模式。

1.3.1 平台商业模式

作为行业内不同层级价值链整合的代表模式，平台商业模式实施的关键在于通过对于关键资源的大量吸引，利用企业资本将业务目标从企业内部转移到企业外部，进而以最快的速度实践行业内外资源的整合，寻找到更大的市场机遇及发展空间。平台战略在发展阶段不仅可以实现企业扩张，而且还可以帮助企业脱离较低层次的市场竞争，比如价格战。

平台型商业模式的特点主要有以下几点。

1. 平台切入

作为打造平台模式的基础，无论是对于用户吸引还是对于市场的撬动而言，都需要一个切入点作为整个平台的入口。这个切入点可以是某款核心产品，也可以是用户的某个需求痛点。有了这个切入口，才有可能让各方在此基础上不断延展、推陈出新，进而实现整体的平台化。

2. 网络效应

所谓网络效应，对于新的用户和产品而言，集中体现在以下两点。

第一，网络中的用户因为新用户的不断加入，可以不断获得更多的交流机会，同时其信息交流的范围和频次也会日益增多。

第二，对于同一网络而言，其自身价值随着用户数量的增加而增加。

正是基于以上两点，网络效应对于平台战略而言，并不仅仅是服务好用户，而且还必须拥有足够大的用户基础，"以多为贵"才是平台战略的首选。

3. 内部秩序

平台战略作为参与方众多且涉及各方利益的一种"开放式"的模式，受到各方利益和资源等因素的影响，不可能自发地按照整体利益最大化的原则去运行。这时就需要一种明确、良好的规则作为平台上各参与方所共同遵守的行为准则，即全面保障平台上对于无限需求的无限满足、成本降低，以及收入和利润的倍增等。

4. 平台生态

作为平台战略很重要的一环，由于存在着大量的产品和企业在平台上通过较低的协作成本在不断地生态化聚集，在形成较大规模的同时，其竞争力足以超越任何一家大企业，但在灵活性上又更胜一筹。正是在这种背景下，平台上的企业、用户和利益相关方有机地组成了一个商业生态集群，这种生态化又反过来促进了平台上各方进入成本和创新成本的有效降低。

1.3.2 免费

所谓免费模式，站在用户的角度解释为，针对自身的某种需求对于企业的产品或者服务，由原本需要购买的使用转为免费使用的方式。

成功实施免费模式需要以下几个必要的基础。

第一，产品或者服务对于顾客而言可以满足用户的某种需求，进而存在一定的顾客价值。

第二，顾客过去可能需要购买或者付出一定的代价获得。

第三，部分顾客有“占便宜”的心理等。

正是这些顾客需求、消费心理和市场供应等情况，决定并影响了免费模式在市场竞争中的运用。免费模式使得企业可以通过最具杀伤力的价格去扩展市场、应对竞争，同时使得用户以最低的成本去获得并接受企业的产品和服务。相对于传统企业，互联网企业由于其产品的虚拟性和成本等方面的优势，往往较多地采取这种模式。免费模式对于企业而言，其利益的核心价值在于通过免费模式所带来的在成本、规模等方面的边际效应。免费模式的常见形式有以下几种。

（1）免费体验

充分利用新用户对于产品的好奇心理，通过免费体验的方式，让顾客以较低的成本感受到产品的益处。在顾客对企业建立信任感的同时，完成企业的最终营销。在免费体验的实际运作中，企业往往会采取更多产品措施进行营销配合，如通过对产品在体验上的设计，让顾客充分体验到产品所带来的便利和好处，促进用户购买，或者将这种体验行为本身与时间挂钩，在设定好的时间内可免费体验产品，如长期使用则需要购买等。

（2）资费转移

所谓资费转移，主要指的是针对大多数的一般用户采取免费策略，而对那些有需求的小众用户，如企业主、广告方则采取收费的方式进行资源的对接，进而实现顾客、平台和企业的利益共享和资源转化。还有一类资费转移，主要针对的是易耗品。易耗品模式主要是指针对那些在使用过程中需要大量耗材的产品。对于顾客而言，产品本身是免费的，但其所消耗的易耗品或者耗材，往往需要顾客付出高于市场同类的价格进行购买，进而实现企业中长期的利益最大化。此外，对于某些企业用户而言，通过向其免费供应设备或者产品，从而参与到其日常的利润分账中，这也是一种资费转移。

（3）产品组合

对于用户而言，有使用需求的免费产品吸引力总是很大，通过这些产品和策略进行用户的聚集，再通过其他产品的交叉互补，即某一个产品对于客户是免费的，而该产品的费用由其他的产品进行了补贴，促进用户的再次消费，这也是一种常见的免费策略。

1）鱼饵产品：这类产品推出的主要目的就是通过免费吸引并获取海量的目标客户。

2）赠品产品：这类产品主要是指将不同行业中或某重要板块中的主流产品转变为赠品的方式，吸引客户消费企业的主流产品进而获取市场。

3）分级产品：通过对产品进行分级，让顾客体验不同的获取方式，如基础版本免费，高级版本收费等方式。

（4）客户群组合

所谓客户群组合，在客户群体相互交叉和补充的基础上，充分利用了人的群体性和聚集性等特征，通过免费策略对一部分特定的用户进行吸引，进而拉动另外一部分客户的加入和消费。如酒吧对女士免费的策略，便是此类模式的体现。

（5）时间差

所谓时间差，在免费模式中主要体现在，利用淡季或者非黄金时段的闲散或者剩余资源，采取有针对性的免费措施，如特定人群、产品，这种时间差异上的免费措施，不仅对产品宣传上有极大的作用，而且还可以在不同产品之间进行交叉补贴，促进客户对于其他产品的消费。

1.4 O2O 商业模式

O2O 作为一种线上与线下双渠道的整合，它的实施和开展也绝非在原有单一渠道的基础上开拓另外一种渠道那么简单。正因为如此，无论在产业链整合、产品服务优化、企业内部效率提升等方面，以及在市场营销、目标人群定位和需求聚焦等方面，均和过去单一渠道模式相比更为广博和复杂，因此很多原来从事各行业的人员纷纷用各种各样的“颠覆”言论去包装和渲染 O2O。商业模式作为利益相关者的一种交易结构，决定着其相互间资源能力的重新分配。除去传统的炒作和利益追求外，O2O 还需要从商业模式的本质、特征等方面去综合理性地看待和评估。

1.4.1 原有商业模式的局限

在 O2O 模式下，对于原来单一线上或者线下企业而言，其在原有单一渠道基础上企业所依赖的商业模式，一方面成就了企业在过去模式和渠道下的生存和发展，另一方面也指导了企业对于自身未来发展、行业地位等宏观方面的大方向。因此，企业在实施 O2O 模式时，需要从行业和未来角度独立地评估和审视自身现有的商业模式。这种自我的审视和判断主要包括以下几个方面。

1．O2O 定位

（1）需求定位

企业实施 O2O 可以满足用户什么样的需求呢？这个需求的层级是什么呢？用户数量能否满足企业发展需要等。

（2）产品、服务定位

企业为用户提供什么样的 O2O 产品、服务？企业提供的 O2O 产品、服务相比企业过去的产品、服务及竞争对手的同类产品、服务有何特点和优势？以及企业如何提供这些产品、服务以满足用户的需求等。

2．行业及产业链

在原有行业和渠道供应体系中，企业如何获得 O2O 模式所需的产品、服务？企业过去的供应商及产业链能够有效支撑企业 O2O 模式的需求吗？企业是否需要引进新的或者剔除旧的利益相关者？在 O2O 模式下企业与利益相关者的交易是否可以沿用过去的方式，等等。

此外，在行业及产业链中还需要对企业实施 O2O 所需要的关键资源进行专项的评估和考量，例如企业要实施 O2O 需要获取哪些关键资源、需要采取什么方式获取到这些资源等。

3．O2O 模式下的盈利模式

企业实施 O2O 模式后，其生存和发展所需的利润来源于哪里？原有的利益分配模式还是否适合？在企业 O2O 模式下，在成本与利润之间的关系上是先投入后收入？还是先收入后投入？一次性投入还是持续投入？一次性收入还是持续性收入？等等。

此外，在企业盈利模式中还有一个重要的因素需要我们格外的注意，即过去企业在原有商业模式下的业务绩效和效率标准在企业实施 O2O 后，还是否适用 O2O 的需要。

通过对以上问题的分析和回答，我们可以从企业过去单一渠道下实施的商业模式的本质和特征的角度去评估，其与企业实施 O2O 的所需和发展是否可以很好匹配。同时在 O2O 的实施过程中，还需要企业用何种盈利模式、现金流组成和业务体系等进行支撑，以及支持企业 O2O 开展的商业模式背后的逻辑关系和运营需求有哪些等。

O2O 模式对于过去单一渠道下的企业而言，其原有的传统线下实体或者线上互联网企业会存在一些过去商业模式本质上的匹配困难和限制问题，常见的 O2O 对于原有商业模式的破坏如下。

1. 竞争

市场竞争是企业生存和发展的关键，在企业原有的单一渠道模式下，特别是那些较为成熟的行业，市场占有早已形成了相对固定的格局，企业间的竞争某种意义上也已达成了某种共识和约定俗成的方式。因此，无论是对于行业的新入行者还是原有企业对于现有隔绝的打破在无形中形成了一种阻碍。O2O 模式的实施则可以很好地帮助企业打破现有的格局，但竞争也面临着比以前更为复杂的局面。如，企业间竞争的层级比过去比拼实力和规模有所提升；在 O2O 模式下，企业原来单一渠道中所面临的竞争者的数量大大增加，等等。

2. O2O 模式下的产业链

原有单一线下实体或者线上互联网企业实施 O2O 线上与线下双渠道融合后，O2O 对于企业过去的渠道和产业链会产生以企业利益最大化为目的的进一步促进作用。这种作用主要表现在以下几个方面。

（1）由于 O2O 实施后对于企业在效率、覆盖面和业务方面的提升，所以过去单一渠道的供应链无论在结构上还是功能上都会出现不同程度的优化和跨渠道兼容整合。

（2）对于单一渠道模式的企业来说，由于新渠道的加入和处于双渠道的整合需求，企业过去的产业链在形态上会出现两种延伸变化。一种是企业过去的产业链结构会向行业和业务的纵深发展；另一种是随着公司业务、人群，以及 O2O 在产品、服务上的拓展，企业的产业链结构将呈现出不同程度的横向延伸，并最终覆盖多个不同的领域和维度，以便更好地支撑企业 O2O 的开展。

(3) 产业链伙伴。随着企业实施 O2O 后，企业在上述两种产业链结构和功能上的变化，在企业原有产业链系统上会不断出现新的合作伙伴的加入、原有合作伙伴的离去，以及各类不同但有着彼此利益关联的利益相关者不断涌现。

3. 产品、服务

企业 O2O 的实施带来的必然变化是企业在产品、服务上的改变。不同的产品、服务满足的对象所依托的渠道、商业模式和需求不同。对于企业而言，原来单一渠道和商业模式下，针对单一用户的需求所提供满足的产品、服务是否在 O2O 模式下继续发挥应有的作用，这本身也是对于企业实施 O2O 模式的一种考量。

4. 利益分配

企业实施 O2O 模式后，随着渠道、产业链、产品、服务等多方面的变化，企业在原有行业和商业模式下现行的利益分配制度和体系将面临一些变化和挑战。

(1) 话语权

O2O 实施后，企业在原有行业中的地位、市场占有率、产业链等方面相比过去单一模式下单纯地依靠规模和销量的状态，会呈现出话语权相比过去在不同程度上扩大或者缩小，同时呈现出更为复杂的变化趋势。

(2) 资源能力变化

O2O 实施后对于企业在资源能力方面的变化主要集中在对于资源的需求变化，企业对于 O2O 所需核心资源的控制力和获取方式的变化，以及市场竞争对于资源的掠夺和占有。

(3) 利益分配方式、比例和结构

由于企业 O2O 模式下产业链、合作伙伴和利益相关者的变化，造成了企业在原有的分配方式、模式、比例和结构上难以适用新的局面和变化情况。

5. 定位

在企业原有渠道和商业模式下，定位既是一个最基础的问题，同时也是一个涵盖各方面的需求体系。因此，定位也是企业商业模式当中最重要的组成部分，其直接决定着企业在各个体系上的方向和对于未来发展的选择。O2O 模式相比单一渠道，无论是在市场竞争，还是需求聚焦和人群锁定方面都更能帮助企业实现更大的价值，故而其在各方面定位的具体点也与单一渠道模式存在很大的不同。

6. 业务系统

在原有单一渠道模式下，企业的业务系统与商业模式之间可以很好地依存并配合，随着 O2O 的实施，原有的单一线上或者线下经济出现了线上与线下融合的情况。这不同于在原有单一渠道模式的基础上按照企业既有商业模式的需求增加渠道进行补充，而是不同渠道间在业务系统上的融合，并最终形成一种新的商业渠道。这种新的商业渠道与企业原有商业模式之间的配合关系，在某种意义上也是不同商业渠道需要不同商业模式运行的本质要求。

1.4.2 O2O 模式的误区

1. 误区 1——O2O 与管理模式

在企业实施 O2O 的过程中，对于 O2O 模式下商业模式的创新和调整，很多企业将 O2O 模式线上线下的双渠道平台认为是针对过去单一渠道的有效补充，只需要针对新的渠道加强管理便可以实现不同渠道间的融合，以及商业模式的创新与改造。现实市场，尤其是在成熟行业那些早已占据了稳定的市场并且已经形成自己企业文化的企业尤为突出。

这类企业是否能按照自己的意愿去实现对于自身商业模式的完善，甚至是通过自身管理模式去代替 O2O 对于企业商业模式的改造？我们需要从商业模式本身和企业管理模式这两种不同理念的背后去进行对比和分析。

企业管理模式的组成和内涵。无论是单一渠道的企业还是 O2O 模式的企业，企业的管理模式与企业的兴衰成本息息相关。在现实生活中，由于企业在管理模式和管理方面存在问题，导致企业最终走向失败和灭亡的案例比比皆是。企业的管理模式实际上是企业对其商业模式、企业价值和最终利益目标的执行机制。从企业管理模式的功能和理论组成而言，大致可以分为企业组织框架、企业自身的文化理念，内部管理结构和管理控制的方式、人力资源、业绩管理和考核等方面。

企业的管理模式和企业实施 O2O 所需的商业模式无论是在组成、内涵，还是管理的载体和侧重点等方面均存在较大差异，这种差异主要集中反映在以下几个方面。

第一，企业管理模式是与企业内人的因素发生直接关系的过程，是企业对于目标的执行机制的反映。而企业商业模式则更多地是企业的运行机制，它与企业内人的因素没有直接的关联。

第二，企业的管理模式受到企业所处行业特征的限制，如劳动密集型企业对人员的管理和科技密集型企业对人员的管理会截然不同。因此，企业管理模式在选择上的一个重要基石便是对于行业特点的适应性。商业模式在这一点上对于行业没有更多的限制，一个成功的商业模式可以从一个行业复制到另一个行业，不同的产业和行业属性仅为外在的表现形式不同。

第三，应对问题的方式不同。当企业的业绩、运营等方面遇到了人的问题时，企业唯一能做的就是在管理模式上进行调整以应对。而当企业遇到商业模式上的问题时，企业应对问题的方式则可以从商业模式组成中的一个方面或者多个方面入手进行调整和解决，这种不同解决方式的组合同样可以取得相同的目的。

2. 误区 2——O2O 与企业战略

企业在实施 O2O 的过程中，另一个常见的误区是很多企业将 O2O 模式视为企业的一种战略，从而忽视了 O2O 对于企业原单一渠道下商业模式的改造。将 O2O 作为企业的一种战略，这种情况在目前绝大多数的企业中，尤其是在企业管理层中普遍存在着的。

（1）误区体现

由于 O2O 本身在涉及线上与线下双渠道的同时，无论是在产品、市场还是人群和需求上都存在较大的变化，因此很多企业将由此带来的企业战略变化归结为 O2O 所带来的商业模式的变化。

1）一体化战略

线上或者线下单一渠道下的企业一体化战略主要有三种表现形式：横向一体化、前向一体化和后向一体化。企业在战略上的这三种变化与 O2O 模式下在产品、服务、供应链、业务体系等方面所带来的纵深与横向两个维度的变化在表现上相同。

2）支持战略

传统单一渠道下的企业，无论是在组织结构还是业务开展方面对于新渠道的把控或多或少都存在着不同程度的问题。尤其是为了能够有效地形成不同渠道间融合，企业仅仅停留在对于新渠道的业务有效开展阶段，则很难迅速地实现 O2O 的要求。故而对于企业新渠道的使用需要对于新渠道有效管理使用和已经形成一定规模的新渠道业务的组合，才能确保企业在短期内迅速实现 O2O 并抢占市场先机。对于单一渠道模式下的企业而言，单凭自身的努力是很难实现的。于是企业纷纷采取了各类支持战略，包括对于新渠道和新业务的兼并、收购等。这些战略对于企业而言往往是发展到一定阶段和规模后的必然选择——资本扩张。这在本质上和 O2O 模式所带来的商业模式变化没有必然的关联。

3）加强型战略

所谓加强型战略，在具体的表现形式上，是指企业为了开展 O2O，并适应新的环境变化，针对过去自身固有的产品、服务和市场等进行有针对性地开发和渗透。这些针对 O2O 的加强型战略，仅仅是在企业业务的具体表象上对 O2O 模式的适应和满足，远未达到商业模式变化所带来的影响程度。

4）防御型战略

所谓防御型战略，也是企业在开展 O2O 时广为采取的一种方式。其本质同上述各种战略的目的一样，为原有的单一渠道和商业模式所服务。防御型战略的变现主要集中在企业开展 O2O 后对于原有业务体系中部分模块的收缩、重组、剥离和清算等，在适应 O2O 模式需要的同时，减少企业的不良资产负担，达到最终确保自身既得利益的目标。企业防御战略的本身是企业在业务方面对于自身既得利益保护的需求所致，与 O2O 实施所带来的商业模式的变化同样无关。

5）多元化战略

企业处于增加自身收入，降低业务的经营风险阶段，往往针对现有的行业、市场和人群开展多元化战略。从企业多元化业务的组成上来看，多元化战略又可分为相关业务多元化和不相关业务的多元化。

随着企业 O2O 的开展，企业在原有产品、服务的基础上不断开拓新的产品、服务和市场，并最终形成了企业业务范围的多样性。这种在业务形态上的变化对于企业而言，无疑增加了企业的收入来源。对于这种变化很多企业将之视为企业的多元化战略，并视其为 O2O 下商业模式的变化。

（2）O2O 模式下商业模式和战略的区别

上述这些企业的观点和措施站在单独的企业战略角度，无论是在方向、组成还是理论的基础和体现上，都有着较强的说服力。但战略毕竟不能完全代替商业模式，商业模式和战略之间存在显著的差异。

1）定位差异

在企业的战略理论中，其整体的核心定位在于了解企业的具体客户是谁、其需求是什么、提供什么样的产品、服务满足其需求，等等。

而对于企业的商业模式而言，其定位的范围更为宽广，突破了企业内外边界、行业条件等的束缚，将重点集中在企业如何满足利益相关者的需求上。

2）组成差异

在战略和商业模式的具体组成和侧重点方面，对于企业的战略理论而言，其组成和关注点更加集中于企业在产业价值链、市场和产品等方面的地位等。而对于商业模式而言，其所涵盖的范围早已超出产业价值链的范畴，相比战略，商业模式对于商业交易的结构和利益相关者的利益诉求更加关注。

3）目标客户

在目标客户方面，对于企业的战略而言，其实施和制定的前提是企业已经拥有了明确的目标客户。而对商业模式而言，其与战略之间虽无必然的联系，但战略与商业模式在企业内部也会呈现一定的顺序关系，顺序不同，结果也会不同。在已经制定了企业战略的前提下，商业模式的选择面和数量会大大受限。相反，企业在确定商业模式后再制定战略，对于企业的战略选择来说，会有更多切实可行的选择。

（3）企业战略对于商业模式的影响

上面我们讲到了企业在实施 O2O 的时候，在商业模式的变化上与企业战略易于混淆的地方。从企业内部，尤其是企业的日常经营的角度，O2O 商业模式和企业战略间不仅是确定过程的先后产生不同影响的关系，而且还包含着很多运用和执行时的结合价值。

对于使用同样商业模式，但选择不同战略的企业而言，这种差异可以用交易价值的大小不同来体现。然后对于类似战略，但商业模式不同的企业间，其对于企业的变现差异，已经不能简单地局限在交易价值的体现，更多是通过企业从事生产经营、价值链条等多方面共同普遍存在的商业模式效率来反映和表示。

所谓商业模式效率，其主要是从企业商业模式所创造的价值空间和企业在该商业模式下的交易价值的比例关系来反映的。其中，企业商业模式所创造的价值空间，包括两个重要的组成方面。

第一，新价值的创造。

所谓新价值的创造主要是指企业在该商业模式下，市场增量空间的大小。企业市场空间的增加方式主要有通过在原有交易提供物中增加某种新价值的定性增加，以及将原有交易提供物中的某种价值进行放大的定量增加，这两种方式来实现。

第二，利益损耗。

所谓利益损耗主要是指在消费市场中，市场的空间往往是通过随机和无序的利益分配进行的，这种混乱和无序最终造成在经济总量上利益相关者的既得利益综合低于市场空间的总和，即利益损耗。

由于企业的交易价值直接由企业所选择的战略决定，进而企业内部商业模式和战略之间的数量关系，便可直接用空间价值的方式来进行表示和衡量。

因此，无论是对于行业还是企业而言，其在商业模式上的调整、优化和创新，可以从价值空间的衡量出发，按照新价值的创造和利益损耗这两个维度将商业模式分为以下几种。

名　　称	新价值创造高	新价值创造低
利益损耗高	高创高耗商业模式	低创高耗商业模式
利益损耗低	高创低耗商业模式	低创低耗商业模式

从上述企业在实施 O2O 过程中关于商业模式和企业战略之间的常见误区我们可以看到，无论是在同一商业模式下企业选择不同的战略，还是在同一个行业中企业采取不同的商业模式，都会对企业的业绩产生千差万别的影响。

3. 误区——O2O 与价值链

在企业实施 O2O 的过程中，由于 O2O 对于企业原有商业模式的改变，在企业的产业链、供应链等价值链方面也产生了一定的影响。因此很多企业，尤其对那些过去依靠产业链、供应链等价值链优势资源存活、发展的企业而言，往往将 O2O 所带来的商业模式改变与企业的价值链理论在实际执行过程中的影响混为一谈。

在传统单渠道和单商业模式下，价值链主要由基本性活动和支持性活动两方面构成。其中，基本性活动主要与企业的生产、销售等相关，而支持性活动主要与企业的日常管理和经营，如采购、人事、内部管理等相关。

相比企业的商业模式而言，价值链理论在企业中往往是以活动为中心的，而非企业的商业模式那样是以利益相关者为中心的。对于企业而言，不同的利益相关者可以采取相同的价值链活动，在这个过程中随着交易价值和方式的不同，会形成不同的商业模式，进而对企业的业绩和运营效果产生极大的影响。

站在 O2O 的本身，传统单一渠道企业的价值链很多都是基于行业、市场和所谓传统的方式进行的划分，对于价值链来说，某种意义上这些都是事前已经确定好的交易对象和交易活动。但在企业实施 O2O 的过程中，随着线上与线下不同渠道接触点的增多，企业的交易开始多样化。同时价值链中行业的界限和不同行业的交集越来越模式化，这些都对原有的价值链理论提出了更大的挑战

此外，还有一点值得我们注意的是，对于企业的价值链理论而言，其一切基本活动都是基于一个潜在价值的时序来进行的。在增加企业的利益相关者和交易的同时，对于原有的时序而言已不再固定，而是呈现出越来越多的变化。

1.4.3 O2O 下的商业模式变革

前面我们讲到了企业在实施 O2O 过程中常见的一些误区和陷阱，并看到了商业模式对于企业而言，其重要的意义。那么 O2O 下的商业模式到底是什么？由什么组成及我们在实施 O2O 的过程中如何完善、调整甚至创造新的商业模式？总体而言，需要从以下几个方面入手。

1. 业务体系

企业的业务体系作为商业模式的核心，一方面关系着市场需求的满足问题，另一方面也是企业对于业务相关主体的选择过程。对于同样的业务，企业可以选择不同的合作伙伴，合作伙伴的不同也会对企业的业务产生一定的影响。

在 O2O 下，企业商业模式中的业务体系相比原来单一渠道下的商业模式，可以从以下三个方面进行调整和设置。

（1）业务网络

企业实施 O2O 后，在线上、线下双渠道整合过程中新增的合作伙伴与原有合作伙伴等利益相关者对新增或者优化后的业务发生网络进行设置和调整。

（2）利益角色分配

O2O 实施后，随着业务渠道和产业链的变化，过去由于资源、规模等条件所带来的利益相关方在原有单一渠道模式下的位置和作用发生了变化，直接导致了利益相关者在利益价值链中的角色需要重新调整和分配。

（3）利益关系

由于 O2O 给企业业务在业务网络和利益角色上所带来的变化，企业过去业务体系当中关于利益相关者的关系，包括利益分配、控制权等都需要进行调整。

企业实施 O2O 后的业务体系，在业务网络、利益角色分配和利益关系这三个方面的组合、搭配，一方面使得企业突破了原有商业模式束缚，并为新的商业模式诞生提供了必要的土壤，另一方面站在企业自身的角度也会影响到企业在价值等方面的创造能力。

2. 利益相关者的满足

企业在交易过程中产生并涉及的利益相关者，既包括以企业交易所产生的业务相关的企业内部员工和内部业务配套客户，也包括消费者、供应商、企业外包服务商等外部合作伙伴。

随着企业 O2O 的实施，企业的利益相关者在发生变化的同时，需求也会发生不同程度的变化。对于这些变化，企业原有的商业模式很难有效满足，因此企业需要寻找更多方式去满足这些变化的需求。这个过程对于企业而言，也是一个商业模式定位的过程。商业模式下的定位不同于企业战略和营销的定位，企业的战略定位体系往往着眼于市场、客户和产品，而营销体系的定位则更偏重于需求，但无论是企业战略体系还是营销体系的定位往往都存在一个共同的问题，那就是忽略了产品、服务与需求之间的一个紧密联系的问题——需求的满足方式。作为商业模式而言，其利益相关者的满足恰恰就是将市场、用户需求的满足方式作为定位的核心和重点。

站在商业本质的角度，商业模式中的定位，既在于需求的满足方式，还在于其对企业价值主张的决定作用。企业的价值主张决定了企业的交易成本、交易价值和交易风险等方面的具体组成和含义，这些内容的明确和构成反过来又可以帮助企业筛选并实现价值最大化的满足方式。

对于商业模式的定位和需求方式的满足，我们可以从以下几个维度进行分析。

（1）使用价值

就企业的商业模式定位而言，企业所提供的产品、服务对于顾客而言的使用价值，是企业在开展任何工作前都需要认真思考和回答的问题。如，企业为顾客提供的产品、服务是用于满足使用需求还是成为赚钱的工具等。

（2）商品权的变化

作为商品而言，存在三种基本的物权——商品使用权、收益权和转让权。

传统的交易模式下，产品的销售过程实际上也是商品三种基本物权的转移过程即通过买家的购买，将全部物权一次性地转移给买家。而随着新产品、服务及 O2O 的兴起，商品的物权转移模式逐渐发生了变化，将过去一起转移的三权开始进行分割与重新的分配，这种变化一方面可以降低交易的成本或者更加有效地增加产品、交易的价值，另一方面还可以促进商业模式的创新及商业模式价值最大化的实现。

（3）交易实现

在商业模式的定位和分析中，还有一点需要我们注意，那就是对于整个企业和用户在交易实现过程中对不同环节、步骤的分析和把控。如，双方交易前的相互搜寻过程、交易过程中的讨价还价过程，以及交易完成后的执行过程。对于不同的商业模式而言，在交易实现过程中环节上的不同，往往也会导致企业、市场和用户对于交易价值、成本和风险的不同，进而对于整个商业模式产生较大的影响。

3. 盈利方式

盈利方式无论是对于企业还是商业模式而言，都是企业收支的来源，与收支的方式息息相关。盈利方式包括企业的盈利来源、计价等。通常在商业模式下，对企业的盈利分析主要包括：企业的盈利来源于哪些业务、哪些关键资源，以及企业利益相关者对于企业的不同收入及成本贡献等。

（1）盈利模式分类

根据合作利益方的不同，可以将盈利模式分为分成盈利模式、固定盈利模式和盈余盈利模式三种模式。

分成盈利模式主要是指，在商业利益的分配中，利益双方按照事先约定的比例进行分配的模式。电子商务领域常见的广告 CPS 合作便属于此类。

在固定盈利模式下，企业的盈利收益不受到企业产出大小的影响，资源提供型、出租型企业往往采取这种模式。

而盈余盈利模式主要指企业的利润和收益同企业产出之间呈现一定的比例关系，通常大多数的企业采取盈余模式。

（2）盈利模式影响因素

对于商业模式和企业而言，影响其盈利模式的因素通常有以下两种。

第一种，成本。

在商业模式中对于企业的盈利而言，成本是对其模式产生影响的一个重要因素。在商业交易的过程中，由于参与者之间在信息的搜索、交易价格的确定，以及交易的执行等多个环节普遍存在信息不对称的情况，这也造成了对于交易的参与方而言，存在着一定的交易成本。对于剩余型或者分成型的盈利模式而言，加强对已有信息的把控，一方面可以有效地实现交易成本的降低，另一方面可以促进并监督利益的分配。

第二种，价值。

对于企业和利益相关者而言，其商业交易数量、金额、收益等方面的提升很难由企业或者利益相关者单方面完成，其需要企业及其利益相关者不同资源和能力的结合，通过提升交易价值的方式来实现。因此，交易的价值本身对于商业模式中的盈利是有较大影响的。这也是为什么很多低毛利的产品往往采取免费策略的原因，在提升其对顾客交易价值的同时，将盈利点转移到商品外的其他方面。

(3) 盈利模式的确立

对于企业和其利益相关者而言，在既定风险承担范围内，其盈利模式的确定与业务的交易价值、交易成本这两个主要方面息息相关，这两个因素的相互作用和组合，在很大程度上决定了企业对于盈利模式的选择。

首先，对于交易的价值，参与双方的各自能力大小、资源分布等情况形成了交易初步配套，并直接影响交易价值的大小。

		乙方资源、能力竞争优势 高	乙方资源、能力竞争优势 低
甲方资源、能力竞争优势	高	分成、分成	剩余、固定
	低	固定、剩余	不合作

其次，由于交易价值和交易配套的不同，对于双方的交易成本也是不同的。对于交易的配置而言，交易成本的不同，可以起到一定的调整作用，

并最终共同决定，形成了盈利模式。

4. 关键资源能力

企业在市场和竞争中能够生存和发展，很大程度上取决于企业对关键资源的拥有。企业对关键资源的拥有、掌控等能力的大小，一方面确保其拥有别于企业竞争对手的经营能力，另一方面也是决定企业业务和商业模式运行的背后逻辑。在很多情况下，企业往往根本不具备对于关键资源的掌握能力，而是通过其他的方式进行控制，如对于其他企业的投资控股，或者企业盈利本身就是基于某种特殊的资源之上的，通过不断地改进和升级盈利模式，最终在资源掌控方面形成了某种门槛。如很多新兴行业尤其是互联网行业的初创企业，其在起步时根本不具备牢不可破的关键资源能力，而是充分利用其先发的优势进行关键资源的累积并最终领先于对手。

所谓关键资源掌控能力，不是任何资源都可以称之为关键资源的，也不是任何资源都需要企业花费时间、精力等代价去进行掌控的。对于企业、行业、市场，特别是 O2O 而言，企业需要对其生存、发展和未来所需的资源进行评估，这个过程包括以下几个方面。

（1）资源对于企业的价值

资源对于企业在实现交易、应对市场和竞争等方面所起到的作用和帮助。

（2）资源稀缺性

企业对于资源的稀缺性需要进行两方面的梳理。其一，资源对于市场、行业和企业的供应量和扩大性如何、是充分满足需求还是有限满足需求、未来可以长期充分满足还是短期内难以充分满足等。其二，需要评估目前市场的其他企业，特别是竞争相关的企业对于稀缺资源的掌控程度。

（3）克服资源缺失的成本

对于那些不具备或者不完全具备对于关键资源掌控的企业和竞争对手而言，其面对资源优势企业在应对并克服这种资源劣势时所需要付出的成本要进行评估。对于那些众所周知的关键资源，或者是未来需要提前布局占领的资源而言，企业的获取需要很大的成本和代价，这些都要求企业在实施前，对于自身能力、实力，以及竞争对手的情况进行有效的评估和把握。

对于企业而言，关键资源的获得主要有两个途径。首先是在企业内部进行获取，另外则是企业通过外部整合进行获取，然后在企业实施外部资源整合的过程中，对于关键资源的获取能力往往又和企业内部的战略驱动力有着很大的关联。

通过上述对于企业生存、发展所需的各类资源进行筛选、评估，使得企业可以明确何种资源和能力是自己所必须掌握的，而企业对于这些资源掌握的动力来源于企业的战略驱动力。

所谓战略驱动力是指，不同的目标对于企业的推动和实施所需的动力体系。通常情况下，企业的战略驱动力的形式主要有以下几种。

（1）目标理念型

企业特别是领导和管理层对于企业的产品、服务、企业价值等方面有着较为崇高、明确的目标，或者对于行业、市场的发展趋势有着深远、准确的把握，进而突破了当前阶段的束缚，不断地推动企业进行资源的整合与获取。

（2）机遇驱动型

不同于目标理念型，机遇驱动型的企业往往对于市场、行业，以及企业的未来没有明确或者更为深远的研究和考量，而是在市场、行业发展的大潮中，由于各种机缘巧合抓住了企业发展的机会，进而实现了企业跨越式的发展和对于关键资源的掌握。在市场经济初期和非寡头垄断行业处于重大变革时期，这种类型的企业较多。

（3）能力导向型

相比上面两种企业对于关键资源把控的驱动力，能力导向型企业则显得更为简单和平稳。这类企业在确保业务量、降低风险等前提下，依照企业的现实需要和能力对资源进行获取。这类策略虽然对现实的意义重大，且风险较低代价较小，但往往在机会把握方面略逊于其他方式。因此从市场竞争的角度看，在成熟行业中的大型企业往往采取这类策略的较多。这也是与其本身处于行业与市场中的优势地位，以及可以通过规模、产业链等掌控资源有关。

5. 企业现金流组成和结构

在商业模式中，企业作为创造利润和实现投资价值的载体，有其独特的现金流结构、收益率及风险特征等。企业的现金流组成和结构主要指与企业交易相关的利益者划分维度，对企业内现金流入和流出的结构和形态进行的研究和描述。企业的现金流组成和结构作为一切商业模式所必须考虑的内容并确保企业与交易的起点，一方面同样受到了企业交易的价值、成本和风险的影响，另一方面企业的现金流组成和结构也是企业业务、定位、资源能力和盈利模式等方面的有效检验。因此，现金流组成和结构的设计成为企业在商业模式优化和调整时需要重点考虑的方面。

6．企业价值

企业价值，主要包括以下四个方面。

（1）企业对于社会的价值，这个属于较高层级的理念。

（2）企业对于市场、行业的价值。

（3）企业对于需求、用户的价值。

（4）企业对于投资方、盈利需求方的价值。

因此，关于企业在不同方面价值的定位，既是商业模式的落脚点，同时也是评判一个商业模式优劣、好坏的关键标准。

7．商业模式中的利益相关者

在商业模式中还有一类特殊的人群，他们虽然没有在商品、服务的过程中直接体现，但却是确保交易过程实现的重要参与者。没有这些参与者，企业、客户的交易过程很难实现。这种参与者在交易过程中的价值和作用主要体现在以下几个方面。

（1）参与交易利润的分成。

（2）自身收益的大小某种程度上和交易具有某种联系。

（3）在原材料、供应链条和售后等环节对于企业交易起到保障作用等。

从利益相关者的组成角度来看，广义维度上包括一切与企业交易相关的参与者、辅助者等。狭义上可以由企业内部利益相关者如部门或者个人，以及企业外部利益相关者如第三方外包公司、服务提供商等组成。

对于企业而言，利益相关者的界定、管理和维护，一方面与企业的交易过程息息相关，另一方面企业内部关于利益相关者的确定，实质上也关乎着商业对于企业的边界。这种边界的规模和大小，既是一家企业价值和雄心的体现，同时也是其商业模式价值大小和作用的最佳体现。

对于 O2O 而言，其涉及了很多不同属性、特点的行业。千差万别的企业实力造成了一种矛盾的状况，即企业内部在利益相关者维系、管控和调配上的资源相对有限，但在商业模式下涉及的利益相关者众多。这两者之间的数量差造成的直接后果就是商业模式中对于利益相关者的利益划分方式、比例等问题。因此，无论是企业还是商业模式本身而言都需要对利益相关者进行维度的划分，以便在有限资源内更好地管理和划分利益。

常见的利益相关者划分的维度有以下几种。

（1）利益诉求

利益诉求主要是指利益相关的双方，对于各自利益的需求。这种需求包括以下三个方面。

第一，双方对于利益的需求大小，将直接影响双方的利益合作方式，以及利益的分配方式和比例。

第二，利益双方对于彼此的需求点，对于双方能否实现利益合作而言至关重要。

第三，消费者对于利益双方合作后所产生价值的认可和接受程度。

（2）独立的资源

作为利益合作的双方而言，各自是否具备独立的资源和能力，是双方评估彼此作用和实现合作的重要条件之一。

（3）利益输入和输出

所谓利益的输入和输出，主要是指利益相关者在利益输入后所产生的利益输出的大小，以及利益输出时所需要的反应时间等。

对于不同的商业模式和利益相关者而言，利益的输入和输出存在着以下三种关系。

第一，利益的输入与利益的输出呈现一定的数量比例关系。

第二，利益的输入大于利益的输出或者利益的输出大于利益的输入。

第三，利益的输入和利益的输出没有必然的直接联系。

通过上述对于利益相关者的划分，我们可以根据利益相关者的不同作用、价值和利益诉求等维度去进行把控，合理地对利益实现分配，以及有限资源的效果最大化。

1.4.4 O2O 对于商业模式改进

对于不同的行业、企业而言，虽然其外在表现、特点和属性不同，但是在商业模式领域很多地方确实存在着共同之处的，一个成功的商业模式可以从一个行业或者企业中复制到另外的不同行业与企业之中。但何种商业模式算是好的商业模式，其衡量的标准是产生的交易额数量，还是企业净利润收益，又或者是一个生态圈的打造？在此，我们从 O2O 的角度出发，阐述 O2O 一下商业模式的改造和衡量。

1. 商业模式效率

所谓商业模式效率，无论是对于企业还是交易本身而言，其不是一个具体的单独组成，而是一个各种具体效率因子的集成。组成商业模式的效率因子包括但不限于企业管理效率、资金的使用效率、投资的回报效率，以及交易过程的效率等。不论哪种效率因子，对于商业模式而言，这种效率的体现和衡量主要有以下几个方面。

（1）相同需求下的不同商业模式

对于基于相同交易需求但商业模式选择不同的企业而言，商业模式的效率与交易的价值相同。但对交易成本截然不同的商业模式来说，交易成本最小的商业模式，其效率最高。而对于那些交易价值和交易成本不同的商业模式而言，交易价值空间最大的企业，其商业模式的效率往往最高。

（2）基于不同需求下的相同商业模式

对于相同的商业模式而言，虽然交易基于的需求不同，但整体交易的成本结构往往类似，彼此之间的区别在于不同需求所产生的交易价值不同。在同样的商业模式内，基于不同需求产生的企业交易价值与交易的成本之间利差的大小，将是确保实现交易价值创造的关键，同时也是决定同一商业模式内企业间竞争优势上的优劣。

（3）基于相同需求的同一商业模式

对于企业交易的核心，基于同一需求，且商业模式相同的企业而言，企业间的竞争差异主要受企业的管理能力和战略制定两大因素影响。企业商业模式的体现和衡量主要体现在企业内部管理效率的最大化。

2. 焦点企业

任何行业或者市场都有大量优质的领先企业存在，他们在行业内或者市场中往往处于领导地位。作为一种成功的商业模式，一方面可以帮助企业生存，另一方面经得起时间的考验，确保企业的可持续发展。目前在市场上，充斥着各种颠覆、爆炸性的理论、方法，究其本质终究是企业或者市场营销当中的一种战术行为，很难称之为商业模式。就像当年团购这种方式的兴起，虽然在短期内取得了一定的成果，但是在无序的市场竞争中很快便风光不再，销声匿迹了。因此，商业模式对于这些企业的帮助和价值，也是对于一个商业模式衡量的内容之一。

首先，我们需要澄清的一点是，行业内领导企业的价值并不等同于其商业模式的价值。但商业模式和和领导企业之间却存在着某种有趣现象，对于行业内的领导企业而言，其在商业模式之间的选择，未必是强强联手。

行业领导企业所创造的价值空间等于其自身交易价值与交易成本之差，而作为商业模式而言，企业交易所产生的利益剩余价值等于企业和利益相关者全部利益剩余之和。因此对于领导企业而言，其剩余价值的大小与企业价值空间的大小和交易所需的货币成本息息相关。

对于价值较大的商业模式而言，其本身对于行业内领导企业所产生的价值较低；而对于有些商业模式而言，其模式自身所创造的价值并不高，或者低于其他的商业模式，但对于领导企业而言，却能产生较大的价值。因此，焦点企业往往在商业模式的选择上比较青睐于那些能够与自身市场行业位置相匹配的，并且能够有助于其实现创造自身利益，利益剩余最大化的商业模式。

3. 价值的创造、消耗与共享

作为一种商业模式而言，其实施交易的过程中必然涉及商业价值的创造、各类成本的消耗，以及实施所必须的利益相关者。因此，对于这三者之间的关系与配合也是对商业模式是否成功的一种考量。

单纯从商业模式对于价值的创造高低去进行衡量，不能全面地反映商业模式的价值和优劣。企业较高的价值创造，如果是以较高的成本为代价，那么最终的利益剩余不会很多，我们常见的那些高耗能和高污染行业便是这种模式的体现。此外，企业商业模式中价值的共享也会对商业模式的价值剩余，即价值创造与成本之差产生重要的影响。企业在价值剩余方面与不同利益相关者进行共享，那么企业的交易很难得到保障。而企业在与利益相关者的共享中，分享得过多，反过来又会影响企业自身的利益。如在行业中处于垄断地位的那些企业，在短期内企业可以充分利用自身的垄断地位获得很高的价值创造和较低的价值消耗。但由于没有其他利益相关者的参与，以及市场中其他企业被迫的高价值消耗、低价值创造，那么垄断企业的这种高价值创造、低价值消耗的“商业模式”，使企业状况很难长时间维系。

因此，在商业模式的衡量上，好的商业模式可以帮助企业实现以下几点。

（1）企业及其利益相关者较高的价值创造。

（2）对于各类交易成本进行有效把控。

（3）能够实现企业和利益相关者之间有效、合理的价值共享。

4．交易成本组成结构和控制

在商业模式中，企业用户间的交易，其交易成本的结构和交易成本的控制也是对于商业模式评判与衡量的内容之一。交易成本的多少对于商业模式的成败具有影响，而交易成本往往又与商业模式中交易成本的结构及组成有关。

交易成本结构及组成包括以下内容。

（1）交易信息

由于企业的产品信息对顾客不透明，进而对顾客产生了某种产品信息上的优势。而顾客在收集、挑选所需产品、服务时往往不会主动透露自身的偏好，因此企业无法有效掌握顾客的个人信息和购买意向等。正是企业和顾客之间的信息不透明，直接影响了企业的交易成本结构。

（2）交易策略

在企业与顾客的交易过程中，对于产品、服务的交易价格，双方往往不能迅速达成一致，或者取得一方期望中的效果。因此，双方会收集相关信息或者根据自身的经验采取一定的讨价还价的价格交易策略。这个过程所花费的时间和精力也是交易成本结构中不可忽视的一部分。

（3）风险成本

交易成本结构中的风险成本主要包括以下两种。

一种是交易双方在交易后一旦市场情况发生变化，会导致双方收益受损，即受到交易市场风险。另一种是双方交易达成后，交易的一方一旦为另一方进行相关的物质或者资金准备，则有可能招致对方的压价，即受到交易的信任风险。

5. 风险承担能力

企业价值作为企业的最终目标，其能否真正实现，往往与企业在实施过程中的风险承担能力有着必然的关系。因此，对风险承担的结构设计也是对于一个商业模式的考量。

在商业模式中对于风险承担的结构设计包括支撑交易结构的重要资源，以及合理安排在时间序列上现金流的比例关系等。

2

产品、需求实战笔记

O2O 作为线上与线下的跨界融合，其萌芽、发展、提升及正常的盈利均离不开对于用户需求的满足。用户的需求是各类商业、产品和市场存在最必要的基础条件。

2.1 啤酒配炸鸡——消费者想要什么

2.1.1 用户有哪些需求

O2O 作为线上与线下的跨界融合，其萌芽、发展、提升及正常的盈利均离不开对于用户需求的满足，用户的需求是各类商品和市场存在最必要的基础条件。而在企业通过相关资源的协调满足用户需求的同时，获取一定的利润是最基本和最朴素的商人理念。

由于地域、文化、年龄和经济等诸多条件的限制，人们的需求往往千差万别。即使是相同的需求，由于人们理念和条件的不同其对于满足的要求也会迥然不同。以酒类为例，中国的酒文化有很长的历史，自从杜康初创酿酒术以来，历代文人墨客，英雄豪杰，寻常百姓无不喜爱。在中国传统文化当中更是离不开酒，生丧嫁娶离不开酒，相聚离别离不开酒。由此可见，人们对于酒的需求是多么的广泛。同时，酒在中国的品种也是纷繁复杂，北方的高粱酒、二锅头，南方的米酒、黄酒，甚至在酒的香型上也分为酱香、浓香、芝麻香，等等。由此我们可以看出，同样是对于酒的需求，却在产品、口感和价格等层面有着千差万别的区别。

下面我们简单介绍几个用户常见的需求。

1. 用户需求层次理论鼻祖——马斯洛需求理论

马斯洛需求理论是站在用户个体和社会的角度去分析和讨论人从单体到群体之前的各种层次的需求。

（1）立身之基——生理需求

所谓立身之基，即是人作为单体在社会上存在的根本需求发展到其他层次的基础。人的生理需求包括，吃饭、喝水、睡眠、空气、生理平衡等衣、食、住、行的各个方面。这些最基本的需求哪怕有一项不能满足，我们的身体就无法正常运转，日常的生活就会受到严重的影响，所以在某种意义上讲生理需求是推动人类不断进步、科技不断发展的最根本的动力。同时，只有这个层次的需求得到满足，后面的四项需求才能成为刺激动力。

站在商业、产品和服务的角度，我们可以看到生理这个层级的需求，相对于其他需求来讲，最为直接迫切和不可替代。只要有人存在的地方就有刚性的需求和市场。但在现实中的情况则是，一些以满足人们生存需求为基础的行业一路走衰，其本质不是行业本身或者需求变化等问题，而是在局部地区或者行业存在严重的供大于求的现状。这种局面的本身需要从定位和产品差异化方面去寻找突破，而不是进行价格战。

（2）自我意识——安全需求

在自身的生存得到基本满足的基础上，为避免各种侵袭，应建立一种追求安全保障的机制，这种安全保障既有身体上的，又有心理上的，进而有可能延伸到财产、名誉等各个方面。

各种与身体健康相关的产品，如保健品、绿色食品等相关的服务就是保证人们在身体方面的安全需求，同时各类财产险、车险等也是为了满足人们对于安全方面的需求。

对于生理和安全这两个层级的需求，如果从价值、社会等维度去分类，仍属于个人较低层次的需求，这些“必须”和“刚性”的需求一旦得到较好的满足，其对于人的动机激励作用就会大幅度下降，同时之前在人们心智中所占据的核心优势地位将很快会被更高层次的需求所代替，同时更高层次的需求也将会成为新的推动人们行为的主要因素。

更高层次的需求，其作用和价值主要体现在激发人们的热情上，并以有效和完整的方式表现人们自身的潜力，从而达到人们最高的需求层次——自我实现。因此，高层次需求比低层次需求具有更大的价值和能动性。

（3）群体行为——社交需求

人作为一种群体性动物，具有天然的群居性和交往需求。当一个人作为个体在生存和安全方面得到了相应的保障后，那么个体的主要精力和注意力将向群体上进行转移，并通过在群体中的社交获得友情、爱情等感情和精神层面的依赖和寄托。

人们从社交需求的开展中得到满足的同时，也需要一定的辅助条件的帮助和支持。辅助条件主要集中在社交渠道、方式和场所等方面，其中服务类产品占到了绝大多数，这也是目前市场上社交需求类产品和服务的存在根基。如在会馆、茶馆等社交场所，QQ、微信等社交工具和相亲网站等都是为了满足人们的社交需求而诞生的。并且随着现代社会的发展，社交需求领域开始从过去的单独几个宏观属性维度开始向区域化和细分化领域发展。如基于地域概念的同乡会，以及基于某种特殊爱好的民间组织，等等。

（4）自我精神满足——尊重需求

当人们在社会上满足了前三类基本的生存、安全和必要的社交需求后，其在物质和精神层面达到了牢固稳定的社会基础，进而会扩大自身在社会领域的社交需求，要求社会和其他个体提升自我的能力、水平和地位。这既是社交需求的延伸，也是一种全新的、更为广泛的社会和精神层面的新需求。

从被不同群体尊重的角度去衡量，人的这种尊重需求又可以分为内部尊重和外部尊重两类。内部尊重主要指人作为个体本身在不同的环境、场景下对于自身的能力充满信心，能够胜任并独立完成、掌控各种情况，即个体自我的尊重，这也是个体对于自身信心的一种延伸。外部尊重主要是指个体通过自身的威信、地位等方面的存在获得别人和社会的信赖、尊重和高评价。内部的尊重可以使个体对于自身充满信心，同时别人和社会认可也可以让个体在满足尊重需求的同时，对于自身的价值和用处有着较为明显的感受。

在尊重需求的这个层面上，市场上有很多产品、服务都是基于此而诞生并发展的。如某个知名品牌的服装、豪华汽车等，其本身对于用户的价值已经远远超出了商品本身承担的使用价值，而是在体现自身地位、满足排场需求等方面满足了用户对于自身、他人和社会尊重需求的体现。这个层级的产品、服务对于物质最基本的使用功能和基本价值考虑较少，更多的是产品、品牌等为用户带来的附加价值，同时这类产品、服务在用户心中地位的建立需要一个比较长的时间。另外，在价格层面上，过于频繁的折扣和促销显然是不适合此类需求的。

（5）为他人服务——自我实现需求

所谓自我实现需求主要是指个人将自身的能力和水平发挥到极限，并且对于自身抱负和理想的一种自我实现，即个体通过努力激发其潜力完成了与其自身能力相称的一切事物，同时这种实现的路径也是依据个人而异的，从而给个体带来最大的快乐。

由于自我实现涉及的需求层面较多，其在现实中往往以任务、游戏或者虚拟产品、服务的方式对消费者进行满足。很多人痴迷于网络当中，原因之一是其在虚拟环境中的自我实现需求造成的。

站在商家生产和产品建设的角度，马斯洛需求理论还可以延伸为一种关于产品和生产的工业领域的用户需求层次等级。对应马斯洛需求理论的生理需求、安全需求、 社交需求、尊重需求和自我实现需求分别是制造需求、使用需求、外观需求、销售需求和理念需求。从商家的角度看，这些由马斯洛需求理论衍生来的需求同马斯洛需求理论一样，也是层层替代、层层加深的。

下面我们对由马斯洛需求理论所衍生出的生产需求理论进行一下介绍。

1）制造需求

产品生产的制造需求主要包括两个方面，一方面针对消费者，即产品所使用的材料、功能和工艺等是否安全；另一方面针对厂商或者商家，即产品在制造时所涉及的材料成本、工艺难度、结构合理性等涉及产品成本等方面的因素。

2）使用需求

对于最终的消费者，产品的使用需求是驱动其购买的最主要因素，产品的使用需求主要包括产品是否易用、使用当中是否安全和舒适等。

3）外观需求

外观需求主要包括产品的外观视觉美感、身体触感，以及有可能随之而来的在味道和听觉上的各种感受。这种外观需求同样也是顾客和商家在解决了前两个需求的前提下，进而转化为对产品进行促进的主要动机。

4）销售需求

产品的销售需求主要是产品在产业链中流通和在终端销售时所涉及的各类相关因素，主要包括产品的定价、包装、售后服务等。

5）理念需求

通过对前四类需求的满足，相信很多产品基本上已经完成了相关的销售工作，所谓的理念需求是一款产品从简单的产销模式到附加提升模式的转变，这种转变同时也是产品不断走向卓越的必由之路。它主要包括产品生态圈、用户独特的体验、产品持续性发展等方面。这方面做得最好的产品就是苹果，苹果无论是在手机、电脑还是 MP3 等电子产品中都形成了一种独特的用户体验和完善的生态圈，进而使得用户产生了一种近乎于信徒般的痴迷和在理念上的追随。很多人把拥有和使用苹果产品视为一种生活态度，这也是做产品的最高境界。

2. KANO 模型

KANO 模型又称为客户满意度模型，分为基本需求型、期望需求型和幸福需求型三个层级。作为一种定性的分析模型，它将用户的需求、满意度按照绩效指标进行分类，进而找出顾客与企业在需求上的接触点，帮助企业对于顾客的不同层次需求进行梳理，进而识别用户满意的关键节点和因素。

谈到用户需求对于产品和商业的驱动，相信很多企业主和管理人员都能够理解，但站在宏观市场和广义地域角度，受到文化、理念、价值、经济和传统等诸多因素的影响，用户的需求呈现出千变万化的特征，且每种需求要根据人群特征和数量的多少进行细分，而企业内部的有效资源、不同需求间的市场空间和利润情况迥异，这样就使企业在商品和服务方面为满足各种人群需求提出了难度。

因此，企业和产品对于用户需求的把握和分析需要按照“需求量化——用户细分——满意度指标”这一逻辑和顺序才能更好地利用好公司内的有效资源，在实现利润最大化的同时提升用户的满意度。

需求量化：这里所谓的需求量化并不是指简单地发现用户的需求，而是指对于用户的需要进行量化层级处理，同样的需求在不同的需求层级上，其对于产品和服务有着不同的心理预期和要求。只有将顾客的需求进行层级划分，更加精准地评估服务效果才能更好地满足用户。

细分定位：在用户需求量化分级的基础上，我们可以将不同类型的需求量化结果根据企业发展的目标、方向和盈利性要求进行需求定位和人群细分，进而可以保证用户需求的满足并完成企业对市场空间与盈利性之间的平衡。

满意度指标：用户满意作为企业追求和产品服务实施的最终目标，其往往也是一个宏观的概念，即使是同样对一款产品或者服务满意的用户，其对于满意的程度也是有细微差别的。而对于用户满意的研究，可以通过不同维度的指标形式对满意度进行划分、比较和衡量，进而帮助企业更好地把握实施效果并进行完善。

下面我们对 KANO 模型进行简要介绍和分析。

1）基本需求型

基本需求型主要是指用户对于产品、服务在属性和功能上必有性的需求，也是在需求底层对于必有功能和属性在需求上的基本期待和满足。

在这个需求层面，产品和服务需要解决基本功能的有无问题，即产品或者服务具备满足用户需求最基本的功能和条件，同时这些也是产品、服务对于用户需求和购买的最核心价值。只有这些最基本的功能和条件得到满足后，用户才有可能购买，否则一切都是空谈。

在 O2O 领域中时机、地域等因素限制了产品、服务的发展，或者企业本身处于初创期时，往往会处于这一层面。

2）期望需求型

所谓期望需求型是指，用户对于产品和服务基本需求中的功能和条件得到满足后，进而产生对已有产品或者服务更加“深入”的要求。这种需求在类型和条件上比基本需求性要求的条件更多，同时也更加深入。甚至有些用户在期望需求这个层级中对于有些产品或者服务的体现都难以名状。因此，在这个阶段，企业可以采取一些与用户的互动，或者从场景、实施条件上进行优化等方式提升用户的好感，目前市面上绝大多数产品都是集中在期望需求型这个层级上的。

O2O 领域中相关成熟行业有了一定用户群基础的产品、服务往往较多地处于这个层面，同时这个层面无论是在企业发展周期、用户规模、盈利需求上，还是在产品功能、商业模式等方面都处于一个关键阶段和瓶颈期。

3）幸福需求型

幸福需求型在产品和服务层面属于挑战难度很大的层级，在某种层面上它会迫使企业努力挖掘用户内心深层次需求，“比用户还了解用户”，在需求、功能和使用期待方面领先于市场和用户。进而在产品和服务上市销售或者使用时给用户带来完全出乎意料的产品属性或服务行为，使得用户在购买、使用时产生超乎其自身预期的惊喜和兴奋。这时用户不仅会对服务、产品非常满意，而且还能大幅度提高顾客的忠诚度。

在 O2O 领域中幸福需求型产品、服务对于企业及项目本身在行业特点、资源把控、实施运营、资本运作甚至是管理人员自身的能力、水平都提出较为苛刻的要求和更多的资源需求，目前一些较大的公司在这个层面有着一些尚佳的表现，如小米、苹果等公司。

2.1.2 消费者需求分析

谈到消费者的需求，从上节中我们能够看到根据个体对于同一需求可分为不同的等级在同一需求层级中受到个体文化、价值、地域等多种因素的影响，其在表现形式上又存在着千差万别。尤其在 O2O 领域，线上与线下渠道融合对于用户需求的判断和把握相比传统线上或者线下单一渠道要复杂得多，同时需要考虑的影响因素也更加复杂。

从互联网的诞生到电子商务的蓬勃发展，用户的需求一如既往，市场空间也是无限广阔。市场历来不缺乏创业的激情和优秀的产品。但实际情况总是成功者少失败者多，这是为什么呢？

我们可以从需求角度简单地进行以下分析。

（1）需求臆造

很多优秀产品或者服务，无论是听起来还是看起来都很不错。既拥有优秀的团队，又拥有雄厚的资金，用户体验和操作界面也堪称完美，但最终却如过眼云烟，烟消云散。究其根本原因，还是在于其产品所满足的用户需求是几个“精英”在屋子里面主观臆想或者仅仅是针对自己的需求创造的。

（2）需求误读

还有很多同样优秀或者有创意的产品，其本身在项目之前对于市场、需求和用户有着明确的观念，但是一旦产品做出来却不能达到预期的效果，在用户层面也是不冷不热。究其原因往往是对于需求的误读。

这种需求的误读，主要表现在以下几个方面。

需求度夸大：主要表现在人为过分地夸大该需求对于用户的重要性和紧迫性。

需求空间夸大：过分夸大该需求的市场空间和用户规模。

需求曲解：按照自身的经验、经历和价值观曲解了用户需求的主要方面和影响因素。

以偏概全：将少数人或者个别人的个性需求视为广泛性的需求。

(3) 需求超前

需求超前其实在某种意义上并不能算是一件坏事，它可以是对于消费、人群和市场在未来发展趋势上的一种预测和把握。但由此做出来的产品，往往超出了市场环境阶段、用户现行消费水平和理念等诸多条件性因素，因而不能取得很好的成绩。

当然，还有一个需求超前的表现，这种需求超前主要指的是对于需求的满足实现过程超过了自身的能力范围。对于现阶段的需求、市场和消费把握得非常精准，用户痛点和关键因素分析得非常到位，但是在实际操作层面的实施中，所涉及的资源、能力和资金等方面超出了自己力所能及的范围。因此，也不能获得成功。

(4) 定位与细分不匹配

所谓的定位与细分不匹配在实际的产品和项目中也是一种较为普遍的现象，这种现象用通俗的说法去理解就是“言行不一”。项目和产品在立项和定位时说的是一套，等产品在开发和运营时做的又是一套。两者之间或多或少会存在一些关联，但这种关联往往是弱关系或者在一大类人群属性中的不同细分人群。

那么对于用户的需求，怎样才能进行合理把握呢？下面我们简要分析一下用户真实需求的获取。对于用户真实需求的获取不是很多人想像的那样简单，比如在屋子里面想，或者当看到一个场景现象时由此产生灵感，它不仅涉及人群的需求特性、地域、空间，还涉及现行市场、行业和人群数量等相关因素。因此，对用户需求的获取，本身也是一门单独的科学值得深入思考。它是对用户消费行为、人口统计学、数理概率统计等诸多学科的交集和综合。

需求获取的基本方法包括需求调研法和资料收集法。

（1）需求调研法

需求调研法主要包括两种形式。一种形式以访谈为基础，面对外部最终用户和内部市场、产品和研发等人员的询问进而采集需求的方式，这种方式在采集时往往带有一定的引导性，且在访谈前不设预先立场，在关注用户对于实际功能需求的同时，反映产品对于用户本身的产品价值。

但在实际采取访谈调研时，会存在以下几个方面的问题。

访谈量不足：这个主要集中反映在两个方面，其一是对于用户访谈的问题过少，不足以反映用户的需求；其二是受限于访谈的时间、人员和成本因素，将少量访谈的结果作为共性需求和问题进行收集和处理。

用户自身矛盾：主要集中反映在用户访谈时，受到用户当时的心境、环境、时间等多重因素影响或者用户认知表述限制，其表达不能够反映其真实需求，即言行不一。

无意误导：主要是指在需求访谈时，访谈的双方存在较为强势的一方，进而将访谈的内容、过程和结果偏离了原来的方向和实际的需求结果。

另一种形式则是以问卷形式开展的，通过不同的媒介方式（如纸质、互联网等）在获得足够样本量的基础上，通过标签的形式进行分类规整，进而对用户的需求分布进行直观地反映。

这种问卷形式的调研，其前提是我们对于用户的需求的收集方已经有了一定的想法和范围，并按照这种意向整理问卷信息，以此收集用户的反馈，进而在这种大的意向或方针的前提下帮助产品的研发和改进。问卷调研法因为这种预先大方针的设定所以很难获得创新性的产品想法。

（2）资料收集法

资料收集法对于用户需求的调研主要是通过文献、互联网检索等方式，对用户的需求进行收集和汇总，用一种生动的比喻方式就像站在了别人的肩膀上去摘高处的果子。其能否摘到果子，则完全取决于别人的高矮。

同时，在采取这类方式对用户需求进行收集时一定要分别、分类处理好存在于原先数据、资料中的客观因素和主观因素。所谓的客观因素，往往是指事情、事物发生的时间、地点、背景和结果等。它是事物本身物质特性的体现，但受限于查询资料和事件传播过程中的曲解和信息误报，同一个信息在不同的资料中也可能存在不同的版本。

同时，考虑到做资料本人的观点、态度和利益，在相关的资料中对于事物的陈述也有可能存在主观性喜好和判断的影响。同一件事，不同的人站在不同立场上看待其结果会是截然不同的。因此，这类方式在实际运用时大家对于信息可以从利益的角度和横向比较的角度对于信息进行客观处理，比较其差异和共同点，并集合自身对于环境和背景的理解进行判断。

以上是在需求的收集、汇总方面一些比较常用的方式。这些需求的收集仅仅是对用户需求了解的第一步，此外，在收集的过程中还要针对一些特殊或者专项的需求进行定性和定量处理。当需求经过我们的精心收集、分类之后形成了结论性结果，在实际的产品开发实施过程中还需要经过一个十分重要的环节——可用性测试。

所谓可用性测试是指为发现产品设计和产品功能中的可用性问题，通过了解部分实际用户的产品原型的方式进而对产品的可用性进行测试，这也是对用户、需求的必要检测，是产品诞生前十分重要的一个环节。如果测试开始，那么在产品开发或者实施的过程中则不能发现存在的问题，一旦成品上线即使做再大的努力也于事无补。最后一点就是在测试的过程中，组织者应当明确此测试是针对产品的测试，而不是针对用户的测试，故而应当有所为和有所不为。可用性测试的步骤和顺序如下。

1. 种子用户

这里所指的种子用户主要是测试用户，其寻找和招募过程的基本原则是能够真实体现和代表最终用户的。

2. 测试计划

有了种子用户，组织者应在下一步测试前根据实际使用过程中的典型场景和代表性需求，准备好测试计划，以便指导测试用户完成工作。

3. 实施测试

在可用性测试实施的过程中，测试用户通过使用产品在完成测试任务的过程中，组织者在观察用户使用的全过程的同时，应当及时将发现的问题进行详细记录。

4. 用户访谈

在可用性测试过程中，针对一部分用户在有可能没有把遇到的问题或者思考的过程进行明确表述或者完全说出的情况，我们应当在测试结束后询问用户当时的想法和做出那些操作的原因，并就对产品的感觉和主观看法对用户进行询问。

5. 分析与调整

针对以上四步，测试组织者可以获得一份关于产品的可用性问题汇总表，通过对该汇总表中内容的严重性分级，进而帮助我们结合项目的进度进行优先选择处理。

此外，我们简单地介绍一种在需求调查里面比较行之有效的四步展示方法。这四步展示方法也是在实际现场调研使用中比较普遍又很成熟的方法。

第一步：试探寻找，建立直观印象。

对于实物特征、特点的调研，有一个前提，那就是观察的目标样本越多越好，越多越能够准确反映需求的普遍性。其次，在观察目标样本的同时，按照 5W1H 原则，针对是谁、何时、何地、有多少、为什么和怎么样对样本行为建立六要素基本坐标。

第二步：材料的选择和分类。

在上一步建立的基本六要素坐标的基础上，对目标的数量、时间推移、空间位置、印象因素和逻辑关系进行有效观察，并从中找出样本特征的共性和因素间的联系，进而对目标和样本进行分类和归档。同时这一阶段也是看与观察交替进行。看——收集信息、认识信息为主；观察——聚焦信息，寻求解决方案为主。

第三步：创新与创造。

通过以上两步所取得的成绩，进行个人能动性的主观创新。主要包括以下几个方面。

在纷繁无序的数据和逻辑关系中建立自己的思考框架；参照以往经验，寻找可以类比的事物；对于事物的特征、特性尝试不同的展示方式；对于已取得的材料和数据换个新角度去审视。同时在这个阶段还可以辅助 SQVID 思考框架，在简单——精细、定量——定型、愿望——执行、个性——比较、变化——现状等方面进行适当地对比延伸和展开。

第四步：高效展示。

通过以上的看、观察、思考和创新，将目标以画像的形式，数量以图表的形式，利用时间轴表示时间推移的关系，布局图展示空间位置，流程图标识影响原因，多重变量图表示样本需求和不同因素间的逻辑关系。

按照以上四步，我们可以在现场或者特定场景中对于用户的特征和需求进行高效地收集、汇总、分类和展示。进而帮助我们更好地把握用户的不同需求，以及需求和影响因素间的多重变量关系。

2.1.3 需求决策与满足

有了上一节对于用户需求的最基本的采集、整理和归类，我们对于用户的需求已经有了明确的方向和一定的认识。那么这些最基本的用户需求又如何转化为产品的需求，指导我们对于产品、服务和商业模式等一系列的商业形态呢？这就需要我们将需求的性质、形态和内容进行转变，将用户的需求转化为产品的需求。从实际出发用户需求以用户为基础，其表现形式为用户需要的解决方案；而产品需求则偏向在用户需求分析的基础上，找到真实需求并转化为产品的解决方案。因此，需求分析的过程是深度挖掘用户内心真正渴望的东西，然后将这种共性或者更高维度的思想转化为指导产品需求的过程。

有了对用户的需求分析，在形成产品的过程中还应当参考一些与项目、产品和商业模式，如盈利等息息相关的事情。毕竟商业过程是产品、服务在流通和用户满足的同时实现增值的一种表现。站在企业发展的角度上，企业内部现金流、利润情况，以及资源和行业把控等都与产品成败有着直接关联。因此，我们可以得出以下结论，优秀的产品和服务本身并不一定是成功的商业产品，而成功的商业产品一定能为顾客提供良好的需求满足。因此，我们在产品对于用户需求满足的基础上，对于与产品相关的战略、市场和自身能力这几个关键性维度，对产品发展的阶段、步骤、产品线建设、产品生命周期等相关内容需要有个明确的定位。

很多产品对于用户基本需求的分析十分成功，但一旦进入实际实施阶段，却不能获得成功，究其根本原因在于产品在总体的宏观条件定位方面出现了问题，这种问题主要有以下几个特征。

（1）优秀的战略，糟糕的战术

所谓优秀的战略主要是指项目的实施者、企业主对于市场、行业未来发展的趋势和变化有着较为明晰的认识和理解，并制定了优秀的战略，但却对现实的情况和条件考察不足，阶段性的战术措施不能满足实现战略的需要，即“眼高手低”。

（2）盲足跟随，失去主动

主要是一些产品在进入市场或者在实施的过程中对于市场空间、特点、竞争对手的实力和竞争阶段不了解，采取盲目跟随对手的市场策略，无法发挥自身优势和特点，在同质化的竞争中耗干企业的资源。

(3) 盲目自信，过于乐观

这类情况主要是因为产品的实施者或者企业主对于自身的条件、能力和真实水平过于乐观，盲目自信，进而采取了与自身条件、能力和资源不对等的措施与手段，不仅没有取得原有的效果，最后反而连累项目本身。

一般而言，要从三个方面对产品、需求进行考量。

第一，远景目标。

所谓的远景目标主要是指产品在未来理想的情况下，所达到的以下几个方面的最佳值。

顾客，主要包括产品对于顾客需求的满意度及价值，顾客对于产品的忠诚度、依赖感，以及产品在顾客心中的地位。

产品，包括产品所具备的最终功能，产品线的最终宽度和深度，产品的迭代与创新。

市场，包括市场空间大小、产品最终竞争力和市场占有率，产品的最终盈利能力和可变现能力等。

社会，包括产品对于社会价值、产业链、行业等方面产生的作用和影响等。

第二，现阶段情况。

所谓现阶段情况，主要是指对于市场、顾客、竞争及需求内部和外部的形态判断，包括进入市场的门槛、已有产品分布、市场份额；现有市场内竞争和盈利状况、竞争企业的实力、发展方向和竞争阶段；顾客的阶段需求、支付能力、可替代性等方面。

如果是新兴的行业或者是刚刚被发现的需求，市场竞争规模小且竞争的企业实力有限，那么产品在设计初始进入市场的策略，可以采取相对扎实、稳定或者一些保守的市场战术。注重用户的质量、产品的口碑、产品功能和用户体验不断优化完善，可以更好地控制现金流和盈利情况。

如果行业发展相对成熟，有大型或者实力雄厚的企业在其中参与市场竞争，那么产品和市场策略可以在差异化和操作性方面进行区分，进而获得一定的市场空间。

此外，当一个行业的竞争进入到比拼实力、资本的阶段，那么大家为了市场占有率和用户规模会不计盈利，砸入大量市场费用，那么实力相对有限的公司要格外谨慎。因为这样的企业在现金和盈利上不存在任何竞争优势，此外很多产品功能和服务的进入门槛相对较低，不存在任何专利性的保护，相互抄袭和模仿导致产品同质化的现象时有发生。

所谓顾客需求阶段和需求空间主要是指用户对于同一需求在不同的阶段，其强度、刚性和需求的依赖性往往呈现出阶段性变化和层次递进的关系。

例如微信产品，在刚开始的时候由于受限于用户规模、智能手机普及等因素，虽然可以节省话费，但用户对于其产品的使用频率、必要性都没有现在这么强烈，甚至出现了部分用户在安装微信后发现没有什么价值又卸载了的情况。

第三，自身情况。

自身情况主要是需求和产品的开发者，商业产品、服务的提供者本身的实际情况。由于每个人的知识、经历和背景不同就造成了每个人的自身条件的千差万别。这种差别主要表现在自身可以调动的资源、特长、优势等方面上。

结合这三方面的情况，企业便可以将自己的远景、战略、最理想状态下的情况和市场现状、竞争阶段、需求特点等结合，并参考现有自身的能力、资源、特长等情况，在每个层面进行深入、细致的研究比较，进而对每个方面进行调整和优化。对三个方面交集的部分进行重点研究，同时这三者交集的部分也是创业者和企业主在需求和产品上最能有所用处的方面。

在对用户需求有了明确的采集、分析和汇总的前提下，结合产品、行业和市场的宏观定位，我们可以对产品的发展方向和可能性有个大致的了解，这些抽象的概念在具体的步骤和策略落实的过程中，我们应该如何选择和决断？下面介绍几种常见的决策辅助方法。

1. 风险有效规避法

在产品投入市场之后，其能否被消费者接受、能否如期达到预测水平、能否占领足够大的市场等，受到行业竞争、价格策略、营销宣传等诸多因素的影响。因此，存在相当程度的不确定性和较多的风险因素。我们可以通过事先的准备，采取合理措施有效地降低风险发生的概率，但仍不能百分百地规避风险的发生，再优秀的方案都或多或少地存在一定的风险和干扰。因此，我们在对已有方案、措施进行选择时，必须有风险承担的意识。

在此基础上，我们可以采取以下步骤，对于不同方案中的风险因素进行量化和评估。

（1）确定关键风险因素。

（2）确定不同风险因素对于产品的影响大小。

（3）不同产品方案风险影响因素和影响值汇总。

（4）在不同方案中，将风险因素和风险影响均取最大值。

（5）将不同方案中收益的最小值进行对比。

（6）选择不同方案中风险收益最小值中的最大方案。

2. 风险均值法

所谓风险均值法，主要是指在特定的情况下，如果对不同方案中风险发生的概率、影响大小无法做出有效的判断时，那么将不同方案中的各类风险发生概率平均，并按照人的主观意识、经验对不同方案按照成本最小或者利润最大的目标进行选择和取舍。即在利润最大化目标时，按照每种方案的平均利润最大化值进行选择；而在成本最小化目标时，则按照平均成本最小化的方式进行选择。

3. 收益最大法

此类决策方法主要是基于产品的决策者和实施者对产品持有非常乐观的态度，对于产品的需求、前景、发展、市场、盈利情况持积极态度，故而在不同的方案选择时，往往采取以下步骤进行判断。

(1) 确定关键风险因素和对于产品的影响大小。

(2) 不同产品方案风险影响因素和影响值汇总。

(4) 在不同方案中，将风险因素和风险影响均取最小值。

(5) 将不同方案中收益的最大值进行对比。

(6) 选择不同方案中风险收益最大值中的最大方案。

4. 悲观系数法

如果风险有效规避法和收益最大法还不能完全体现不同方案风险对于产品的影响，那么悲观系数法则能够体现不同方案中的诸多变量因素对于方案的综合影响。同时悲观系数法也是介于风险有效规避法和收益最大法之间的一种方案。其操作步骤和选择过程如下。

(1) 确定不同方案的关键风险因素。

(2) 确定对于不同方案中风险因素悲观系数 X（1-X 表示乐观值）。

(3) 计算不同方案中的最大效益值和最小效益值。

(4) 将最大、最小效益值以不同风险因素的悲观（或者乐观）系数加权计算，并得到每种方案的可能效益值。

(5) 选择不同方案中效益值最大的方案。

5. 后悔值法

后悔值法主要是指对于不同方案中选择的机会损失大小从而造成的后悔值为选择依据，按照最小后悔值为目标进行方案的选择。其基本操作步骤如下。

（1）确定不同方案在好、中、差不同情况下的利润值。

（2）将不同方案情况下的利润值转变为机会损失矩阵。

（3）确定每种方案中的最大机会损失值。

（4）按照各种方案在好、中、差情况下的收益和该方案在同一情况下的收益值，获得方案后悔值。

（5）选择不同方案中后悔值最小的方案。

2.2 经久不衰的可乐——什么样的产品好卖

2.2.1 规划好你的产品

凡事预则立，不预则废，再好的商机，再强烈的需求，如果对于产品没有事先做出明确的规划，并就每个阶段应当达成的目标进行设立，那么无论多好的产品都不可能做得成功和长久。

对于产品的规划，既是一门科学，也是对企业基本能力的考验。进行产品规划时需要对产品在功能、经济价值、需求迫切度、需求量、成本收益率、风险性和实现目标的方法、策略方面进行系统而全面的设计。下面我们就介绍一下关于产品规划方面的一些必要环节。

1. 产品功能和内容

谈到对产品功能和内容的规划，很多人认为前期对于用户的需求和市场调研已经有了较为详细的体现，但这种认识还需要我们从抽象和理论的高度对产品的功能和内容进行提炼。期间较为常用的工具是经典的“5W3H”模型。从时间维度、事物维度、原因维度、地点维度、人员维度、发生量维度、解决方法维度、感受维度这八个方面对于市场和需求等问题进行分析，并针对解决方案中的执行问题、选择方向和内部结构等进行必要的阐述和解释。其中，每个维度都包括问题的阐述和解决问题所必需的条件两个部分组成，如下所示。

（1）时间维度

问题描述：用户需求发生的时间点、持续多久等。

解决阐述：何时开始可以最好地满足用户、何时完成等。

（2）事物维度

问题描述：在场景、服务、产品等环节出现了什么问题。

解决阐述：针对何事应做何种准备并作何处理。

（3）原因维度

问题描述：将发生的问题与目标、标准等进行比较，为什么会成为了问题等。

解决阐述：做这项工作的理由和原因，有没有更好的办法。

（4）地点维度

问题描述：在场景、流程等环节的何处出现了问题。

解决阐述：在哪里改进能够取得最好的效果。

（5）人员维度

问题描述：谁发生的需求、谁发现的问题。

解决阐述：由谁来负责、谁去组织和管理、谁去执行和实施等。

（6）发生量维度

问题描述：问题发生的程度有多大、发生在哪些产品中、造成了多大的损失、问题持续了多久等。

解决阐述：要做到什么程度、达到什么质量、达到什么效果、产出如何等。

（7）解决方法

问题描述：如何改进问题、如何量化差异程度。

解决阐述：如何提升效率、如何实施。

（8）感受维度

问题描述：用户感觉缺失在哪里、哪里感觉不好、对用户满意的影响如何。

解决阐述：如何提升用户满意度、如何让用户获得刚好的感觉等。

内容量化与用户预期主要指的是为了更好地满足用户的需求，对产品的功能和用户的期待进行合理地量化和分层次地满足。其中在量化的过程中需要明确以下三个方面的关键节点。

关键需求点：即用户的核心需求点，同时也是用户亟需解决的方面。

扭转节点：即用户在使用过程中的扭转点，这个扭转点使得顾客既觉得十分别扭，同时又感到乏力，并且一旦获得突破，用户往往欲罢不能。

有效刺激点：所谓有效刺激点是指能够为顾客带来足够强度的刺激，从而让顾客产生兴致并且保持兴奋。

通过以上三个关键节点的量化，我们可以对用户的需求过程、产品的功能承载和内容体现进行更好地把握。目前市场上存在一种普遍的观点和误区，那就是产品在功能和内容上一定要做到最好，一定要超出用户的预期。为此，很多产品、项目和企业主不惜投入大量的人力、物力和资源对产品进行丰富和整合。在成本、时间和周期不断上涨的前提下，当产品投入市场后，反而没有达到预期计划内的效果和产出。

究其原因是过于迷信极致思维，盲目地认为只要把产品和服务做到最好，只要能够超出用户的预期，那么产品就一定能够成功。

（1）成本

所谓成本因素，主要是指为了追求用户极致的体验，需要产品开发者和企业主所付出的时间、资金和资源等成本，包括产品、项目实施期间的机会成本、产品开发和组织成本、功能与服务实现所需的软件和硬件建设成本。

相当一部分的产品在追求用户极致的体验和功能的过程中，已经超出了开发者和企业现有的能力和可调配的资源范围，并造成了项目过早地在资本上负债，或者因为满足不了极致的体验和功能而导致放弃产品开发。此外，项目成本的增加也直接给产品在投入市场后的现金流能力提出了较为苛刻的要求，增加了后续环节的实施难度，以及降低了阶段市场策略的可操作性。

（2）市场

产品、服务对于用户极致的追求还应当充分考虑项目上线后，一段时间内行业条件、市场大背景等因素。相关的配套技术、产业链上下游是否能够支持这种极致的产品和服务需要，如开发某种社区产品，如果配套的物流和配送资源不能支持其在短时间内满足数量较多的用户需求，那么产品在功能、使用体验上再完善也不能获得用户的青睐。此外，对于产品和服务的用户支付意愿、支付能力和商业模式也是产品和服务在追求极致体验时需要考虑的因素。

（3）用户分类和需求

用户作为一个群体，我们对用户需求进行了一些必要的阐述。从用户的性格、特征等方面，同一需求的用户群表现出了不同的特征和特性。用户在需求上表现出一旦满足后将会自动追求更高层次的需求。所谓超出用户的预期，充其量是针对某个或者某几个维度特征用户的满足，并且用户永远不会停止对于更高、更好层面的追求。单靠一种产品或者服务打遍天下的想法，早已不切实际了。

（4）竞争

产品、服务的功能和体验还受到市场竞争因素的影响。首先，产品和服务本身是一种无形且相对软性的体现，其保护机制和进入门槛相对较低。市场上一款好的产品一旦面世并受到用户的欢迎，相关类似的产品、服务很快便会铺天盖地地出现并迅速同质化。如此结果，浪费了自身的大量时间、精力和成本，却仅仅保持了很短时间的优势，并且帮助了同类产品大大提升。这恐怕是任何一个产品开发者和企业所不愿意看到的事情。

因此，极致思想是产品和服务最终的目标，也是保持竞争优势、获取用户的法宝，但一定要和自身的条件、市场行情和背景相结合。在获取现实利益最大化的基础上，保持对竞争对手的竞争优势，并给用户不断惊喜的体验过程才是产品和服务在现有市场条件下，对于用户极致思想的现实策略和体现。

除了上述的 5W3H 方法之外，在对产品进行规划和设计时，应当对产品的设计理念、规划设置，充分体现“以顾客为中心”的思想。这种“以顾客为中心”的思想在产品的规划中主要反映在以下几个方面。

（1）用户数量

互联网中相当一部分用户具有平民化和普通阶层的“屌丝”属性，那些“高大上”、“白富美”等较高阶层的用户在整个互联网用户中属于相对较少的人群。因此，产品如果想在用户规模上扩大，就必须在产品的设计中抓住这部分用户。

（2）用户细节

用户细节主要是指从用户使用产品起，在使用的全过程中对用户操作的每一个细节进行体验优化并让用户能够有所感知。通过这种在产品使用体验中带来的感觉，达到并超过用户原来的心理预期，同时在使用过程中给用户带来额外的惊喜。

（3）用户参与

成功的产品在规划时不仅对顾客使用前和使用中的感受有完备的考量，并且对用户使用后的需求也应进行充分的满足。这种使用后的满足主要体现在用户对于产品品牌的传播、使用感受的传播，最终能够让用户参与到产品的优化中来。

2．产品经济利益和价值

产品经济利益和价值主要是指产品在开发之前，作为一种商业行为对于产品的商业模式、盈利与现金流、产业链上下游带动和放量进行综合考量，同时在产品中予以更好地体现和承载。

区别于传统线下商业产品、模式和成熟的互联网网站，O2O 自诞生起就跨越了线上与线下，这种在业态上的跨界不仅仅是简单地从线上向线下引流，线下承接线上订单这么简单的方式。这种方式充其量不过是阶段性的战术措施罢了。O2O 跨界真正的实质和价值是利用线上、线下不同渠道和商业间的优点，对原先低效率的行业、产品与服务进行效率提升和高效率整合。

O2O 对于经营效率的提升和行业产能的放量，在 O2O 相关产品规划时需要两个必要的条件和支撑。

（1）价值平衡点

价值平衡点，主要指的是行业、产品或者某种服务利润、现金流等的提升和该处的效率息息相关。通过效率的提升能够直接带来现金流和纯利润的增加。有些行业，如钢铁业本身就存在严重的产能过剩问题，企业间相互压价的恶性竞争，这时再好的模式和产品对于效率无论提升多大，也不会对企业在利润方面产生多大的影响和作用。因此，科学合理地评估不同的行业和市场现状并寻找到价值平衡点是实现 O2O 跨界整合、提升效率的必要前提。

（2）用户平衡点

找到价值平衡点只是产品的第一步，当产品的用户覆盖量和用户规模有限时，仍不能很好地发挥价值放量和效率提升的作用。因此，产品和服务需要寻找到一种在用户群总量和产生带动效应之间的用户平衡点。只有突破了这个平衡点，才有可能利用用户群的数量和规模效应推动价值平衡点在实际使用中的实施并产生实际价值和作用，即通过用户规模和数量杠杆有效调动和调配各类资源。在产品规划中只有对以上这两个条件充分考虑并在产品中给予充分体现，则 O2O 原有的自我创新和主动跨界才能成为产生价值的原材料。

通过对产品的合理规划，实现在功能、架构布局上跨越线上与线下两种渠道，提升效率，带来利润。如果通过用户群的规模，有效调动各方资源和协作，那么在产品天然的属性因素上就具备了平台化的基因。在线上互联网领域，平台化是其行业蓬勃发展、快速崛起的核心驱动力之一。

O2O 天生具备平台化基因的优势，在产品和服务的规划上可以充分借鉴平台化对于互联网行业的核心驱动作用，并在功能、产业链和利益参与方等方面进行平台开放化的考量和准备。

同时，由于线上渠道具有跨越时间、地域和易于传播等优势，单一的线下板块相比线上的宽度过于窄小，同时在客流、地域等领域也越来越难以承接线上的放量和协同需要。因此，这种平台化的战略和思想是唯一能够解决 O2O 在产品和服务承接上问题的方法。

我们在产品、服务规划的伊始，就要对产品所承载的平台化作用和价值进行充分地设计和准备，并对功能、架构和布局等进行开发。同时利用这种开放调动用户、产业上下游等诸多利益方的积极参与，最终通过产品中合理的规划构建一种多方共赢的平台生态圈，实现产品在用户规模、效率提升、合理调动资源和竞争力方面的有效价值。这种生态圈的最终建立，也可以帮助产品充分地应对激烈的市场竞争。未来的市场竞争将从企业与企业之间的“肉搏”，转向平台与平台之间的竞争。如果在产品、服务规划时对于平台化不予体现，那么这种单一的产品或者服务在平台间的竞争，甚至是生态圈间的竞争，则不具备系统性竞争力。其能否长久发展或者生存都是一个相当大的问题。

3. 产品自我完善

产品的自我完善主要是指产品开发前在做规划时，对于产品在细节、体验和功能上的提升做好明确的战略和计划。这种产品的自我完善和提升主要是针对市场上同期同类产品和项目产品本身而言的。在产品规划时应对现有市面同类产品进行充分地研究和分析，并结合项目产品自身的定位和需求，对不同阶段和周期内产品自身的完善与提升进行合理地规划。这种产品的自我完善和提升在细节、体验和功能上，主要反映在产品迭代和简便需求两个方面。

第一，产品迭代。

产品迭代主要是通过产品新版本和新功能的不断发布，在产品内不断提升的同时，带给用户持续的新鲜感和价值感。同时产品迭代也是增加用户参与、维持用户黏度、提升使用频率等的重要因素之一。

驱动产品迭代的因素和动力主要集中在环境变化和量变原则两个方面。

（1）环境变化

环境变化主要是指产品所在的市场环境、用户环境、营销环境、重大事件和客户反馈等。这种内外情况的变化，需要产品本身以最快的速度进行适应和调整，并在新版本中进行融合。只有快速的变化，才能适应用户需求的迅速变化。从某种层面上讲，在互联网产品中产品的适应与变化速度比质量更重要。

（2）量变原则

产品的规划是对产品在功能、布局、建设、成本等方面的合理分布和周期性资源调配的过程，其本身对于用户需求和主要价值已经有基本的判断，故而在产品规划时对于这种大方向和功能本质上的调整一般是很少涉及的，现实中往往是从产品功能、体现等方面中的细节着眼，进行细小的微创新。当众多的微创新积攒到一定程度时，则引起从量变到质变的革新，从而在根本上对产品实施更高层次的迭代。

第二，简便需求。

在用户需求维度和需求满足方面，我们已经做了相关理论的介绍。用户需求是永远无法满足的，当一个需求获得满足时，用户自身会转向更高、更好的需求方面。产品和服务亦是如此，在产品和服务的诞生初期，满足了用户在基本功能上的需求之后，用户的需求和焦点在此基础上将会自动向更简单、更方便的方面进行转移，同时这也是由人性决定的。人的惰性是天生无法改变的，在使用产品或者服务的过程中，那些能满足用户惰性，减少用户操作的措施，会更加受到用户的喜爱和欢迎。因此我们在产品设计时力求简洁，在产品规划时更加注重产品在简约方面的体现。对于产品而言，这也意味着要求产品的外在部分要满足简洁的设计需求，内在部分的操作流程要足够简化。同时这种简洁和简约的进步也使得产品更容易传播。这种大道至简、少即为多的专注，在项目上市的初期也是产品能否生存的关键因素之一。

4. 实现策略和方式

作为一种商业行为，产品和服务的最终目的是在一定商业规则和模式下通过满足一定的需求和目的进而获得相应的报酬，从而实现盈利的过程。因此，在满足需求，达到盈利最终目标的影响下，产品和服务在规划阶段就应该对这种目标的实现策略和方式进行充分的考量，并在相关功能、设计等方面进行充分的考虑和提前准备。只有这样，才能确保产品、服务在最终满足用户需求的基础上，不断获取商业利益和价值。

因此，这就需要产品在规划，以及内部设置时充分考虑以下三个方面的影响。

（1）社会化时代的用户参与

随着互联网和移动互联网的发展，现代社会和商业早已从信息化进入到社会化信息时代。人们获取资讯的方式从报纸、杂志、电视、广播这些单向信息获取的方式，经过互联网、门户网站等网络方式实现了信息的实时更新获取，并可以就自己的观点和态度进行双向互动。在社会化媒体时代，人们通过社交媒体平台以人人都是自媒体的方式，通过社会关系、兴趣和价值观等方式进行连接。在这种情况和背景下，企业面对的用户往往是以网状关系为组成的社会群体形式存在的。企业的产品、服务和商业模式可以充分借用这种社会化媒体，将原本单纯使用产品、服务的用户，在实现价值增值和盈利的同时，转变为主动传播企业产品、服务的自媒体。这种转变不仅可以帮助企业重塑商业运作模式和组织管理，还可以加强并改进企业与用户之间的沟通关系和关联关系。企业与用户的这种关联关系当达到一定用户规模的时候，就会形成到一种现在很流行的概念——众包。同时这种以蚁群战术和层级架构为支撑的社会化协作模式，只有在前面谈到的两点条件具备时，才能真正地转化为实际有形的产品。

（2）用户流量和引流

产品、服务的流程在某种程度上不仅反映了产品的市场规模、用户使用等直接反映市场对于产品受欢迎程度的体量指标，更反映了这种体量背后产品、服务对于市场、行业和用户的分量。但产品的流程不是一下子就来的，而是伴随产品在成长、完善过程中逐步积累的过程。这个过程不仅是对一个产品的考验，更是对企业和项目本身资源、费用、策略和时间的能力与耐心的比拼。流量本身并不能对产品、服务产生多大价值，但随着这种量变的不断激烈，终有一天会到达甚至突破产生质变的临界点。从市场竞争的环境和产品所处的背景来看，免费仍然是一种获取用户和流量的有效方式。免费这种方式虽然可以在短期内获取一部分用户和流量，但向“免费是为了更好的收费”转变仍然需要在产品上市前进行提早的布局和准备。否则免费这种以更好收费为目的战术行为，很难像有效收费这个战略进行转变。很多产品，包括上市公司借助于免费策略在激增用户规模和市场占有率之后，通过资本操作乃至上市，但仍不能有效地解决如何更好收费的问题。

（3）数据核心

用户在社会化媒体时代，对于产品和服务的使用往往会留下行为轨迹、个人信息和社会关系至少这三个层面的数据。这些数据对于企业、产品、服务乃至商业模式和平台的完善与提升的价值大小，取决于企业对数据的挖掘，以及这种挖掘数据后为企业带来的需求、行为和市场等方面的预测能力。企业通过对用户在使用产品、服务过程中产生数据的充分挖掘与分析，再创商业价值。正是这种数据的过程和行为，导致很多企业从过去简单的业务驱动型向数据驱动型进行转变，同时数据也成为这些企业的核心竞争力。

2.2.2 什么是好产品

很多失败的项目、企业在总结经验教训时总是对产品的好坏进行强调，将其失败的责任全部推卸到产品不好这个层面上来。同时，一些行业资本和投资机构在选择投资标的企业和项目时，也总是感叹“没有好产品”或者“好产品太少了”等。

那么究竟什么样的产品算是好产品？好产品的衡量标准又是什么呢？从企业、市场、用户和资本的反馈来看，好产品的标准似乎存在着两个共性的界限。

第一条界限是用户界限。好的产品要能够给用户带来足够的惊喜和相当的价值，能够让用户爱不释手。同时还要有广泛的应用规模和市场占有率。

第二条界限是商品的盈利性。好的产品不仅要受到用户的欢迎，还要让用户肯掏腰包，让参与的利益方在商业上获得利益。

我们从上述的情况可以看出，“好产品”的标准都集中在了用户和盈利两个维度。产品投入到市场后，自然会接受用户和市场的考验，这个是任何产品都要经过的阶段。仅仅是产品本身内在功能、价值和效果在用户与市场中的表现，并不是所谓的“好产品”独有的特性或者组成要素。因此，仅仅用用户和盈利两个维度去衡量一个产品的好坏，如同通过一个人的外表判断这个人的内心，思想和品德一样，显然是非常片面的。

对于产品的“好坏”我们还需要从产品内在层面，如功能、技术、体验等方面进行评估和判断。下面我们从产品内在层面的角度阐述如何打造一款成功的产品。

为了更好地使产品被用户接受，需要我们在对用户行为、特征进行具体分析并充分理解需求的基础上，使产品在功能、结构和外观等载体方面满足或超出用户的基本预期，其中产品在功能、结构和外观等载体方面的内容也叫产品的设计。

1. 产品的设计步骤

（1）概念阶段

概念阶段是任何一款产品从萌芽到诞生的关键环节，项目、企业、创业者、开发人员从市场、用户、行业等角度看到了需求和商机。这时，所谓的“产品”只是停留在人们大脑中的一个模糊的意识。这种意识来源于个人的经验、直觉，无论从抽象的概念层面还是实际操作层面这种感觉都不具任何实际意义。因此，此时需要将这种产品在萌芽期的感觉从模糊到清晰，经历“具体事物——产品感觉——明确认识与清晰的概念——指导具体产品”的过程。

在将对产品的感觉上升到理性认知概念的同时，在指导具体产品层面，我们必须将这种理性认知概念通过形象的表达，如图形、符号等进行最基本的概念展示，并由此大致对产品框架进行具体化。在人类自身的历史发展中，这种“感觉——概念——概念形象化”的过程一直是推进我们发明和生产不断前进并最终实现的有力助手，其每一步都是相比上一步的升华和突破。

（2）流程与功能

产品有了明确的概念和大致框架之后，这时的产品具备了诞生的基础——基本骨架，但仍不能称之为产品。我们需要在这个概念、大框架的指引下填充产品需要的功能和相关流程，这一过程也是为大框架丰满血肉的过程，也只有在这个时期为产品丰富“血肉”才可行，同时这种“血肉”完全是按照“骨架”的指引和需求进行的，不再是任意或者胡乱的添加。同时这种添加的过程也是一个随着时间、目标和用户的增长而动态变化和发展的过程，很多功能现在可能用不到，但将来却可能成为产品的核心，很多流程现在不能实现最有效的优化但一定要进行充分的预留空间和必要的准备。现实中很多产品普遍存在的问题是，要么是产品内功能间凌乱且互不关联，甚至是为了两种截然不同的需求和人群准备的（这种产品在功能上应当拆分成两个产品）；要么就是发展到一定阶段后在优化流程和功能添加时需要对根本性的东西，如框架、底层技术实现等进行彻底改动，这些都是在为产品添加“血肉”过程中要解决的问题。

（3）人机优化

产品经历了概念阶段和流程与功能阶段后，如同一个出生的宝宝，这个孩子是否可爱，是否能够打动别人，就要看其在市场、营销、宣传等方面的努力，以及自身装扮等方面（人机界面和用户体验等）的优化了。

成功需要很多条件和坚持不懈的努力，但失败却只需一个很小的失误即可。因此，在人机优化环节，更应当加倍注意和小心。人机优化主要反映在用户操作和用户使用过程中的体验上。首先我们需要在用户的使用过程中打消用户的各种疑虑，以及对新事物天生的排斥感和警惕感（这种感觉的大小因人而异）。对用户在使用时进行必要的引导和提醒，将各种状态、操作和进度及时向用户进行反馈，并给出建设性提示。这是对用户习惯的培养。市面上很多产品在人机优化方面存在两个问题，一种是根本就没有做人机优化，用户使用过程中存在各种各样的问题，试想一款让用户使用不方便的产品，怎么能受到用户的欢迎呢？另一种是产品在人机优化方面设置了过多的个性化设置，这些设置对于不同的人产生的效果也会截然不同。对于老用户而言，这种已经习以为常的东西，成为喜爱产品的理由。但对于新用户而言，如果不经过一段时间的学习和使用就很难驾驭产品。这种个性化的人机风格对于市场占有率高、品牌影响大且存在一定用户规模的产品而言，无论对于新用户还是老用户在适应性和喜欢程度上是不存在很大问题的，但对一个新诞生的品牌，用户规模从零起步，那么这种极具自身特征的人机优化则会带来灾难性的结果和影响。

2. 产品设计的原则理念

（1）需求核心满足

当我们对用户需求进行分析时，要将用户需求中的最核心方面，以及需求等级变化这两个维度进行分析和定位。比如，用户下载了一部电影，那么他需要一个能够对下载格式进行兼容的播放软件，这就是顾客最直接的动机和核心驱动。最直接的底层需求满足方式就是可以让用户边下载边播放，直接满足播放和低层次的需求。虽然在线的视频软件和在线视频播放器也能满足用户的播放需求，但在其中夹杂了很多广告推荐、影视信息等对于直接播放来说无用的内容就属于更高需求层次的满足。

因此，产品在设计和开发时一定要对用户需求的核心部分充分满足之后，再针对不同的需求层次进行满足。至于用户效率的提升是否作为一种单独产品设计的原则和理念，我们不难发现，当用户本身就需要一种提升效率的产品时，提升效率功能就是其需求的核心。当用户在使用了一定相关的产品后，满足了核心需求，那么在这种需求满足的过程中效率的提升自然就是对需求不同层级的满足了。

（2）便利需求

前面我们对用户的需求层次、需求满足和需求变化进行了较为详细的研究，可以得出一种适合于大多数人的结论——那就是顾客最核心的需求一旦得到满足，其需求会向更高的需求层级上转移，这本身也是人的懒惰特性决定的。

当一款产品问世，满足了人们在功能上最核心的需求之后，人们不禁会想有没有更方便、更简单的产品？正是顾客的这种需求特性，造成了所谓的“省缺”和“聚合”。为了满足用户追求便利的需求，我们需要在产品原来功能和体验的基础上，根据用户习惯和操作的变换进行持续优化。像与 hao123 导航网站类似的产品，正是将内容、网址这样的信息进行了整合，大大提升了用户的操作便捷性，满足了对简便使用的需求。因此，在产品中找到对于用户“省缺”的方面，通过有效的优化和聚合，保证产品在用户中的持续使用和长久发展。

（3）人性需求

人性需求主要集中在两个方面。一方面是通过对产品中相关模块的设置，满足用户个人层面的独特需求。比如，有的用户喜欢界面是商务感觉的蓝色，而有的用户则喜欢喜庆的红色，这些都是在产品中对于用户个人独特需求的满足。另一方面，要在产品中对用户在行为、操作和结果中的焦虑、不安情绪进行充分的关怀。通过关怀打动消费者，让顾客觉得自己从始至终都在享受特殊待遇。

（4）成本需求

成本需求主要是从产品开发、实施和上线后各类费用的角度出发的，以最大限度利用现有资源，在满足产品需求的同时，降低开发、技术等方面的费用。这种成本原则在产品前端界面，功能上直观感受可能不多，但是在技术架构和实现技术方式上却大有文章。同样的功能可以采用不同的技术架构和技术方式来实现，并在费用成本中呈现出巨大的差别。如，某技术模块的一次开发成本往往较高，但如果能够将其应用到诸多产品中并形成有效的往复使用，那么其产品的开发成本将会大大降低。但这种在技术上的重复使用，一定要兼顾产品在未来兼容和扩展性上的需求。

2.3 馒头店顾客排队的秘密——怎么卖得更好

2.3.1 新产品怎么卖给顾客

产品、服务的上市，是产品、服务对于适应市场，应对竞争，面对用户的终极考验。产品、服务从需求调研、产品的开发，以至上市面对消费者，对于一个成功产品而言，也仅仅是刚刚迈出了第一步，后面仍然需要面对市场行情的迅速变化、激烈竞争等一系列重大的阶段。其中任何一个环节出现问题，都会直接导致下一个环节的缺失，并且对全局产生严重的影响，正所谓功亏一篑。

因此，如何把握好产品的上市，并将新产品成功地推向市场，让用户接纳，对于产品研发过程而言同样十分重要。下面我们从产品自身的角度去阐述如何将新产品卖给顾客。

1. 敌方主将与布阵分析

产品、服务在上市前的市场竞争分析有别于产品开发阶段的市场调研。在产品开发阶段的市场调研主要的目的集中在发现市场需求、评估商机大小，以及为产品、服务定位聚焦等方面，这些或多或少地决定了产品的功能、属性和特征。而产品、服务上市前的市场竞争分析则主要集中在决定在何时、何地采取何种战术突击，打击敌人，计划取得什么样的结果，以及这种结果会对整体态势产生什么样的影响等一系列战术、战略的综合。下面简单介绍几种常见的竞争分析模型。

(1) 行业竞争动态模型

行业竞争动态模型，主要是从产品、服务在产业链中的地位、状况、位置和话语权的角度出发，对比行业上下游相关方分析自身的优劣，在这种状态下产品和服务采取更好的策略和方针。在产业链方面主要包括的相关方有：产品、服务基础提供方，用户和消费者，现有竞争。

其中现有竞争中又包括了新人或未来竞争者，以及搅局者（这里面的搅局者是指通过技术或者模式的变革，导致在整个产品和需求领域产生的革命性或者根本性变化的各类人和因素）。

通过与这三方面各方优劣势的对比，我们在原来简单静态的 SWOT 分析的基础上，对整个行业进行了多维度关联性对比。原来在对比产业链一方所得出的 SWOT 分析结果中劣势或者优势的地方，放眼在产业链动态关联中，则有可能被其他方面的影响所抵消或者放大。

由行业产业链各方的优劣势及竞争我们可以得出三种策略结论：

最佳状态——利用内部优势和外部机会获得最大的话语权并主动抢占市场。

平衡状态——利用内部或者外部的优势，抵消外部或者内部的劣势，进而以最低的成本和最小的代价平衡自身的劣势，并进行市场抢占。

维持状态——在面对各方，自身不占优势的情况下，采取一切措施和办法尽量减少内部弱项，回避外部竞争。这种策略往往在区域性战术中使用较多，并且在利用现有体量的基础上采用。

（2）PEST 模型

如果说行业竞争动态模型更多的是从行业角度对产品、服务所面临的竞争进行优劣势分析和策略选择的话，那么 PEST 模型则更多的是从社会宏观角度去分析对于企业产品、服务的竞争。

PEST 分别对应的是英文中政治（Political）、经济（Economic）、社会（Social）和技术（Technological）四个单词的首字母，并从这四个主要外部因素分析对企业的影响。

政治因素：政治因素对于企业产品、服务的影响主要集中在两个大的方面。

第一，市场法律体系。

市场经济的整体运作需要一系列关于市场管理、市场制度等相关的法律体系进行强制性地约束，进而企业、消费者和各级市场主体间维护社会最大利益、公平交易和消费者权益维护等。

第二，国家政治。

国家政治主要是指在政策层面国家的宏观经济方针、产业规划和布局等对国家经济总量决定性的方面，以及税率、利率，银行存款准备金等一系列国家对于宏观经济辅助和管理的手段与方式。

经济因素：经济因素对于企业的影响主要集中在国家宏观经济和区域微观经济方面。在宏观经济的发展，诸如国民生产总值、人均可支配收入等方面很大程度上是受到上面讲到的政治因素影响。而在区域消费习惯、人群消费喜好、就业情况等微观经济层面则是企业的产品和服务之间的关联和影响。

社会因素：社会因素包括一个地区人民的是非观念、喜好特点、受教育程度等。其中，是非观念体现着当地人群对于企业、企业产品及服务的目标、活动形式等方面的认可程度；喜好特点则会影响人们对于企业和产品的内容、方式的态度；受教育程度则反映了当地居民的需求内容和需求层次等。

技术因素：技术因素也是在宏观环境中对企业的经营、产品和服务等产生重大影响的因素。这种影响主要集中在以下几个方面。

第一，政策、法规和市场对于专利的保护和假冒仿制的处罚约束。

第二，政策和经济环境对于技术创新的支持和鼓励。

第三，技术和专利在国内经济环境中的商业化利用。

2. 竞争类型

竞争作为一种正常的市场行为，其发生的本质主要和经济环境有关。当市场产能不足时，用户的需求旺盛，这时企业市场策略的重点是如何扩大自身产能，满足市场庞大的需求并扩大获利规模。

而当这种市场环境发生变化，企业的产能高于市场的需求时，就出现了严重的滞销即供大于求的现象。这时企业往往会自发地采取两类措施，即在主营产品上以价格战的方式去应对这种竞争；在副营产品上通过多元化扩大企业的经营种类。这就是为什么以前做食品的公司现在也纷纷做起了房地产，以前产业中游的区域供应商纷纷开设自己的终端门店等。这些是因为对于竞争的恐惧。企业间的竞争在过去很长一段时间都是实际存在的，并且企业在未来也不可能避免。只有认清了竞争的本质，我们才能更好地应对和发展。竞争本身如同用户的需求，是存在不同层次的，只有当一个层级的竞争需求得到满足后，下一个层级的竞争需求才会自动启动。竞争的这种层级主要可以体现在以下几个方面。

基础层：竞争企业直接提供与本企业类似或者相同的产品供给相同市场和具有共同特征的消费者。这实质上就是在产品和服务上的高度同质化，对于用户来讲，相同的功能和品质能够直接比拼低价。

品类层：品类层的竞争相对于基础层而言，在直接具体的产品上不会存在基础层这种高度同质化的现象，但在产品线组成和产品品类属性上则存在一致或者交集的现象。消费者在选择时对于价格因素的驱动不是关键，因此在这个层面上的竞争主要集中在定位、聚焦和特色等方面。

迭代层：迭代层竞争对于企业而言主要是市场上出现了自己产品的替代品，这种替代品在成本、功能和价值方面优于现有企业的产品。引起这种迭代的原因有很多种，如产品技术革新等。面对这种迭代，企业需要从价值维度上去应对，如提升自身产品的使用价值和功能价值、降低用户获得的成本价值等。同时，对于新技术进行充分地准备和研究，以便日后的需要。

用户层：用户层竞争，并不是表面上对于用户数量和用户群的争夺，而是对以获取用户本身为资源的争夺。简单来说，就是将用户作为企业产生价值的最大化。用户的产生价值最大化直接反映在购买数量和购买次数上。这个过程也是企业通过自身产品去争夺用户手中费用的过程。

品牌层：品牌层竞争是竞争层级中最高的层级。即企业通过自身在用户群当中建立的直观感受、信任感和心智影响力等方面带来的品牌效应去影响用户的购买决策。用户对于产品的看重点不再是产品的价格和功能，而是通过购买品牌所获得的潜在附加价值。

3. 产品上市

完成了对于市场、行业和宏观环境的竞争分析，企业明确了自身所处的竞争类型、竞争阶段，以及自身的优劣势，这时企业对于产品的上市应该已经有了较为全面的准备和详尽的计划。这时要做的只是将这些准备和计划向现实的成功产品进行转化。

（1）试点试销

试点试销主要是在对产品相关市场准备工作和条件已经具备的情况下，在进入市场之前，通过区域试点的方式对制定的市场营销策略方案、用户接受程度和产品功能等方面进行检测。产品的试点试销不是随意地在某一地区展开的，而是在市场重点目标区域和典型市场样本区域中进行的。试点试销需要具备以下条件。

1）事先设定试点试销的目标值，并制定详细的试点试销预案。

2）建立健全内部服务、市场等多板块使用信息回传机制。

3）试点试销区域选择。选择好试点区域直接关系到试点工作的好坏和成败，如果区域选择好，则可以代表典型的市场和用户特征给未来产品的成功平添良好的基础；如果试点区域不能反映典型市场或者用户的需求特征，则有可能产生严重的误导效果，不仅使产品偏离正确的方向而且还使原本正确的市场策略变得糟糕起来。在试点区域的选择上，切不可盲目追求大而全，那些竞争相对较小地区更有利于产品积累经验，确立市场地位，同时不会过早地被竞争对手察觉。

（2）试点效果评估

产品在区域试点之后，对于试点的结果、指标等情况和之前我们设定的目标进行比较和分析。这种指标对比和效果评估主要包括以下几个方面。

1）营销

原定的营销计划和步骤是否合理？

是否达到试点前制定的区域营销各项指标？

市场定价策略是否被用户介绍？

销售人员和顾客服务体系是否完备？

营销策略能够有效应对现有产品竞争？

市场宣传方式是否可以对用户有效影响和到达？

营销活动计划是否妥当？

2）产品

产品的用户、市场反馈是否合乎预期？

用户对于产品功能和服务是否满意？

产品是否合乎最初的构想?

产品相对于其他产品是否具有领先优势?

产品哪些地方还需改进?

产品在流程、功能上哪些地方还需要优化?

3）其他准备

是否符合相关法规和政策规定，以及是否存在政策风险?

基本服务体系是否就位，是否可以满足用户需求?

（3）大规模上市准备

当产品在区域试点取得成功后，相关的产品、市场营销策略和服务等就可以在更大的范围内准备正式登陆市场了。这个过程在某种意义上也可以视为区域试点的放大版，但需要更多的资源和时间的准备。包括销售、客服人员的培训和数量扩充，优质媒体资源的采买，营销策略的组合等。

同时，针对在试点过程中暴露的各类问题进行改进和优化，如有必要可再次进行试点以检验改进效果。

当产品最终上市所需的各类准备条件完成时，产品就具备了随时上市的可能，这时的重点是选择一个好的上市时机。对产品上市时机的选择，也是关乎产品成败的关键。如果产品上市时机选择得当，那么可谓是占尽了“天时”这个有利的因素，相关的市场、用户和营收等也会更加顺利，不仅使得产品成功的概率更大，而且还能大大减少打造成功产品所需的资源和时间等成本。

产品上市的时机一旦出现问题，在某种意义上也会对产品产生非常严重的影响。当市面上还没有类似的产品时，选择在这个时机上市，产品作为市面上独有的产品，可以占尽先发优势，对于未来的市场占有率和话语权的作用不可小觑，尤其是可以利用自身的优势对行业标准进行一定的影响。

而当市面上已经存在类似的产品时，那么产品的上市时机则要努力争取和竞争对手同步或者尽量缩短上市间隔，这样不仅可以在用户心中淡化竞争对手的先发优势，而且还可以借助其宣传和营销，共同推进并加速潜在市场的增长速度。

2.3.2 产品销售的奥秘

伴随着产品的成功上市，企业的市场营销活动、战术策略，产品服务逐渐在市场和用户群当中占有了一席之地，此时的产品和服务可谓是取得了初步的成功。但产品销售是一个比拼持久和耐力的过程，很多产品在取得良好开局的前提下，往往对于产品今后如何发展没有很好的把握。这也就造成了很多产品，很多好的概念，如同昙花一现。刚诞生时，无论是从理念还是产品的宣传都是铺天盖地大有“山雨欲来风满楼”的气势。但随着产品急速扩张或者是精力转移到其他领域，使得产品不久之后便销声匿迹。这种产品或者模式在互联网领域尤为突出，不仅对于用户造成了很不好的影响和信任危机，而且将原来有序的市场环境和大家公认的竞争秩序搅乱了，最终害人害己。

在市场需求大于供给，或者免费、补贴这种亏本赚吆喝的方式，是无法看出产品的好坏的，有些人在这个阶段往往为取得用户规模、市场占有率而沾沾自喜，其实大可不必。

用户对于一个新的产品或者服务是有一定的新鲜感的。通过广告、营销和市场活动的影响，在用户使用过一段时间后，这种新鲜感觉衰退或者用户觉得价值不大时，产品在用户群、市场规模和占有率方面会出现“雪崩”似的衰退。

同时，在市场竞争前期，企业为了用户规模和竞争因素，往往采取免费、低价等策略，这些策略在阶段性市场可以取得良好的效果，但是从企业长期发展来看，如何从这种策略中抽身至正常的通过产品或者服务实现盈利的商业模式上来，则是企业关乎生死的一个问题。

在产品销售阶段，企业在产品和服务上需要重点解决商业盈利性、用户持久性和产品可持续发展三个方面的问题。

因此，我们在谈到产品销售时，往往从企业、产品或者服务正常的商业模式角度出发，站在产品管理、产品线建设和用户价值这三个维度去阐述产品销售的奥秘。

1. 产品管理

由于市场、竞争和用户的需求在不停地运动和变化中，事物的焦点和主要矛盾在不同时期和阶段也是不尽相同的。对于产品而言更是这样，没有一种产品自开发上市以后，市场是一成不变的，产品自进入市场后，其用户规模、销售额、利润等随着时间的推移会呈现出诞生、成长、成熟和衰老的过程，这个过程在数量上表现为由少到多再到少的一个变化曲线，即产品的生命周期。

产品诞生期：

新产品入市，大多数用户对其不了解，只有极少数愿意尝鲜的人为了追求新鲜感会使用新产品。以下是产品主要面临的两个问题。

（1）急需通过加大市场宣传，让广大用户知晓并了解产品。

（2）费用矛盾。天价市场营销费用和产品的开发成本。

这个时期，企业在产品定价上可以根据产品的自身特点、行业属性、用户特征和自身企业实力这四个方面就产品在产品的定价、毛利上采取四种不同的策略。

当新产品具有明显优势的情况下，目标顾客对于新品购买需求强烈，这时市场和用户对产品的价格往往不是其营销决策的首因。企业采取“高投入+高价格”的方式，不仅通过较高的市场费用快速树立产品的知名度，让用户知晓，而且采取高价格还可以帮助企业获得超长的利润，进而迅速回收成本。

而产品本身在用户群中已经具备了一定的影响力和知名度，且市场规模有限，潜在竞争威胁不大或者根本不存在时，面对具有一定支付能力的用户则可以采取“低投入+高价格”的方式，降低投入费用，更好地获得利润。这种策略仅限于某些行业和某些用户群。

面对市场空间巨大但竞争激烈的行业，用户对于新品不甚知晓时价格因素是决定用户选择的首要因素，当企业产品可以随着销售和用户规模效应的增加降低成本并获利时，企业可以采取“低价格+高投入”的方式，迅速进入市场，并尽可能地最大程度实现市场占有率，以便实现规模经济。

而当产品在市场上知名度较高，市场空间巨大，竞争对手威胁不大且对价格因素敏感时，企业可以采取“低价格+低投入”的方式，在降低营销成本的同时扩大销售。

产品成长期：

随着市场宣传的持续增加，用户开始了解并使用产品，这种新用户的增加也使得产品的市场占有率有了提升，产品开始产生销售，并进一步摊薄市场和开发成本，在这个阶段利润开始增加。

随着产品利润的增加，市场上开始出现竞争对手，产品同质化竞争加剧，用户的需求量趋于饱和。这时的主要矛盾体现在以下两点。

（1）市场规模、销售规模增长放缓。

（2）竞争加剧导致市场、营销费用激增。

这个时期企业针对主要矛盾可以采取灵活多变的价格策略和促销组合。在市场宣传重点的改变及提升产品内在品质方面，寻找与竞争对手的差异化和竞争优势。

产品成熟期：

企业利润的增加、产品市场知名度和占有率的提升会对竞争对手产生较大的吸引。在产品的成熟期，产品将面对竞争白热化阶段。一方面市场空间进一步饱和，新用户增长很少，另一方面随着竞争逐渐恶化，市场成本增加，企业利润开始下降。

这一时期企业为了保持竞争优势，维持利润，往往会采取促销、渠道、产品、定价等方面的营销组合，以应对竞争市场调整，满足用户对于产品不同层次的需求。

产品衰老期：

随着行业、科技等因素的发展，用户的需求和习惯已经产生了根本性的变化，这时产品已经不能更好地满足用户的需求了，其用户规模、销售额和市场占有率不可逆的急剧下降。

此时对产品的管理主要体现在以下两个方面。

内在：产品功能、流程优化、人机交互的改善等。

外在：老产品的维持、淘汰，新产品的更新等。

产品内在与外在方面的变化组成了我们对于产品的有机管理。

由于对产品功能、流程等方面的内容我们已经进行了阐述，下面我们主要就产品外在部分的两个重点方面进行介绍。

产品数据库：区别于会员数据库和大数据部分的数据库，产品数据库没有固定的方式和表象，其内容和展现形式完全视企业和产品的需求而定。大致包括竞争产品的优劣、用户基本需求和变动情况等，对于产品各项功能的使用调研。

现有产品控制：这里所谓的产品控制主要是指，在企业产品线和产品各项功能中，个体对于总体的价值和作用肯定不会是均等的，而是按照二八原则的方式进行价值体现和影响的。因此，在产品的管理中，尤其是面对利用内部有限的各类资源去应对激烈竞争和日益增长的需求满足时，要能够分清对于企业利润、企业价值和用户价值较大的那些产品和主要功能。在维持核心产品和次要产品销售的同时，将手中的资源向那些之前表现很好，但正在呈现下滑趋势的产品进行一定的倾斜，尽量使其价值能够最大化的发挥，这种方式相比加强优势产品或者改善次要产品而言，在时间和成本两个方面更为行之有效。

2. 产品线建设

有别于现有产品的管理，产品线的建设则是以现有产品为基础，着眼未来发展和规划，通过在同一品类和基本需求基础上不同产品间的有机组成，以期形成整体的产品优势，为企业的经营目标服务。

产品线策略产生的根本原因主要有以下三个方面。

第一，用户方面。

不同用户的求新心理和对产品丰富性的要求不同，以及不同用户的年龄、地域等差异很难用同一款产品有效覆盖和满足。

第二，产品承载方面。

单一产品很难很好地承载更多的功能。单一产品也很难满足不同用户的需求层次。

第三，竞争需求。

单一产品竞争风险大，且企业盈利点和增长空间有限。

正是这三个方面的原因，使得企业在原本单独产品的策略基础上，开始重视和筹备有关联的不同产品间组合的建设，即产品线建设。

产品线内产品的组成没有固定的模式和规律，一切都是以更好地应对竞争和更好地获利为最终目标的。同一产品线内可以有数量不等的、跨越不同用户属性的产品，基于不同需求层次和定位的产品，以及为整体利益最大化而实施不同价格策略的产品等。

对产品线建设时，为了使产品可以更好地满足市场需求和竞争变化，企业可以定期对市场上同品类和基于同一需求满足的竞品进行品类和产品线对比。这也是在原来比拼单品、营销和免费之后，企业在取得了良好开局和一定的市场占有率及知名度后，展开的更高层次的竞争——产品线和品类竞争。通过对比竞争对手的产品品类和产品线，我们可以通过不同产品的调整和定位差异，避免产品的高度同质化，有效避免价格战，进而获得更多的产品线和品类优势，而不是将眼光仅仅局限在某一两个单品上。同时通过这种不同产品组成的产品线使得企业可以有效降低竞争风险，更好地获利。此外，企业在和竞争对手产品线和品类对比分析的同时，还需立足于用户本身，组织相关客服资源多倾听用户的反馈，必要时进行用户的回访和数据的调研采集，找出产品在品类和单品上的不足，更好地把握用户需求及其变化规律。

在此基础上，企业可以对现有的产品和产品线进行有效评估，进而对产品线内的不同产品进行增加收入或降低成本的改进，甚至是淘汰过时或者产值较低的“耗能”产品。

3. 产品线分析和实施策略

对于企业产品线的分析和实施策略，我们主要从产品线分析模型和产品生命导入周期这两个维度综合进行判断，并根据不同结果实施不同的产品线策略。

波士顿矩阵对于产品分析主要是从产品的市场增长率和市场占有份额两个维度出发，将企业内部的产品分为以下几种。

（1）问题产品

问题产品所处的区间位于高市场增长率、低相对市场份额象限内。其较高的市场增长率表明该产品前景非常好，市场机会大；而低相对市场份额则说明其在市场营销方面存在一定的问题。

（2）明星产品

明星产品所处的区间位于高市场增长率、高相对市场份额象限内。这类产品在未来可以成为企业的现金牛产品，因此需要加大投资以支持其迅速发展。

（3）现金牛产品

现金牛产品所处的区间位于低市场增长率、高相对市场份额象限内。这类产品在企业中销售量较大，产品利润率高，并且无须增加投资就可以为企业提供持续的资金支持。

（4）瘦狗产品

瘦狗产品所处的区间位于低市场增长率、低相对市场份额象限内，其特点是往往处于保本或亏损状态，利润率低且无法为企业带来收益。

企业的产品通过波士顿矩阵在市场增长率和市场占有率两个维度的分析，我们可以得出以下对于企业在产品利润和价值方面的判断。

（1）产品群良性分布

产品群良性分布主要是指在由市场占有率和市场增长率所组成的四个象限内。企业主要产品的分布若显示缺月型，则这种产品的分布对于企业而言，有多种盈利和收入较大的产品，说明企业内部产品结构规划较好。

（2）产品群恶性分布

产品群恶性分布主要是指在由市场占有率和市场增长率所组成的四个象限内，在第三象限区间没有产品分布或者即使有产品分布其产品收入也很少。这种产品群的分布表明企业内部的诸多产品中没有良性或者盈利较大的产品。

（3）产品群潜性分布

产品群潜性分布主要是指在由市场占有率和市场增长率所组成的四个象限内，大多数产品位于明星产品象限内，企业的产品在未来有很大的发展空间和发展潜力。

（4）产品群亢性分布

产品群亢性分布主要是指由市场占有率和市场增长率所组成的四个象限内，绝大部分产品都处于高市场占有率和高市场增长率的金牛区间内。产品销量高、利润好在市场中能够从容应对现有的竞争，好比正处于亢奋中的牛群一般。

波士顿矩阵虽然能够很好地帮助企业对现有产品群的不同产品进行分析和总体事态掌握，但受限于其市场占有率和市场增长率两个维度，对于企业的不同产品和产品线仅仅能够从一个时刻的角度做点状分析，而不能从产品整体的发展过程对产品线进行动态把握。因此，这就需要我们在波士顿矩阵的起点上，有机地结合上文讲过的产品生命周期，从点+面的角度对产品线进行动态掌握。

比如在原波士顿矩阵中，即使是处于产品衰退期的产品，通过一定的市场营销策略也可以呈现为现金牛产品，但明显是没有未来的！

因此，我们在对产品线进行分析时，可以从波士顿矩阵和产品生命周期这两个维度出发进行动态把握，进而可以得出对于产品线和产品的三种策略。

（1）产品维持策略

产品维持策略主要是指用于产品线中的二线产品，这些产品在企业中往往具有良好的收入流量，虽然没有遇到太大的竞争压力，但也不值得投入更多的营销资源的产品。这种产品本身就是品牌价值的受益者。

（2）产品重生策略

产品重生策略可以在产品线内任何产品阶段出现，对需要重生的产品可以采取以下三类措施。

1）新价值增加：通过降低成本或者增加产品自身的特色来为产品增值。

2）基础延伸：产品通过新的使用者或者方式来延伸产品的使用场景

和需求。

3）二次聚焦：在原来产品定位的基础上，针对需求和用户进行深度的再次定位和重新聚焦。

（3）产品退出策略

当产品出现销量下滑或者利润下降时，并不意味着产品需要采取退出策略。如某款产品虽然不会为企业带来应有的利润贡献，但能够很好地压制竞争对手，进而保证产品线内的其他产品获利，对于这类产品就不能简单地运用产品退出策略。

采取退出策略的产品往往具有以下特征。

1）产品销量、市场占有率和利润持续下降。

2）经过重生尝试后仍不能取得成效，或者重生成本大于其重生后的价值。

3）在功能上不能与其他产品进行合并。

4）产品技术复用性和通用性较低，不具备复用价值。

5）对于现行产品和竞争对手影响不大。

同时进行产品退出策略时，企业也有两种不同的方式。一是通过清仓甩卖低价的刺激，迅速实现企业资金的回笼；二是大幅提价，通过高价格鼓励用户转向购买企业的其他替代品，或者将产品授权、出售给其他公司。

4. 产品线内用户的优化与平衡

企业的产品线内由于产品用户众多，伴随着用户个体间属性的差异和产品在市场营销过程中不同的阶段策略，对于同样的产品，其用户对于企业的价值也是不尽相同的。同时，产品线对于企业是否存在价值，是否可以带来利润，其用户群是关键。

很多用户对于产品选择，往往采取唯利是图的态度，其选择产品时往往会选择“最低价”的产品，而一般产品，其最低价往往出现在上市初期的推广阶段和促销节点。这个时期的产品对于企业而言，其价值不在于利润的多少，而在于产品的市场占有率和销量。这些看中最低价的顾客对于企业而言，在某个特殊的阶段，能够在市场占有率、用户数量、销售规模等指标方面起到不可低估的作用。但随着企业销售的持续，企业从最初片面追逐“面和量”开始注重顾客和销售对于企业的“价值和利”，衡量用户的标准也从过去单纯的用户数量和购买数量转为用户购买产品的频次和用户购买所产生利润价值的大小。

当然，我们这里主要讲的是企业通过提供产品、服务后，消费者为企业行为买单后的利润，而不适用于规模经济和生态圈经济。如，互联网网站通过为众多用户免费提供资讯，在庞大用户规模的基础上，通过广告展示进行获利。

对于只知道要求提供“特殊政策服务且无法带来更多企业利润价值”的顾客，如仅通过“最低价”或改变产品与服务基本市场定位去迎合迁就，那么不仅会将之前好不容易梳理起来的品牌概念和价值毁于一旦，而且还会对那些正常购买或者重视的优良用户产生严重的负面影响。

因此，随着企业产品线的扩增，企业在市场品牌价值、产品价值等方面的提升，在资源有限或者为追逐更高利润的驱使下，会将一部分低价驱动型用户进行适当的转化。这种转化方式通常有三种。

（1）降低成本：企业在维持原先“低价”不变的基础上，通过降低企业内部的各类成本，进而可以增加“低价”的利润空间从而获利。但企业需要评估降低成本索要付出的费用和其产生营收利润之间的数字关系。

（2）价格提升：这里所谓的价格提升不是简单地将过去所采用的低价、促销或者市场活动全部放弃，而是让用户了解产品所带来的价值，用户选择其他产品的替代成本，以及竞争产品是否可以满足需求等。

（3）放弃终止：当企业对用户进行了足够的转化刺激，或者降低成本策略仍不能满足企业盈利需求时，企业可以果断考虑放弃这部分用户，但放弃时需要注意不要给用户造成恶劣的影响和不良的感受。一方面，低价用户本身是随着条件的改变而发生变化的，另一方面，错误的方式会促使其投向竞争对手。

“薄利多销”相信是很多企业或者经营者在商业逻辑上最朴素的想法和最原始的概念，诚信和公平交易也是千百年来商业交易中不变的原则。但产品的这种公平和低价对于不同的行业和产品而言，产生的作用和效果往往是不尽相同的。比如，现在国内某大红大紫的韩国化妆品品牌，其最初来华时，由于在中国市场上的宣传、推广及品牌认知度都相对较低，于是以尝试的态度，开始了在中国市场的出口销售之旅。受限于当时的品牌知名度和影响力，其在华销售时采取了倾销或者是薄利多销的路线，当时国内类似功能的产品，动辄几百元甚至是上千元，该公司的产品大部分维持在几十元到一两百元的区间内，但无论是消费者还是市场，对于该品牌商品的市场反应平平。虽然上市初期，该公司也连续举办了几场大型活动和促销，但收效甚微。在华销售效果远未达到预期，其全国销售渠道体系出现库存积压，甚至部分渠道商出现了被迫反水的情况。在这种情况下，该公司主要负责人来华调研，痛定思痛，寻找问题的根源。由于该品牌在韩国属于高端品牌，来华后却为了弥补自身在品牌和知名度上的不足，故而采取了低价倾销的方式，一方面造成了市场定位人群的错乱，另一方面虽然价格远远低于市场同类产品，但也远远低于顾客对于该级别产品的心理定位和价值认知，因此在某种程度上造成了顾客的不信任和怀疑，“价格+品牌=品质”一向是化妆品行业不二的心理定律。

之后该品牌产品全面调整了在华的定位和销售策略，在提升品牌和品质的同时，也将产品的价格逐渐拉开档次。调整后，虽然产品的订单量有所减少，但总体销售额却大幅度提升，最终增加了企业利润和品牌在市场中的占有率。

企业通过对自身内部低价值用户的转化和清理，在完成用户群属性和价值上的改造后，为了销售利益和会员利益的最大化，不应停止这种对于用户为企业创造更多价值的步伐，这时需要将重点放在那些优良的用户身上。

增加现有用户的利润值。增加现有用户的利润值不再是通过简单的产品提价、降低成本的方式能够从根本上提升的，这时对于留下的用户产品价格已经不再是决定购买的首要因素了。企业应该加大对这部分用户的投资，这种投资主要包括两个方面，其一是对产品、服务的添加、升级和改进；其二是增加品牌价值、人文关怀等除产品以外的软性方面。企业正式通过对这两方面的投入，实现为企业增加用户利润价值的目的。

吸引更多高价值用户。这一点很好理解，我们之前面对的全部是企业内部会员，那么通过引进新的高价值会员，扩充企业内部的高价值会员的基数，企业自然可以获利更多。

2.3.3 产品卖多少钱

企业从用户需求调研，到产品研发，产品试点和上市，经历了一系列的考验和波折。这就好比西游记中的师徒，历经千辛万苦终于到了西天，下面就看能否取到真经了——产品的定价与利润。好的产品定价策略不仅可以帮助企业领先竞争对手，获得更多的市场份额和新用户，而且还可以帮助企业创收并增加产品的利润价值。

站在企业经营和管理的角度，企业主为有效提升企业的盈利能力，往往在产品的固定成本、市场销量、可变成本和产品价格这四个方面进行平衡和调整,其中产品价格对于企业的盈利能力的提升是最直接也是最有效的。

相信很多人看到这里都不禁发问，“定价有啥学问？”“现在这个年代流行互联网思维——免费”。诚然免费这种方式对于用户的接纳成本最低，对用户可以产生较大的吸引，有效占领市场。但免费解决不了企业的盈利问题，企业一旦结束免费，用户就会流失，原有的市场份额便会被别人抢走。因此，“免费”这种方式并不是对价格体系的颠覆，而是一种特殊的定价策略和阶段方式罢了。

关于产品的促销和营销方式，我们会在市场营销章节进行详细说明。下面我们就产品价格的执行和策略进行阐述。

1. 顾客价格

谈到商品的价格，由于企业产品成本的不透明，消费者对于产品本身的价值无法进行直观精准的判断。这也就造成了企业无论多高或者多低的价格在消费者看来商家都是有利可图的，“买的没有卖的精”，另外，消费者也确实很难体会到企业的“良苦用心”。而顾客之所以对产品价格存在不满多半是因为产品在消费者心中的价格衡量标准不同。

（1）产品使用价值判断法

产品使用价值判断法是指消费者在对产品不了解的前提下，通过自身或者宣传介绍对购买产品后能够为其提供的服务或满足的需求所带来的使用价值进行比较、衡量和判断。比如，同样一瓶水，在平常对于消费者而言其最主要的使用价值是解渴；而对于沙漠中的行者而言，一瓶水的使用价值则是生存。在这两种不同的使用价值判断标准和衡量下，消费者对于产品的价格自然会产生一定的影响和变化。

（2）同类价格判断法

当一款全新的产品摆放在用户面前时，顾客如果不能判断或者不能完全判断其能为自身带来的使用价值时，他们会通过自己的经历和见识对比市面上同类产品的销售价格，进而对于新品有个大致的心理价值区间。

（3）个体标准判断法

用户对于产品价格的判断，除了上述的两种方法，还受到“用户自身价值观”和“价格是非观”的影响。这种影响的标准因人而异，产品价格在用户心中的“公平”与“公正”也大相径庭。比如，同样的商品，顾客在个体是非判断时会有“奸商”、“商家也不容易”、“国货”等一系列标签，因此，其个体内心对于产品价格的判断结果也会截然不同。

2. 常见定价策略及其优劣

(1) 保守定价策略

很多企业在产品的定价方式和策略选择上，看起来十分简单，通常选择“成本+利润”的组合定价策略。这种策略从财务层面看起来也是十分严谨的。当然，我们不在这里就这种策略中成本是否含营销成本、企业变动成本与固定成本的关系做过多讲解，只对这种“成本+利润”模式本身进行一下分析。

首先，针对这种模式本身其本质是企业通过主导产品的利润及其成本组合方式进行产品销售，这种方式在某种层面上将用户与产品定价完全隔离，企业往往忽略了市场研究，转而制定相对“内向”和“封闭”的产品价格。

其次，从用户层面上讲，由于用户对于产品成本不清楚、不了解，所以这种定价方式也造成了价格组成的不透明。由此会导致两种情况的出现。

1) 低利润无效果

企业为了推广产品或者达成某个市场指标，人为地大幅度降低利润空间，但由于消费者对于产品价格组成不了解，因此对于企业降低利润后的价格仍然是“无动于衷”。在企业看来产品即使是特价甚至亏本的，销售市场却仍然没有反应，进而会影响到企业对于用户需求和市场的判断。

2) 高毛利无销售

高毛利无销售的情况与低利润无效果的情况截然相反，企业为了自身的发展和利润价值实现，在产品定价时对于利润这部分的要求过高，超出了消费者心理可承受的范围。虽然仍有部分用户购买，但用户数量和高利润的乘积相比庞大的用户规模和合理利润的乘积仍然不成正比。

最后，从企业层面分析。这种“成本+利润”的定价方式，会促使企业将销售的重点放在“利润”的把控和调节上，进而忽略企业不断创新及努力降低产品成本的驱动力，丧失由于产品成本降低所带来的既得利益。

（2）跟进定价策略

跟进定价策略主要是指企业的产品销售和定价时间，将产品的销售价格和竞争对手的产品价格进行对比，将产品价格的主动权让给竞争对手。造成这种定价产生的原因主要有：企业为了更好地应对市场竞争，抢占市场份额；企业在产品领域处于劣势或者后来者的位置；通过“贴身肉搏”可以有效打压竞争对手等。

这种定价策略在市场竞争中的效果好坏我们姑且不论，但就企业发展而言，采取这种方式的企业会处于十分被动的状态。企业的发展和产品的发展一样，要遵守一定的生命周期和发展规律。不同的发展阶段，企业对于市场、资金、利润的需求和选择方式会大相径庭。例如，处于垄断地位的企业为维持其市场垄断地位和规模会采取低价或者倾销的方式进行销售。而同样在这些产品品类中，新创企业如果选择盲目跟进价格，则很有可能陷入经营困境。

此外对于行业而言，如果产品都采取相同的价格和措施，会产生严重的“叠加效应”，不利于行业的长久发展和市场的良性竞争。

因此，对于这种跟进价格策略的选择，企业还需要通过对大市场和大环境的分析和判断后作出选择。如果整体市场处于一种供大于求的状态，即市场上所有公司的产品供给量大于市场需求量，这时企业应该在获利上进行妥协而不是采取恶性竞争的方式。

（3）用户定价

用户定价主要是指企业为产品定价值，首先对于用户的支付能力进行调研和评估，从而判断出用户愿意为产品支付的价格，并按照这种支付价格的最大值对产品进行用户定价。相信很多企业谈到这种用户定价时都会觉得“合情合理”，不仅可以帮助企业针对用户的购买能力弹性地调整价格，而且还能帮助企业在扩大销量的同时获得最大的产品利润边际收益。

但这种定价方式在企业实际运用过程中往往存在以下两方面的弊端。

其一是，面对同样的产品或者服务，不同的用户其支付的意向和能力不尽相同，企业为了自身边际利润的最大化而对用户最大支付意向取值，因此必然会失去一部分较低支付意向的用户；而采取支付意向较低值作为用户定价的标准时，企业又会面临较高支付意向用户价格利润中既得利益的损失。

其二是，这种顾客定价的模式本质是消费者根据支付能力和意向对产品进行的购买。而消费者对于企业产品成本的不了解，使其在实际使用时的意向价格低于企业成本，或者低于企业之前对产品的利润预测和企业发展对产品利润的要求。

在目前的市场上，还有一种比较特殊的用户定价销售行为，既不对产品进行价格设定，也没有统一的产品价格，而是让用户在使用完产品、服务后按照自己的意愿进行支付。这种方式作为一种特殊方式，仅仅适用于个别产品和行业。其基本特点如下。

用户思想：这种价格方式对于用户的要求很高，当用户思想比较公正时尚且可行，但一旦遇到低价用户或者“免费”型用户，则不适用。

用户关系：一般而言这类定价方式仅仅适用于与企业和产品关系密切的老用户。

用户竞争：行业竞争非常激烈，不是稀缺性产品或者需大于供的产品。

用户价值：产品对于不同用户其价值不同，进而才能“卖出”不同价格。

产品成本：这类定价的产品往往其固定成本较低，变动成本占比较高。

（4）免费定价

一谈到互联网思维，很多人都会对“免费”这一价格策略津津乐道。其实“免费”这种定价方式在定价当中，通过设置低价来实现对市场份额最有效和最直接的占领和获取。但其弊端也是显而易见的，产品的免费自然使得企业很难获利，如果企业没有利润，那么对于其最基本的生存都有问题。

因此，可以看出免费这种定价适用于以下三种情况。

第一，企业作为产品的卖方，必须具有两个或者两个以上的不同类型交易的买方，且这种买方间存在某种关联。

第二，对于那些自身没有产品的平台或者平台化战略的企业而言，实施免费更为行之有效。

第三，处于行业或者市场领先地位的企业、领导者在环境恰当且准备充分的情况下，娴熟运用免费定价将是一个强有力的营销策略。

3. 定价的其他方面

除了上述的定价策略和方式以外，产品在定价时还有一些小技巧。这些小技巧对于产品价格和销售的影响也是不容低估的。下面我们简单介绍一下在定价方面的小技巧。

（1）产品涨价

产品涨价是很多产品在发展过程中无法回避的现实，产品涨价的原因有很多，比如市场垄断，产品成本增加等，除去宏观大的方面的影响。我们就产品自身正常平稳的情况下，为获得更高的产品利润而进行涨价的定价技巧进行分享。产品在正常状态下，如果在没有任何情况改变时就提升产品价格用户肯定是不满意和抵制的。因此，涨价首先要解决的就是用户的接受问题，而用户对于新价格的接受往往又和产品的价值有关。产品涨价必须要在原有产品的基础上提升对于用户的价值。比如，在原有产品的基础上通过新增或者修改功能，让用户觉得涨价为其带来了利益和好处，用户自然会愿意多付钱。一个最简单的例子，小包装的可乐能够满足用户携带方便的需求，但面临聚会或者对于分量需求很大时，小包装则不能满足其需求，此时适当推出大包装的可乐，虽然价格上涨，但用户仍会十分愉快地接受，企业的利润也会随之增加。

（2）化整为零

产品定价化整为零的技巧，在我们现实生活中十分常见。通过市场、信用、法制和用户购买能力等多方面的条件和保障机制，将原来传统以整买整卖为单位的价格，切分零细化，通过价格乘以时间的方式进行产品销售。这类方式特别适用于短期支付能力有限但可长期支付的消费者。

对于不同的商品，尤其是那些价格高昂的商品而言，如果没有类似于化整为零或者分期付款的方式，那么无论对于商家还是对于消费者，恐怕很多市场需求将无法实现。很多人都听过中美老太太在买房上的故事，一个中国老太太和一个美国老太太在天堂相遇。中国老太太说："我攒了一辈子的钱，临死前终于买了一套大房子。"美国老太太说："我住了一辈子的大房子，临终前终于还清了全部贷款。"可见同样的需求，采取不同的产品销售策略，其结果也是截然不同的。中国老太太为了实现自身的买房梦，从年轻的时候就开始省吃俭用，终于在去世前买到了自己的房子，可惜没住多久，而市场为了销售这套房子也足足等待她一生的时间；对于美国老太太而言，同样是买房，自己在购买时就开始享受买房后所带来的便利，在满足自身需要的同时，也加快了市场上房屋的销售周期和数量。

不仅仅是买房，在很多行业，对于单价高昂的商品的购买通常都是采取化整为零的策略，如航空公司对于新机的购置往往采取融资租赁的方式，建筑公司对于大型设备的采购也多是采取此方式，在以较低成本获得的同时，利与市场和企业的发展。否则，如果全是通过整价一次性购买的方式进行高昂单价商品的购买，那么就不会有我们今天看到的市场和完善的服务。

（3）心理作用

关于价格的心理作用，主要为适合大众习惯、价值观和是非判断等综合产生的一种认知。比如，一款价值为 200 元的商品，其定价为 199 元，虽然相差一元，但是对于用户而言 100 多和 200 多是不同的商品概念。还有，国内的很多顾客对于数字 6、9 有一种偏爱，企业在给产品定价时往往在最后一位数字上对 6 和 9 比较青睐。当一款产品的使用价值和品质无法被顾客充分知晓时，产品较高的定价可以向用户暗示商品的使用价值和卓越的品质。

（4）供应商关联

企业在产品研发、服务提供的过程中可以将原来与产品配套的上下游供应商引进到产品的定价中来。这实际上也是将供应商的利益和企业的产品、服务进行绑定的过程。通过将产品、价格和利益与供应商紧密捆绑，可以有效防范在产品自身产业链上下游内出现同类产品的竞争，或者利用同样的供应链出现更低的产品价格。

通过以上介绍，我们可以看出企业在对产品、服务定价时需要把握好以下三个核心方面。

第一，顾客价值导向。通过密切关注消费者的购买行为，及时了解用户对产品中获得使用价值的大小。

第二，差异化定价。不同的用户，面对同样的产品和服务有着不同的支付意向。

第三，灵活的定价准则。随着市场、竞争和产品线的变化，以及企业、产品的不同生命周期及时采取价格调整。

只有把握以上这三个方面，企业才能真正地把握正确的产品、服务定价。

2.4 电影私人定制——制胜的顾客体验

2.4.1 020 消费体验的内涵

1. 用户体验

关于什么是用户体验，不同人有不同的说法。有的人认为产品操作起来简单就是良好的用户体验；有人则认为在产品、服务过程中人文和感情上的关怀是很好的用户体验；还有人认为产品、服务的强大功能是很好的用户体验。

上述说法的结论是通过使用产品、服务带来良好的用户体验。这种感受可以是用户在产品使用前、使用中和使用后产生的，并包括了用户生理、心理等多方面的综合感受。

2. 用户体验的分类

站在用户个体的角度，对于产品、服务的体验大致可以分为以下五类。

（1）感官体验

感官体验主要是指产品、服务在视觉、触觉、嗅觉等层面所产生的体感。这种身体直接的体感也是用户最直接、最简单的用户体验感受。

（2）交互体验

交互体验，主要是指用户在产品、服务的操作和使用过程中，人机操作是否简单、便捷、顺畅。

（3）情感体验

情感体验主要是指用户在产品使用的前、中、后期所带来的在感情上的感受。这种感受有对产品、服务的期待，使用后带来的需求满足，以及用户自身渴望被尊重、被重视等。

此外，情感因素还包括用户信任的体现。这种信任既包括产品本身的资质、权威推荐和成功案例的吸引，又包括用户自身隐私和使用安全等方面的综合体现。

（4）价值（核心/期望/附加）

价值感受主要是指产品针对用户的需求，在对核心需求满足后对于用户所产生的使用价值和附加价值。

3. 产品体验分类

产品体验主要是从产品、服务和企业的角度，对于用户提供优质产品和服务的过程，主要涉及以下几个方面。

（1）产品人机层面：产品的界面和操作是否顺畅、简单易学。

（2）产品流程层面：产品的流程是否简洁合理。

（3）产品功能层面：产品的功能是否满足或者超出用户需求预期。

（4）产品附加层面：对产品的附加价值和使用过程中的服务用户是否满意。

4. 用户产品体验的层次

和我们讲过的用户需求层次一样，用户产品体验的层次是对用户在体验领域的分级和量化，以便我们更好地把握和改进用户对于产品的体验。

（1）使用基础层——有用

产品体验解决最基础问题就是用户的驱动力，产品能否满足用户的需求或解决一定的问题，是一切用户体验的基础。否则再华丽的界面，再简洁的操作，再人性化的关怀，一旦没有价值，用户是不会去体验的。

（2）体验基本层——能用

体验基本层是在产品能够满足用户一定需求并带来价值的基础上，满足用户基本的操作，完成业务全流程，处于这个层级的产品往往比较粗糙。界面和流程比较繁琐，但仍能够满足需求。

（3）使用方便层——可用

使用方便层则主要针对上一层的问题，针对用户操作的便捷性进行人机和流程上的优化，满足感官和感情上的体验需求并最终使用户操作简单易学。

（4）至臻使用层——超出预期

至臻使用层，主要是指用户在产品、服务使用过程中的感受和产品的价值完全超出了用户之前的预期，给用户带来惊喜。

（5）信徒层——品牌和理念

产品体验的最高层次，是通过品牌、理念的影响，让用户对产品产生一种近乎于崇拜的信仰，主动学习并适应产品的使用需要。这类产品往往是那些品牌影响力较大，市场占有率较高且存在独特价值观的成熟产品。如苹果系列产品。

2.4.2 改进优化消费体验

1. 体验衡量

谈到产品、服务的体验优化，很多企业主、开发人员都会大谈未来产品在体验和优化上的发展趋势和用户心理，并表示自己的产品将如何改进。其中我们能发现两件具有高度共性的事情。第一产品体验的未来发展趋势；第二自我产品的改进。用户体验的未来也好，现有产品的改造也罢，都涉及一个核心问题，那就是用户体验的衡量标准。

站在用户体验的未来发展趋势的角度，由于不同产品其核心需求、人群属性等千差万别，以及企业在产品和服务中与同品类产品实施差异化竞争，这些造成了不同产品在用户体验上的不同。因此，不可能存在一种通用的用户体验的未来。

其次，站在现有产品、服务的角度，所谓的“改进”和“没有好的用户体验产品”这种结论也是基于不同用户体验衡量标准而言的。因此，我们可以看到，用户体验的未来和改进没有统一的答案，需要企业在产品、服务上市前，就制定好对于用户体验衡量标准的内容。用户体验的衡量标准可以涵盖产品生命周期和用户体验这两个维度并进行设计。

从产品生命周期维度，主要是将“使用基础层——有用、体验基本层——能用、使用方便层——可用、至臻使用层——超出预期、信徒层——品牌和理念”这些用户体验的层次与产品不同发展周期结合起来，在产品的不同生命周期内用户体验层次分步提升。

针对不同生命周期和不同产品体验，用户体验分产品人机层面、产品流程层面、产品功能层面。在产品体验分类中进行每项内容的细化和目标值的设定。这样便可以组成结合产品体验衡量标准和目标计划值的表。由此可以对应产品在表内每个阶段和内容的实际得分，通过与目标值的对比，综合计算各分类加权数的计算结果，并最终得到符合企业和用户需要的产品，进而帮助企业进行用户体验的改进和提升。

用户体验的改进和提升是否被用户和市场所接受，还需要企业在以下三个方面进行尝试和努力。

（1）用户回访

改进前对用户回访收集意见和建议，同时就需求进行调研；在改进后对用户进行回访，收集改进后的使用意见和反馈。

（2）数据监测

通过建立有效的数据监测体系，监测产品、服务、用户体验改进前后各类业务指标的变化和提升情况。

（3）竞品研究

研究市场同期各类产品在用户体验方面的独到之处，同时观察自身产品体验提升后，市场竞品的变化情况。

2. 新产品用户体验建议

（1）不要急功近利

有些新人创业者在产品的设计和开发初期，就要打造最优秀的用户体验产品。这一目标在现实中往往是不能立马实现的。好的用户体验产品其体验提升的过程也是时间发酵的过程，产品经过了与市场、消费者的不断磨合，产品才逐渐完善，用户体验逐渐提升。

（2）领先就好

所谓领先就好，实际上也是将用户体验放在企业市场竞争和长期发展的角度去看，为了企业利益最大化，产品用户体验的提升为企业更好地扩大了市场，提升了利润。当企业的产品已经足够领先于竞争对手且利润稳定增长时，不妨缓一缓、沉一沉。当对方手中牌已经被自己吃掉的时候，没有必要出尽自己所有的底牌。

（3）持续改进

再好的用户体验对于用户而言也都是一时的满足，这里面既有之前反复讲过的产品生命周期的影响，也有宏观大环境的影响，因此我们需要在用户体验上有一种持续改进的基本理念。

（4）产品组合

不同的产品其基本核心定位都是不尽相同的，当企业产品、服务的用户规模和市场占有率扩大后，用户的属性和核心定位需求在某种程度上会被人群的多样性所稀释，这也是为什么产品做得越大，用户好评越少，用户需求越难满足的原因。这时一个单独的产品已经不能满足庞大用户群内日益繁多的差异化需求了，因此需要通过产品组合的策略，更好地服务和满足这些细微差异化的用户需求。

3 市场营销

企业作为营利性的组织，其经营离不开市场和营销环节。好的市场策略和营销方案可以帮助企业迅速实现腾飞，成为其发展助力，而一旦企业在市场和营销方面出现了问题，则往往对企业的日常经营造成致命性的影响。

3.1 企业与营销

本章主要讲述 O2O 领域的市场和营销。企业作为营利性的组织，其经营离不开市场和营销环节。好的市场策略和营销方案可以帮助企业迅速实现腾飞，成为其发展助力，而一旦企业在市场和营销方面出现了问题，则往往对企业的日常经营造成致命性的影响。成功的企业，需要包括市场营销在内的方方面面的条件、资源的成功实施，而一个失败的企业仅需一个环节出现问题，便可造成满盘皆输的结果。

由此我们可以看到市场营销对于企业的作用。

3.1.1 营销根本——战略

站在企业管理和经营的角度，市场营销好比逢山开路、遇水架桥的先头部队，虽然位置在前面非常重要，但仍不是决定未来的核心，真正的核心是那些运筹帷幄的参谋智囊。这些参谋智囊在企业中直接对应的就是企业的决策层。

在这里我们对企业的决策层做几点简单说明和介绍。

（1）迫切需要 O2O 的企业，需要有魄力的职业经理人或者创始人的有效参与。而那些以稳定阶段业绩为导向的企业，对于 O2O 的断腕勇气与决心不足。这就是为什么在目前 O2O 领域里面小型企业活跃的原因之一。

（2）高层需要做好布局、选将和企业内部利益的重新分配。除去企业高层对于 O2O 和市场营销的影响之外，在企业内部对于市场营销影响最大的就属企业的战略了。企业战略对于市场营销的影响主要集中在以下几个方面。

第一，企业需要站在长期发展和市场行业的高度去俯瞰本企业的过去、现在和未来，明确企业今后赖以生存并胜出的核心竞争力。这一点也是企业在不同阶段和不同层次，乃至面对不同竞争等级的对手时，首先要回答的一个基本问题。只有这点明确了，才能真正实现与对手的差异化，并制定统领全盘的行动计划。有一点需要补充的是，很多企业在竞争领域存在着短视的现象，将市场竞争的全部焦点放在眼下的市场竞争行为或者几家企业身上。这种现象和行为如果放在市场部门或者公司中层，那么还算是合理的。但是对于公司高层而言，市场竞争是企业应对不同地区、不同竞争阶段和不同等级竞争对手的问题。正是如此，企业的竞争和基本战略应是一个横跨近、中、远三个时间阶段，涵盖产品、服务、经营等相关的企业市场战略体系。虽然很多大企业、集团也存在这样的问题，但是由于其发展壮大所处的社会、市场经济宏观阶段不同，也可以弥补其相当多的问题。但就现阶段市场严重饱和、产能过剩的市场情况，永远就事论事的企业，不太会有很大的作为。此外，由市场人员去完全主导企业内部的产品、经营和服务也是一种不太现实的状况。

第二，企业需要尽早地在战略层面，对 O2O 在本企业中的地位、作用和价值做出基本的方向判断，评估和制定各阶段的目标。无论是线上企业、线下实体，还是有形、无形的产品服务，O2O 作为一个业务模式，究竟能够在何种层面对企业产生价值和作用，这一点是企业应当首先回答的问题。比如，企业实施 O2O 是为了提升现阶段的市场销量和份额还是为了提早布局抢占未来市场等。这个问题不明确，对于市场和营销而言，就无法明确自身的目标、手段和方式等。最常见的情况就是，企业没有任何目的和计划，仅仅是跟风尝试 O2O。市场营销按照自己的理解和现阶段工作的需要在 O2O 方面做了大量的口碑营销和品牌宣传，结果站在企业层面看到 O2O 时，不仅投入了大量的资源成本，而且没有什么实质性的效果提升，因此便断然停止项目。这就是造成很多企业 O2O 失败的根本原因之一。

第三，在企业内部实施 O2O 的过程中，由于 O2O 作为一种新型的模式，不仅仅是线上线下两个渠道的简单对接，在实施和市场营销过程中还对企业内部的流程和各类资源有所涉及。这就需要在事前做好相关板块在内容、频道和功能上的衔接，为了市场营销的需要忍耐自己板块利益的缺失。否则，即使市场营销策略再好，创意再优秀，没有相关产品、服务等板块的有效配合也是空谈。举一个最简单的例子，市场营销为了吸引顾客，推出了特价单品并对消费者做出了各种承诺。在铺天盖地宣传的同时，确实引起了消费者的关注和兴趣。如果各板块没有相关准备，造成企业在产品、服务等方面与市场营销相互脱节，产品线建设、品牌多元化等方面不能按照统一的步骤和计划执行，那么不仅对消费者造成了严重恶劣的影响，也让之前所有的市场营销工作前功尽弃了。

第四，企业在 O2O 的实施中，由于涉及线上与线下两个业务形态，因此对于这种涉及线上线下关系、顺序、发展步骤的情况需要在战略层面规划。这样才能知道市场营销在 O2O 不同阶段重点向哪个板块倾斜，以及对于线上线下的媒体选择和策略等一系列问题做出指导。如，当企业前期的 O2O 重点放在线下业务时，市场营销资源需要对传统的线下媒体资源和线下已有的客户资源进行倾斜，否则很容易造成宣传策略、媒体选择等与 O2O 阶段性重点板块间的脱节。

第五，企业战略的重点内容之一便是商业模式，由于商业模式在之前的章节中我们已经进行了详细介绍，因此在这里仅阐述其对市场营销的直接影响。对于不同的商业模式而言，一方面在某种程度上对于市场营销进行了选择，另一方面只有与之对应并配合的市场营销才能有效帮助其实现商业模式的建立和良性循环。如，平台型的 O2O 市场营销策略和商业模式在诉求、卖点和投入资源方面都是截然不同的。这一点如果企业不能明确，不仅不能帮助市场营销对于商业行为本质的把握，而且商业模式的问题也会直接影响到市场营销的持久。

第六，随着企业业务的壮大，市场销售的提升，其使用人群的数量和属性的扩大，必然会造成产品与产品线的增加，这也直接造成了企业初期基本需求、人群和功能定位等，随着时间的发展被稀释甚至是发生本质的变化。市场营销如果盲目追求片面的阶段性增长，必然在长期性方面造成企业的竞争力下降、核心定位缺失等一系列严重的后果。因此，需要企业从战略层面结合自身的不同阶段、市场规模和企业实力等因素，对企业用户的不同人群、需求，以及不同方式获得的用户进行有机地分割。避免出现较大的聚焦跳动，在平衡市场营销和企业经营关系的同时，提升顾客价值，使企业可以持久盈利并长期发展。

从企业和创业者的角度，谈到企业战略总是给人一种虽然“高、大、上”但是很空洞的感觉，其原因是一方面一些人做事浮躁，追求急功近利的速成模式，另一方面缺少有眼光和雄心的企业家的原因。市场营销作为企业经营的主要组成部分，对企业而言好比利刃，宝刀虽好，但是若要产生更大的价值，关键还要看使用的人和所使用的方式。否则，单凭一把宝刀，纵使再好，也难有建树。战略对于市场影响而言，决定了在不同阶段的屈伸和主攻方向，同时，在市场的搏杀中面对不同的竞争对手和长期共存的局面，只有以企业自身的发展和战略为市场营销的主导，才能做到处处主动，抢占先机并在企业间相互仿效的双镜效应中不迷失方向。

3.1.2 企业内部影响因素

上面我们谈到了企业战略对于 O2O 市场营销在方向、内容等方面的作用和影响。而从市场营销的实际实施层面出发，由于其在开展的过程中，需要对产品、运营、服务等企业内部一系列的内部板块和流程价值链进行频繁深入的互动并调取各类资源支撑配合，因此我们从企业内部的角度出发，分析企业内部不同组成因素、条件和资源分布现状对于 O2O 市场营销在实施和开展方面的影响。

1. 用户价值

用户价值，站在市场营销角度，主要包括用户为企业创造的产品销售额、净利润额和品牌忠诚等内容。而站在企业经营的角度，我们看待用户的价值，则更为广泛，其不仅涵盖了用户在产品购买环节给企业带来的各种利益，还包括了企业内部经营和各类运营的核心思想——以用户为中心。我们在这里谈到的以用户为中心的价值包括：企业通过哪种方式来满足用户的属性偏好和需求特征；站在成本、利润和用户角度，思考最适合的产品和服务是什么；提供这些产品与服务需要投入哪些资源和要素；实现这些投入要素的核心能力和关键资产是什么，等等。

对于利润、销售和使用价值不同的企业有着不同的理解，很多企业在实施 O2O 策略和 O2O 市场营销的过程中，在用户价值方面的表现完全是以企业自我为中心，用户价值是由企业通过选择产品、服务在满足需求的同时，实现并创造价值。这种以企业自我为中心的价值观和由内而外的思维模式，使得企业将全部的精力、资源投入到对自身的效率提升、成本降低、产品开发等环节当中，而将用户挡在企业产品、服务、生产和运营的各个环节之外。

此外，还有一部分企业在谈到用户价值时说："用户价值仅仅是一种对于企业产品和服务的消费需求的代表"。如，用户每天都需要吃饭、喝水等，企业通过对这些需求的把握去安排企业内部的资源，并提供针对性的产品和服务，在满足这些需求的同时创造价值。这类理念看似没有什么瑕疵，但是在实际实施过程中用户本身的需求和层次仅仅代表一种潜在市场，其产品、服务提供的过程除了需求之外，还涉及用户价值的其他几个方面，包括用户的基本需求，不同用户的需求层次，用户群体以地域、文化等维度划分的各类群体属性，用户的购买意愿和购买能力，达成用户使用和满足需求的各类实现成本。

2. 成本

在市场营销的工作中，产品、服务的价格是一个至关重要的因素。价格的高低不仅反映了市场对于产品、服务的接受程度，企业对于利润的需求，而且在某种程度上直接决定了企业对于同一需求层面，顾客在不同维度上的取舍。因此，价格既是市场平衡供需的杠杆，也是企业对于用户价值和利润的体现。

产品、服务的价格往往由成本、渠道价格、最终售价等组成。其中，成本可以按照组成和属性两个维度进行分解和组成。对于组成维度，很多企业将成本理解为在提供产品时的生产或者资源的付出，这仅仅是对成本的狭义理解，同时也是受到其"生产成本+利润"生产模式定价思想所影响。更广义的企业成本还应当包括公司在使用渠道、产品服务成本、用户获得、市场营销费用等多个方面与产品售前、售中、售后相关的因素组成。

关于成本组成的这个维度，我们可以看到线上与线下不同业务形态间的差别和相似之处。

首先，就狭义成本而言，由于线下实体的产品和服务所依托的产品有型，其提供产品、服务所需的资源投入较为直观，因此造成了所谓的线下“重资产”。而互联网线上由于其提供的大多数产品、服务是以网络为依托的虚拟形态出现，因此造成了人们对于互联网产品、服务零成本的误解并由此衍生出“免费理论”中的理论基础，正是这些造成了线上与线下产品、服务的差异。再从广义成本来看，我们可以看到无论是线上还是线下，在提供产品、服务的前、中、后期的每个环节中，企业都需要进行相关的资源建设和人力、物力的投入。互联网产品服务需要投入必要的服务器、带宽等硬件建设成本。因此，从某种程度上来说，线上与线下并没有在成本上存在本质的差别，而是仅以产品、服务的有形、无形和属性差异造成的成本投入大小不同罢了。

其次，在成本的属性方面，从财务的角度出发可分为固定成本、变动成本两类。在这两类不同财务属性的成本类型中，固定成本有可能再划分为，企业为保持提供产品和服务的基础能力所必要的开支成本——约束性固定成本，如线下实体的场地租金、线上企业的管理开支、服务器的折旧等。另一类是企业根据年度业务目标、经营数据等情况，按照各类需求预算额所形成的固定成本，如年度广告费用框架、系统开发费用等。这类固定成本往往较为灵活，企业可根据情况的变化而调整，因此也成为酌量性固定成本。对于企业而言，变动成本主要是指那些随着企业业务量的增减，造成提供产品、服务所需的资源费用的变化，最直接的例子就是线下实体，同一实体单位时间内销售的产品越多，其相应的库存周转率就越高，企业的产品综合成本便会降低。在成本属性维度，线下实体经济与线上虚拟经济在经营成本项目组成方面有很多的相似之处，而最大的区别则是成本大小的不同，在租金方面无论是线上还是线下都需要对房屋进行租赁、购买，用来为工作人员提供办公场地，开展经营。线下实体需要购买相关的设备等，而线上企业则只需要购置服务器等。人员成本方面，无论线上还是线下都需要承担相关企业经营和业务所需的人员社保、工资和相关的人员福利，只不过由于产品属性和企业经营的需要，线下实体所需要的人员数量往往更多。从这个角度我们可以看到，无论是线下实体还是线上互联网企业都不存在绝对的“零成本”和“轻资产”，正是有企业成本的存在，使得不是所有的企业、商业模式、产品、服务，包括同一企业的不同阶段都适合“免费”这种模式。肆意地实施免费，只能看成是有钱人的任性罢了。

第三，在企业内部所承载的商业模式、产品与服务其成本并不是一成不变的，除了我们谈到的企业固定成本和变动成本外，企业产品、服务的成本还会随着产品、服务生命周期的不同阶段，呈现出较大的变化。如，产品、服务在市场导入期，产品研发费用和市场营销费用较高，往往会造成企业产品、服务的高成本。而产品、服务一旦进入成熟期，其配套的资源相对成熟，产品、服务通过不断地改善，提升效率的同时，也在不断节省成本。这时产品、服务的成本往往相对较小。正是这种成本随着产品、服务生命周期变化的走势，对于不同阶段的市场营销政策会产生相当大的影响，甚至是起到决定性的作用。如，企业在产品、服务的生命周期中的伊始，即导入期成本较高时，贸然采取价格战的市场营销策略，不仅会加大企业的成本，而且也会对产品、服务的后续工作和持久盈利造成很大的困难。企业内部的产品、服务的成本总体走势呈现“U”形，即产品、服务在初期成本较高，而在产品生命周期中的成熟期成本最低，随着产品、服务在生命周期中的衰弱，成本会呈现攀升态势，并在产品、服务由盈转亏前被企业终止。对于 O2O 而言，线上与线下在产品、服务上面成本的变化，受到产品生命周期的规模、市场导入程度影响。

以上这些是站在企业内部成本的角度，看待市场营销及其对于市场营销的影响和作用的。因此，就成本和市场营销的影响而言，这种关系体现在企业内部各项成本组成变动因子与用户需求、市场竞争间的数理性关系方面，即“市场营销角度的成本=用户需求+市场竞争/企业内部成本量”这个公式。从中我们不仅可以看到“免费”这种模式，企业在用户需求、市场竞争和企业内部成本量间达到一定条件时的战术手段，而且不同的企业、产品和服务对于用户需求大小，用户需求支付的意愿、能力和市场竞争方面的定义、聚焦和量化标准因人而异。从目前企业对于成本和市场营销关系的处理中，普遍存在两个极端的误区。

其一，企业对于市场营销的策略方式、媒体选择、用户聚焦、差异化等非常关心和重视，并投入了大量的资源，但对于与市场营销相关的企业内部成本降低，优化供应链结构、内部流程和效率提升往往重视不足。

其二，盲目迷信企业“零成本”。这一点尤其对于线上互联网企业尤为突出。这类企业殊不知作为衡量企业管理水平重要标志的成本是永远没有最低限度的，所谓的成本低体现在产品、服务的最强竞争力方面。

最后，我们站在 O2O 线上线下业务体系的角度，去看待企业内部的经营和成本，可以得出以下三点结论。

（1）O2O 模式对于线上而言不是“零成本”的商业模式可以实现的，作为线上线下一体化的企业而言，必然涉及所谓的“重资产”部分。而仅仅以线上资源零成本为依托的企业，很难实现对于线下企业的有效调动和刺激。

(2)产业链中不同的企业，尤其是线上与线下相互分割的行业和企业，其 O2O 模式的实施对于线上和线下是一个双成本建设的过程。

(3) 一体化企业在实施 O2O 的过程中，线上与线下双成本效益模型对于成本与效益之间的关联通过企业正确的策略与步骤得到“1+1>3”的效果来反映。

3. 盈利模式

在企业内部和商业形态之间，企业的盈利模式对于产品、服务的市场营销也会产生很大的作用和影响。企业内部产品、服务的盈利模式不仅是帮助企业主、股东实现经济价值的过程，同时更是支持持久顾客价值的经营模式。

如在 O2O 领域中的加盟模式，选择这种模式的企业主要的利润绝大部分来自于自身的加盟商的加盟费、装修物料费，以及产品进货把控等费用。而传统的提供产品、服务盈利的模式，在加盟的方式下，企业需要将大部分的销售利润让给加盟商，以满足其对于利润的追求。这个过程本身也是利润分割的过程，如果企业在传统的提供产品、服务盈利模式中分割的比例过多，势必会侵犯到加盟商的核心利益，甚至会导致崩盘。因此，企业将自身的盈利和利润来源转移到了加盟商的其他方面，其内部工作的重点之一便是如何吸引更多的加盟商加盟，并通过加盟模式获取更多的利润。而产品服务的本身，以及相关的市场营销由于其不是企业的盈利主要来源，而且其中很大一部分的比例实际上是由加盟商获得的。因此，在某种层面上，O2O 的加盟模式中对于产品、服务的把控等环节实际上是由加盟商提供并控制的。这种企业的盈利模式在市场营销方面产生了影响。

首先，加盟模式下产品、服务的直接销售与受益方和企业是间接的关系，因此往往会导致企业在市场营销的热情、效果和费用上投入不足，并且没有整体、有效的市场营销计划。

其次，对于加盟商而言，由于其经营、产品、服务等成本是由自己直接提供的，因此企业的产品、服务在销售时为了尽快赚取更多的钱，只要能赚钱则完全不在乎对于市场秩序、产品服务质量、顾客体验等方面的影响。这在无形中大大破坏了企业形象。市场上类似失败的案例比比皆是。

最后，正是由于加盟模式下企业和加盟商成本各自承担的原因，造成了企业对于加盟商无论是在服务、产品，还是在品牌和管控上都很难实现有效调动、制约和把控。很多企业虽然对于自己加盟商的很多不良行为，怒火中烧，但往往也是无可奈何。

我们以加盟企业的盈利模式作为案例，分析了其对于市场营销的影响和作用。加盟模式随着行业与经济的发展，也在不断优化和调整，很多企业不断做出新的尝试。但对于加盟模式本身而言，如果企业仍将盈利的重点放在加盟商身上，那么市场营销方面的问题会持续存在。

站在 O2O 的角度我们看待盈利模式与市场营销的关系、作用和影响，虽然 O2O 跨越并整合了线上线下不同的渠道，同时在行业、市场和企业内部各个方面实现了融合，但其能够成功实施的关键还是由盈利模式，以及其衍生出的市场营销所决定的。O2O 模式下优秀的盈利模式对于市场营销的主要影响集中在以下三个方面。

第一，O2O 产品、服务在盈利模式上能否成功地为顾客提供独特的价值。这种价值主要表现在新思想、产品和服务特性的组合中，这种组合要么能够提供额外价值，要么能够使用户以更低价格获得同样或者更多的利益。O2O 对于用户本身也是一个外在产品服务更优、更便捷，而企业内在成本更低、利润更好的盈利过程。否则再好的创意，再多的市场营销投入也很难实现企业 O2O 下的盈利模式和正常发展。

第二，企业 O2O 下的盈利模式应当难以模仿，或者可以通过提高门槛来确保企业的利润。这个过程，我们也可以看做是一个动态发展的过程，即通过线上与线下不同方面的盈利转移、组合变化，在确保核心优势的同时，增加业务量。否则很快将变成比拼企业实力资本的恶性竞争，在这种状态下，再多的市场营销努力也很难确保企业的长久发展。

第三，盈利模式可以确保企业获得生存、发展所需要的销售利润，进而保证企业在市场营销方面可以脚踏实地地按照既定的目标稳步前进。而不是为了企业的利润，在市场营销方面盲目找捷径，投机取巧，急功近利，进而打破了企业内部在市场、产品和质量等方面的投入平衡，使得市场营销很难持之以恒。市场营销很多实质性的突破，实际上也是一个量变引起质变的过程。企业市场营销在一定时期内不能持之以恒，使得其量变的积累永远达不到质变所需的门槛，尤其是在企业品牌、产品服务、用户口碑等方面，更是需要不断地坚持和积累。

3.1.3 O2O 市场营销基本概念

1. O2O 市场营销基本原理

在 O2O 模式下，企业在市场营销方面会涉及线上与线下两种渠道。不同的商业模式，在会员需求层级和属相方面也存在很大的差异，加之 O2O 又是同时面对线上、线下两类企业的直接竞争，这些为 O2O 的市场和营销带来了很大的挑战。企业在实施 O2O 市场营销的过程中，应当在充分满足企业战略发展的需求基础上，处理好“有所为”和“有所不为”的关系，并重点做好以下四个方面。

（1）新用户：企业产品、服务卓越的价值吸引。

企业的 O2O 产品、服务在面对市场竞争和各类消费需求时，获取新用户无论是对市场营销、广告投放，还是用户规模和商业模式的实现都是非常重要的。尤其对于新上市的 O2O 产品、服务，以及新的 O2O 品牌而言，新用户既是对于产品、服务选择的尝鲜者，同时也是未来企业 O2O 产品、服务在大众市场中传播的种子用户。由此，我们可以看到新用户对于 O2O 市场营销的重要作用和意义。但是，站在产品、服务提供者的角度来看，光有需求，用户是不会自动跑来的。这种选择 O2O 产品、服务间的用户转化过程也称之为企业 O2O 产品、服务自身价值对于用户的吸引过程。

在这个吸引的过程中，企业 O2O 产品、服务对于用户而言，其价值的大小非常重要。关于这个 O2O 产品、服务对于用户的卓越价值问题，目前较为普遍的观点有以下几个。

1）产品、服务的卓越价值的量化标准因人而异，同样的产品与服务对于不同的用户和需求层次而言，其作用大小会截然不同。

2）产品、服务的卓越价值往往是新思想、新产品与用户特征的多重组合。

3）对于市场上同样的产品或者类似的服务而言，企业 O2O 产品、服务的卓越价值相对于其他产品、服务而言，能够为用户提供额外的利益，或者让用户通过更低的成本获得与过去同样，甚至是更多的利益。

（2）老用户：通过创造满意来留住和发展用户。

对于已经上市了一段时间的产品、服务或者已经有了一定品牌知名度和用户使用规模的 O2O 产品、服务而言，新用户对于市场营销和市场占有率固然十分重要，但站在企业盈利和利润贡献率的角度看，老用户对于企业的利润价值则显得更为重要。众所周知，企业在发展新会员时，市场营销有新用户成本等指标，同时企业为了吸引用户的第一次购买，对于这种用户推举的产品往往也是毛利较低的。这样做的直接结果是造成企业为吸引新客户所付出的市场营销费用小于新用户第一次购买产品、服务时的毛利。在个别行业，尤其是线上电子商务出现过企业发展新客户越多，企业越亏钱的现象。然而对于老用户而言，用户通过对产品、服务的使用，对于企业提供的价值已经有了最直观的感受和体验，其再次购买时的决策和重复选择时间会大大缩短。对于老用户的这种行为，企业无需付出像新用户一样的营销成本，减少了费用，自然提升了利润。在对老用户的回访和调研过程中，用户对于企业的产品、服务的满意度是其选择重复购买的首要因素。用户在第一次购买的时候对于企业 O2O 产品、服务的品牌、价格、宣传等已经有过一次决策和衡量的过程，同时用户在使用企业产品、服务的过程中对于产品、服务的价值和体验已经有了切身的感受，因此老用户重复购买时相应的判断会大大简化。在企业 O2O 产品服务和老用户之间，对以下两点我们要格外注意。

第一点，关于满意度。用户对于产品、服务的满意因不同的人群属性、习惯和需求千差万别，但总的来讲可以分为三类：基本满意、相对满意和超出满意。基本满意是指用户在产品、服务使用的过程中，总体比较顺畅，能够满足大多数人的需要，同时在使用过程中不存在较大的问题；相对满意是指虽然产品、服务有可能存在很多问题，但比较其他类似的产品、服务而言，已经算顺畅和优秀的了；超出满意是指产品和服务给用户带来的价值和体验大大超出用户的预期，甚至带来惊喜，这类产品并不多见，主要是因为目前市面上产品同质化现象严重，同时超出用户预期的实施成本与用户乐于接受的费用之间往往存在一定的差距。

第二点，企业 O2O 产品、服务卓越价值所带来的老用户发展。这个发展的过程，至少应该包括将新用户转化为老用户，提升老用户的复购频次和数量，以及老用户主动传播、分享和推荐企业产品服务这几个方面。此外，企业在 O2O 产品、服务的卓越价值中也应当考虑为用户的传播、分享和推荐行为提供便利和奖励。

（3）用户管理：价值用户优先。

市场营销在企业面对市场需求提供的 O2O 产品、服务时有一个很重要的方面——价值用户管理。所谓价值用户，不单单是通常大家所想的能够产生高利润的用户群，而是需要从企业 O2O 产品、服务的用户来源、属性、特征等，与企业不同阶段、不同发展需求的目标，如用户群规模、打击竞争对手需要，财务净利润贡献等组成的价值矩阵。在这个矩阵中，企业可以根据不同阶段、不同竞争情况和不同的市场需要，通过对每个维度因子权数打分并计算的方式，自行定义有价值的用户，采取有针对性的用户措施，实现对于用户的管理。例如，当企业处于发展自身用户规模，提升市场占有率的阶段时，那些对企业 O2O 产品、服务净利润贡献不大，但是数量巨大的用户，对企业而言显得尤为重要。因此企业可以采用低价和提高价格等方式，有效刺激并拉拢这一部分用户。而当企业发展到一定的阶段，转为需要用户贡献高价值毛利时，则可针对原有用户群中的非价格敏感驱动型用户进行产品价值和卓越品质等方面的宣传营销。

（4）用户关系：从用户处获得利益，创造价值回报，建立稳定关系。

企业 O2O 产品、服务与用户的关系，不仅是满足和被满足的关系，其核心关键是彼此能够创造价值并回报对方。企业 O2O 产品、服务与用户间越是能够相互创造更多的价值，企业与用户的关系就越稳固和牢靠。由此，我们也能从中看到企业与用户建立稳定关系的基础，很多企业在与用户关系的建立过程中，往往忽略了这种稳定关系的建立。其实这也是一种双向选择的过程，如果单凭一方的热情和努力是无法实现的。从企业市场营销的角度，还需要做很多事情，如价值传播渠道，企业与用户间的沟通渠道和沟通方式，企业 O2O 产品、服务的品牌、品质和口碑等。

2. 企业 O2O 产品、服务市场营销策略设计

关于市场和宏观经济对于企业市场营销方式、观念的影响作用，我们在之前的章节中已经有了详细的介绍，从目前市场上企业 O2O 产品、服务的市场营销策略来看，相当多的企业管理层还是停留在以企业自我为需求价值核心的营销战略阶段。对于有些企业而言，其也确实在企业经营和市场营销的过程中，将用户价值放到了相当重要的位置上，但其实际的运行结果往往不理想。这些市场营销问题，归根结底还是企业在实施 O2O 过程中，市场营销基本策略规划与设计的问题。下面我们就简单介绍一下企业 O2O 产品、服务市场营销策略设计的基本步骤和思路。

第一步：市场对象选择。

市场营销作为一个连接企业 O2O 产品、服务和终端用户的价值传播与利益实现的过程，其既是一个庞杂的系统工程，同时也是一个涉及很多相关方面的综合体。因此，我们在市场营销策略的设计上既不能仅仅立足

于某个时间节点，又不能将活动、促销等行为单独地看为市场营销策略，这体现了营销的复杂性。而作为跨越线上与线下的 O2O，其市场营销的难度和复杂度又远远超过单独的线上或者线下实体模式中的传统市场营销。如何把握这些看似复杂和庞大的市场营销体系，还需要我们回归到事物的本质，从最基本的方面去回答这一系列的问题。其中一个最基本的方面，也是任何市场营销策略计划和实施前都需要回答的问题是——市场营销的对象是谁？

这个问题是企业 O2O 产品、服务在开展任何市场营销计划活动前的一个基本定位和方向。了解了这个问题，才能解释并回答后面一系列的市场营销问题。

企业 O2O 产品、服务在选择并明确市场营销对象时，应当把握好以下几点。

（1）人群。

企业针对自己的 O2O 产品、服务，选择好人群，其过程其实早在企业内部设计和开发 O2O 产品、服务时就已有所涉及。消费者是一个庞大的概念，其内部涵盖了地域、文化习惯、收入水平等一系列分割维度，在这些维度中人群的习惯、消费水平、购买能力乃至行为都存在非常大的差别，任何一家企业都很难通过自身的产品、服务，以及品牌价值去满足这些需求。任何产品、服务都是针对某一部分特定的用户人群选择的。有一点需要强调的是，企业在产品开发时虽然也进行人群定位和选择，但这种定位和选择在开发阶段往往是由产品经理或者开发人员主导完成的，企业市场部和市场营销人员往往参与不深。这时要求企业在进行 O2O 产品、服务的市场营销对象的选择时，不可以因为在开发阶段已经做了，就在此阶段忽略不做。一方面需要企业内部专业的市场营销人员进行实际可执行的分解和细化；另一方面对于市场变动情况进行复查和检验。如果发展企业 O2O 产品、服务在进入市场前，客观环境已经发生了重大变化，那么就需要进行及时调整。

（2）需求。

对市场营销对象的选择，仅仅以区域、文化和习惯等方面划分的目标人群是不够的，仍不能指引市场营销策略的制定，对同属性的人群而言，即使是同一需求，用户的需求层次和需求力度也是不同的。这就是为什么同样是解决用户吃饭的问题，不同的饭馆提供的菜式不同，即使是同样的菜式，也会分为高、中、低不同的档次。因此，对市场营销服务对象选择时，需要在人群属性明确的基础上，对于用户的需求层级进行明确和选择。

（3）通路检验。

企业市场营销策略制定时，对于目标人群的选择，除了属性和需求之外，还需要一个很重要的方式来对选择的人群属性和需求进行验证。那就是通路问题，这里面的通路既包括市场营销的通路，也包括企业在产品、服务实施方面的实现通路。只有解决通路问题，才能有效地检查在实际的市场营销中，对于企业选择的目标用户和需求，是否能够有效覆盖和实现，以及覆盖和实现的成本如何。如果企业在选择目标人群，以及制定和实施营销策略的过程中，对于选择的用户没有直接有效地覆盖，或者这种通路即使存在，但成本过于高昂，那么企业将无法在市场营销层面对这种目标用户和需求进行满足，因此需要调整原来选择的目标和需求。

我们来看一个案例，关于边远地区的电子商务。由于我国地域经济发展的不平衡，经济规模的地域性特征较强。在北上广等一二线城市中，市场基本处于饱和状态，产品供应充足，竞争激烈，相关配套的产业链和上下游资源齐备，而在社会需求总量中，这类区域市场仅占总量的一半左右，其余则是广大的三四线城市甚至是边远地区。对于三四线城市甚至是边远地区而言，在传统的产品供应链和销售方面存在着诸多的问题和限制，比如由于区域偏远，厂家配套资源不足，较为倚重当地经销商和代理商，产品展示方式有限，产品型号特别是旺销型号供应不足，等等。而电子商务的崛起和普及，一方面可以利用互联网的方式，跨越时间、地域上的限制，对产品进行展示和直接销售。另一方面，三四线城市乃至边远地区，又为原本已经竞争非常激烈的电子商务市场提供了一个涉及 9 亿人群，充满商机的巨大且宽松的市场需求空间。京东和阿里巴巴作为国内电商中的佼楚，一个想把商品从竞争激烈的一二线城市卖到乡镇去，另一个则希望通过自身的平台把乡镇特产卖到城里来。

实际上，在这一大拨农村电商高潮到来之前，阿里巴巴就希望通过与政府对接、搭建物流系统等，捋顺平台上的乡镇卖家，深入布局农业电商的生态。于是 100 多位政府官员来到位于杭州西溪的阿里巴巴园区。在进入会场之前，阿里巴巴向他们每人发了两本小册子，内容十分简单——电子商务的基本知识和淘宝的专业术语。

如此多的政府官员挤到一家企业参观学习这种场景并不多见。实际上，政府官员的趋之若鹜都源自于淘宝地方馆所带来的诱惑。随着《舌尖上的中国》热播，淘宝网食品类目重新组建了特色中国项目，希望用土特产撬动用户对于农产品的需求。与此同时，淘宝网专门成立了新农业发展部，推出了生态农业频道；天猫组织优质的运营服务商资源，为其食品类目下的卖家提供更专业的支持和服务；聚划算平台则通过团购的方式，为生鲜农产品大批量的网络销售提供机会。

在随后很短的时间里，淘宝形成了以抢鲜购为代表的“预售+订单农业”的销售模式。尽管涉农环节困难很多，但是来自于市场商机的诱惑让人无法拒绝。农业电商商机一触即发。

不久前，在廊坊的某商业广场，一段京东广场舞的表演吸引了不少围观群众。“整点抽自行车”、“千台电风扇 1 元购”，廊坊万达广场内外布满了京东的广告牌，这是京东大篷车的活动之一。京东购买了三辆大篷车，分三条线路途经 100 个城镇进行宣传。此外，从 2013 年开始，京东在全国 100 多个乡镇做了 8000 幅刷墙广告——“发家致富靠劳动，勤俭持家靠京东”。而在第一轮面向农村的推广过后，乡镇居民将迎来京东新一轮扫街式的营销推广。

除了刷墙和大篷车这两个“经久不衰”的乡镇推广方式外，京东还将在全国 15 个三四线以下城市投放广告牌,同时在 35 个城市投放车身广告，并举行网友见面会等。此次京东渠道下沉可以总结为，让小城镇的居民知道京东是干什么的。为了更好地实现渠道下沉，京东将在选品上针对不同区域进行选择。除此之外，京东也在抓紧扩展自己的物流。目前京东已覆盖全国 60%的区县和全国 75%以上的城市，全部要求 24 小时送达。除此之外，经过培训的大批快递员被派到乡村，目前已有相当数量的京东配送员工下乡，独立负责一个区县的配送工作。

京东通过在乡镇的渠道下沉，某种意义上也将像之前改造 IT 产品销售一样，改变农产品的销售。目前京东农业布局的团队搭建基本完毕，已进入实际工作阶段。

第二步：价值选择。

企业明确了可实现的用户需求后，就要针对目标积极推介自己的产品、服务。对于消费者而言，企业的产品、服务不仅仅作为一种有形的物质对于使用需要的满足，其背后更是产品、服务对于用户价值的实现。因此，企业在制定市场营销策略时，需要对自身产品、服务的价值进行定义和明确。这种对于产品、服务价值的定义与明确本身也是赋予产品内涵和灵魂的过程。这也就是为什么同样是购买智能手机，在一样的价格区间，用户会选择不同的产品和品牌。企业在明确这种价值主张时，应当至少包括以下三个方面。

用户：包括产品、服务在功能、体验上给用户带来的感受，对于用户核心需求的满足程度等。

产品：包括产品在文化层面、品牌层面等附加的价值。

企业：包括企业的服务价值、市场营销宣传所需的价值点，以及面对市场竞争时的价值优势等。

当企业明确了自身 O2O 产品、服务在价值上的体现后，对于市场营销的内容和用户的选择可以起到重要的作用。很多企业的 O2O 产品和服务，无论是在产业链上下游，还在线上线下渠道衔接和营销引流方面下了很大工夫，但是用户往往并不买单，究其原因是企业在实施 O2O 的过程中对于自身产品、服务的价值没有明确的定位。

第三步：营销目标与管理。

在企业 O2O 产品、服务的市场营销策略制定的过程中，前两步的帮助基本上已经在产品、需求和连接二者之间的市场营销这三个方面阐述清楚了，这就好比一艘在大海上航行的帆船，有了指南针和明确的目的地后，剩下的就是怎么实现的问题了。这也是市场营销策略制定的第三步——营销目标与管理。

营销目标：企业按照市场规模、用户分布和价值实现过程等方面的综合和数据对比，对于应当先开发哪个地区、何种人群，以及如何开发，已经有了一个较为明确的指引。企业可以在这个基础上结合自身企业的发展需求、资金情况等，包括按照时间维度制定营销目标，如市场占有率、用户规模和销售规模量化情况等。

营销管理：主要包括为了实现企业制定的量化目标，需要采取的运营方式、切入方式、促销活动内容等企业实施手段，媒体策略、媒体选择、广告创意等宣传手段，以及针对实施过程中的纠偏与调整等。

3. O2O 市场营销价值链

前面我们讲到企业 O2O 产品、服务的市场营销策略设计、制定和实施的基本步骤。通过这些措施可以基本保证本企业 O2O 产品、服务在市场营销工作中的开展和实施。对企业 O2O 产品、服务配套实施所需要的行业上下游产业链而言，都会与企业的市场营销发生关联。因此，企业 O2O 产品、服务的市场营销无论是在企业内部各板块间还是行业上下游的配套资源中，都存在着一个与市场营销相关的价值链。下面我们就企业 O2O 产品、服务在市场营销价值链的主要方面进行以下说明和介绍。

（1）营销价值链基础。

企业在实施 O2O 的过程中其市场营销价值链的基础是企业在 O2O 产

品、服务中的顾客价值，即企业的产品、服务以顾客为中心，并且将这种思想上升到企业战略思维与行为准则的层面。作为企业营销价值链的基础，企业需要重点并按照一定的逻辑来回答以下一些问题。

1）企业在实施 O2O 的过程中消费者的需求与偏好是什么？

2）企业以何种 O2O 的产品、服务来满足顾客的需求？

3）为了满足消费者的需求和偏好，最适合的 O2O 产品和服务是什么？

4）企业为了提供 O2O 产品、服务，需要投入哪些要素？

5）企业在使用这些投入要素时，需要的关键资产和核心能力是什么？

此外，站在市场营销和用户的角度，顾客价值在组成方面还有一个非常重要的部分——价值提升。企业营销价值链中关于用户价值提升的过程，大致可以分为以下三个方面。

第一，总体最低成本。

企业通过线上与线下业务形态的集合，在 O2O 实施的过程中，既可以从内部业务流程、人员效率等方面入手，也可以从不同板块间业务量的提升、系统优化等外部因素，确定企业 O2O 产品、服务的成本。如在相同条件下，某一家企业的 O2O 产品、服务的成本相对于另一家企业而言，处于更低水平，那么这家企业将占有更大的市场主动权。首先对于企业而言，总成本最低意味着同样的价格，企业的利润更大；其次对于顾客而言，低成本可以使得顾客以更为低廉的方式获得与原来高价时才能获得的服务与产品，这种对顾客的刺激方式和激励可以用一个公式来表示，价值感

=价格÷功能。企业在通过总体最低成本提升顾客价值的过程中，有几个方面必须要十分注意，总体最低成本所带来的顾客价值提升不是万能的，它一定是和企业 O2O 产品、服务所处的行业特点、市场竞争现状，以及品牌价值和用户需求层次等方面紧密结合的，盲目乱用则会对企业的利润、品牌和用户带来伤害。

第二，最优产品。

最优产品对于顾客价值的提升而言，在同等价格的情况下，企业所提供的 O2O 产品是市场上顾客能够触及到的最优产品；企业 O2O 产品的价格虽然略高于其他企业，但是其所提供的产品远远优秀于其他产品，或者这种产品的优秀部分对于用户而言其意义和价值远大于高出的价格部分；企业提供了最优秀的 O2O 产品，同时产品的价格也是较高的。这种情况实际上是产品品质和价格的双重递增，其本身对于不同需求的用户而言就是一个价值的提升。同时，高品质与高价格的外在显现也会为一部分对于品质、档次较为追求的用户提供一种额外的附加值。

第三，最优服务。

最优服务对于用户价值的提升，在某些方面与最优产品是有共通之处的。但企业在提供 O2O 产品与服务时，二者本身会存在一个有形（产品）和无形（服务）的区别。在实际的市场营销过程中，个别地区尤其是边远地区，经常会出现价格更低、功能更强大的产品其销量小于价格更贵、功能更简单的地域性产品。这背后很大一部分原因就是虽然后者价格和功能相比前者不占优势，但其相关的配套服务能够更加及时和方便地支持用户，因此也就造成了用户在决策时对于价格、产品功能等因素的改变。

关于最优服务，还有一点需要说明的是，在竞争相对集中、产品同质化比较严重的情况下，企业所提供的最优服务确实可以实现产品的差异化，但也会造成成本增加、利润降低等影响。同时，企业也必须确保所提供的 O2O 最优服务确实是顾客所需的，而不是过度服务或者资源浪费。

（2）价值链体现。

企业 O2O 产品、服务在市场营销中的价值链，主要体现在以下几个方面。

企业行为：在企业当中，不同板块和业务间的各项活动有着密切联系，企业在做市场营销应当确保这些资源能够协调一致。比如在实施 O2O 线上向线下市场引流的过程中，相关线下实体应当做好产品库存和备货等方面的准备。通过网络、电视和纸媒等手段宣传自己在 O2O 领域的相关产品、服务的优良价值和体验时，相应内部服务资源，特别是线下实体应当做好充分的服务。否则当企业花了大把的费用去宣传服务和品质，并且也吸引了大批用户前来使用或者体验，但因为内部的种种因素导致用户没有感受到企业在市场营销时所承诺的内容，那么不仅企业在市场营销前期的费用和努力全部付诸东流，而且还将对企业形象和信誉造成严重的破坏。

价值创造：通过上面的阐述，我们可以了解到企业在不同板块和业务间对于市场营销的影响。同时，由于 O2O 模式涉及线上与线下两种渠道，那么相比原来的单一渠道模式，用户对企业、产品、口碑、活动等接触的机会和方式更加频繁和多样。产生的结果，即企业的各项活动都会直接或间接地被用户所触及，进而给企业有形或者无形的价值。如，用户通过 O2O 传播和展示企业生产、经营环境，包括企业原来封闭在车间内的全部过程，可以对企业的品质、形象等方面产生潜移默化的影响。另外用户通过对企业 O2O 线上、线下部分的直观感受，进而对企业的产品、购买决策等产生积极的推动。

价值参与方延伸：企业在 O2O 产品、服务市场营销领域，所谓的营销价值链参与方延伸，主要是指市场影响价值链条的参与方和利益相关者，从实施 O2O 的企业内部为基础，外延至与企业、产业链上下游相关的供应商和最终的消费者。企业市场营销价值链正是通过各个参与方和利益相关方的延伸，最终形成了一个覆盖需求、市场、产品、服务和后端产业支持等多个方面，并整合了广告宣传、促销活动和内部运营的一个生态闭环系统。不同的参与方和角色在这个闭环生态圈中都发挥了不可替代的作用。

（3）价值链影响与作用。

企业 O2O 市场营销价值链中相关因素条件的改变，对于价值链本身的循环，以及对应环节能够产生较大的影响和作用。这种因素条件的改变主要影响有以下几个方面。

规模变化：价值链中的规模变化主要体现在企业自身产品服务规模、市场规模和用户规模等，并由此带来对于产品服务成本、行业话语权、利润策略，以及具体市场竞争方式等方面的变化。

产品、服务属性变化：企业在实施 O2O 的过程中，一旦对产品、服务所涉及的工艺、技术需求提升，无论是对于实施 O2O 的企业，还是行业链上下游参与方，以及对于 O2O 产品、服务的成本、利润考量等方面都会产生连锁性的变化，甚至是质的影响。

利益相关度：企业实施 O2O 市场营销价值链的关键基础是通过实现

需求价值及利益分配来对各个参与方进行吸引、调动，并使之自觉地参与到市场营销价值链中来。一旦这种利益的相关度发生了改变，如顾客对于企业 O2O 产品、服务不再需要，或者产业链上下游提供方原有的既得利益受到了侵犯，包括企业在 O2O 实施过程中与供应商、顾客的关系程度是否紧密等。这些变化对于参与方而言，市场营销价值链在其所处的环节将出现流转困难甚至是断档，进而对于整合闭环生态圈产生影响。

企业通过选择产品和服务创造价值，顾客仅代表对于企业提供产品服务的需求，在内部企业关注的重点是制订计划、产品质量、成本效率等由内而外的思维模式。现实生活中消费者已经开始全面地影响企业各个环节的决策。

4. O2O 市场营销模型

我们已经讲了企业在 O2O 产品、服务方面的市场营销价值链和基本的市场营销策略的设计步骤。下面我们就企业 O2O 的市场营销、需求管理等维度，与企业市场营销大数据在实际企业操作中的使用，即市场营销模式进行以下说明。

以企业实施 O2O 市场营销的成功执行为目标，企业在实施 O2O 市场营销时会遇到以下一些问题。市场动态变化切入点的进入时机过早或者过晚；在市场营销人员执行具体操作时，对很多细节的把控是凭感觉完成的；同样的市场营销费用投入，但却不能产生最大的效果；对于市场营销价值链中的资源不能高效合理的调配。

企业在 O2O 市场营销过程中正是为了解决以上这些问题，由此需要我们将大数据、市场营销等内容结合，通过大数据进行内容的量化并在一段时间内不断优化调整，最终形成企业 O2O 市场营销模型。

下面我们重点介绍一下 O2O 市场营销模型。区别欲望、分析需求、理解市场，这个阶段的重点是将市场营销与产品战略、产品生命周期结合的需求管理；以顾客为导向的市场营销策略；整合价值的传播计划，根据具体的市场营销策略分解、落实、制订覆盖不同目标人群的泛媒体（包括线上，线下）传播计划和针对用户的企业 O2O 产品、服务价值卖点；用户价值和利润创造，市场新用户发展、不同阶段用户价值贡献的明确，以及企业与新老用户间利润关系的建立；顾客关系与权益，与有价值的用户建立稳定的双向互动关系，维护用户的权益。

以上这些市场模式既是市场营销的重要组成部分，同时也是企业 O2O 产品、服务在市场营销时的实施内容。具体的目标变化和运行情况需要企业对每个步骤按照需求进行量化，并通过不断地摸索、优化，最终明确各项关系。

下面我们讲述在 O2O 市场营销模型中几个需要特别注意的方面，同时也是企业 O2O 模式在实施和营销过程中常见的误区。

（1）需要、欲望与需求。

人无论是作为生物个体还是社会群体中的一部分，由于其自身生存、发展，或者某种精神层面的需要，使人们对于事物、产品和服务存在着三种属性——需要、欲望和需求。

需要：人们感到某种缺乏的状态，如对于食物和人际交往等方面。

欲望：欲望相对于需求，有被察觉的外在体现，相比需要，欲望可以明确地表达需要的具体指向，并且即使是同种需要，因人的社会、文化等背景因素不同，其欲望的具体指向也会截然不同。

需求：需求相对于需要和欲望而言，处于最高、最后和最可执行的层面。它是在人们需要所产生的欲望基础上，综合人们经济实力和购买能力，在既定的欲望和购买资源条件下，产生最大价值和完善产品的选择过程。

很多企业在 O2O 的市场营销中，对于需要、欲望和需求往往存在以下误解和实施误区。

需要、欲望和需求这三者不分。具体表现在很多产品、服务虽然有明确的用户刚性需要，但是用户对于产品、服务的指向却并不明确。其次，对于价格较高、用于满足较高消费层次的 O2O 产品、服务，用户虽然对其具有很强的欲望，但是往往购买力或者支付意愿较低。最后，在营销的宣传过程中，尤其是对品牌、产品价值和宣传噱头等方面而言，需要、欲望和需求这三者在不同宣传渠道、宣传方式和宣传结果上的承载往往容易混淆或者误用。如企业通过 O2O 模式进行市场营销，宣传自身品牌理念时，应当主要透过消费者的欲望层面去进行传播和影响。企业在活动促销的过程中，应当主要通过需求层面进行用户引导和价值传播，而不是使用需要层级的理念。

人群表现差异。对于需要、欲望和需求这三点在用户人群上的表现，实际上是一个层层递进，层层发散的过程。欲望在表现和具体承载上要大于需要，而需求又在用户表现和具体承载上大于欲望，很多企业虽然在定位的过程中聚焦了某种需要、欲望和需求，但是由于用户地域、文化和经济实力等方面的不同，人群的购买表现不尽相同。这一点尤其需要企业在定位聚焦细化，以及市场营销宣传时进行传播划分。如，同样是定位聚焦一线城市，经济较发达城区白领们的中午吃饭问题，消费人群对于午饭的需要相同，但是欲望却有很多种，有菜系和口味等方面的表现差异，即使是同一个菜式或者口味，也会根据环境、用户的支付能力和购买意向等划分为不同需求的表现。企业在针对这些情况时，将需要、欲望和需求之间的聚焦更加细分和明确，同时在市场宣传时针对不同的目标人群在宣传方式和媒体通路的选择上进行把握和调控。

商品对应策略。正是由于需要、欲望和需求在人群表现上的区别和不同，企业在市场营销过程中对于 O2O 产品、服务的选择，活动方式，促销价格，以及产品、服务的价值等方面在进行选择时，应当特别注意。没有一种 O2O 产品、服务可以同时满足不同人群的各类欲望和需求，因此这也需要企业通过产品的组合、产品线扩张，以及促销方式的调整来满足市场需求的千变万化。

不同属性对应不同的营销建设。需要、欲望和需求，这三者不仅在内涵和表现形式上不同，对于市场营销不同方面和不同市场目标的建设而言，其作用和意义均不相同。比如，在需要层面，用户对于事物的需要是实现任何市场营销的基础，通过产品、服务的核心价值和功能为用户提供使用价值。欲望层面，由于欲望相对于需要具有更加明确的指向性，同时又与用户的购买、经济实力等没有必要关联。因此，非常适合在市场营销策略中对于产品品牌和理念进行宣传和建设。举一个简单的例子，喜欢法拉利跑车的人远远多于能够购买法拉利跑车的人。同时也正是这些广泛人群的存在，成为了提供给那些能够购买的人的某种附加价值。需求层面，由于需求层面本身对于用户的购买和支付意愿有了明确的界定与选择，因此对于市场营销而言，其促销和活动方式的选择可以产生很大的帮助。

（2）价值与满意。

企业在 O2O 模式下开展市场营销时，对于企业所提供的 O2O 产品、服务和体验对与同样需求的用户而言，受到用户使用情况、环境和心理等方面的差别和影响，其对于企业 O2O 提供物的用户价值和满意度会因人而异。即使企业 O2O 提供物对于用户而言可以满足其核心功能需求，但价值和满意的层级也会有所不同。这一点是很多企业付出了很大的人力、资金等方面的投入，但仍不能使用户绝对满意的根本原因。

（3）价值交换和用户关系。

任何企业或者个人在实施 O2O 市场营销时，必须认清的现实是无论是线上互联网还是线下实体经济都存在着严重的社会产能过剩，即供大于求的现状。企业和产品、服务之间的价值交换并非强关系，用户对于替代产品、服务的选择面更广，替代成本更低。因此，O2O 模式在针对用户做市场营销和价值交换时，无论是线上还是线下均未有明显的渠道优势，其最佳方式是在原有各自线上与线下模式的基础上针对精准人群提供高效的产品、服务的整合。O2O 这种模式短期内同样无法减少或者降低用户的替代成本，但随着时间的发展，用户操作习惯的产生，以及企业盈利的变换，从长远角度推进了行业、产品、服务的发展，进而与用户建立牢固的关系。

（4）市场。

站在行业和市场竞争的角度，O2O 模式在资源和模式上确实很难以免费或者价格屠夫的方式迅速切入市场，其更多的是通过 O2O 的方式来构建整个行业的线上线下生态圈。在融合线上与线下市场和人群的基础上，针对用户和市场进一步优化细分或者实现高效的覆盖。

以上内容是企业在 O2O 模式下市场营销的基础模型，以及相关重要方面。通过这些模式、数据的融合，使得企业可以从长久发展和盈利的角度去看待 O2O 模式，并且面对线上、线下市场及不同用户群，采取一系列使利益最大化的方式，实现资源投入和营销目标的最佳组合。

3.2 市场营销

3.2.1 用户感知

企业在制定 O2O 市场营销策略并在自己 O2O 市场营销模式的执行过程中，除了所需要关注的需求、市场、竞争、促销活动方式，以及媒体策略和组合等之外，还有一个方面比较容易被企业和市场营销人员忽略，即用户对于市场、宣传等方面的感知特性。很多企业在实施 O2O 市场营销的过程中，其无论是在媒体策略、广告创意，还是人群精准定位、市场价值切入点方面都做了很多调研和准备，同时也准备了大笔的市场营销费用，但市场和用户的反馈却非常冷淡，营销效果一般。于是企业往往不是全盘否定自己过去所制定的市场营销策略就是更换市场营销部门的负责人等一系列措施。其实，这些往往是病急乱投医，我们在理解企业急切心理的同时，更要以冷静的态度去分析企业未取得预想效果的原因，其中最重要的一个原因就是对于用户认知的特性没有好好把握。下面我们站在用户的角度，从个体特征和生理因素等方面介绍一下用户的感知特征。

经过大量的调研，对于广告、市场营销的宣传而言，用户对于这种刺激所带来的感知，大致可以分为选择性关注、理解曲线和记忆选择这三种客观的存在过程。下面我们从市场营销刺激和用户感知反应的角度进行以下说明。

1. 选择性关注

现代社会是一个信息大爆炸的社会，无论是过去的传统媒体，如报纸、杂志、电视，还是现在的新媒体，如微博、微信等已经覆盖了人们所有的日常生活，各类媒体渠道几乎是无时无刻不向人们传递着各式各样的信息。正是因为信息过剩，已经远远超过了人们正常的接受程度。因此人们会主动屏蔽并忽略他们所接触的大多数信息，而只对那些用户觉得对其有价值和意义的信息进行选择性的关注。这个过程可以用“信息覆盖传播→用户自定义需求、价值和意义→用户选择性关注”这一过程来阐述。

正是用户这种选择性关注的特性，使得我们在实施 O2O 市场营销时，应当对以下两点特别注意和把握。

第一，市场营销、广告和传播内容应当具备足够的吸引力，进而引起用户的有效察觉和关注。这就需要企业在 O2O 的试产营销，以及在广告宣传中对于那些已经在产品领域有一定知名度的概念如“用户痛点”等进行充分挖掘，并有机组合为足够刺激并引起各种效应的企业 O2O 产品、服务的功能、价值和利益等。

第二，由于用户选择性关注相对前面的信息覆盖传播，用户自定义需求、价值和意义等是一个层层递减弱化渐进的过程。企业不要妄想 O2O 市场营销的所有努力被所有用户接受，相关的信息浪费是一个必然过程。企业唯一能做的是提升自己在前端的开放量，尽可能多地通过这个信息接收漏斗向后端渗透更多的信息，同时优化提升市场营销切入点，以及自身

O2O 产品、服务的价值卖点。

2. 理解曲线

理解曲线主要针对两类人群而言，一类人群是已经对于企业 O2O 市场营销内容和宣传采取了选择性关注的用户；而另一类人群则是虽然没有特意地选择并关注企业的 O2O 市场营销和广告宣传，但是在媒体的传播和覆盖中被动影响的那些用户。

从不同用户对于企业 O2O 市场营销的影响和认知的角度，企业在针对自身 O2O 产品、服务进行宣传时，对于其承载内容而言，由于用户个体属性、文化和理念等因素的差异，用户往往不会按照企业当初设计好的理解模式与传播价值进行有效的感知，不同的用户会有不同的理解方式。比如，O2O 房产广告，企业的目的是传播产品、服务。而对于用户而言，看到这条宣传后，一部分用户会按照企业的预先设定进行理解和感知，用户则将注意力放在广告内的明星身上。

正是因为人们对于信息，倾向于选择符合自己意愿的方式理解，所以企业在传播时一方面需要照顾到不同人群的理解方式、特点；另一方面要将传播的内容和价值进行有效集中，避免用户注意力的分散。否则，如若处理不当，同样的内容还会招致部分用户产生对于企业不利的印象和理解。

同时，企业还可以在媒体策略和媒体渠道的选择上，对于以上两类人群——选择关注人群和被动传播人群进行渠道和内容的区分。对于那些已经选择关注的用户，通过引导可以增加对于用户的记忆刺激，促进购买行为。对于那些被动传播的用户，则可以激发其兴趣和关注点。

3. 记忆选择

用户通过对于信息的选择关注和理解后，在生理方面会产生一个结果——记忆。这个记忆的过程，存在三个属性。一是用户会按照自己的理解方式和最强烈的感知点进行记忆存储。二是用户会按照自己的习惯、需要和特点，以最短、最便捷的方式进行记忆存储，用户不会存储太多的信息。三是用户的记忆存储一旦完成，会对后续行为产生较大的影响，同时不易改变。

正是因为这些属性的存在，所以企业需要对自身 O2O 的市场营销、产品、服务在内容、传播价值和广告创意等方面进行有效划分、优化和把控。从用户的实际购买行为角度，看待记忆选择，有两个对于企业市场营销相关的方面。

第一，用户对企业的记忆，需要不断刺激、加强和回顾。否则在信息过剩的时代，即使是已经产生的记忆，也会被用户遗忘。因此对于企业而言，用户记忆是一个需要时间积累和不断重复的过程。

第二，正是这种用户记忆的存在，有效的市场传播可以使用户只记住自己喜欢的品牌，而忽视竞争品牌。正是由于顾客的“近视”，所以无论是对企业市场竞争而言，还是对于产品的销售而言都是一个非常值得关注的方面。

3.2.2 购买行为模型

企业 O2O 产品、服务通过市场营销的努力，在终端用户环节被用户知晓并理解记忆。这些措施会在用户的精神层面对用户产生刺激作用，并促使用户对企业的 O2O 产品、服务进行购买。下面我们就对用户的购买行为及其特点进行简单说明。

从消费群体行为的普遍性，以及市场、产品销售尤其是 O2O 所涉及线上与线下两种渠道的内在特点而言，用户对企业 O2O 产品、服务的购买行为可以分为以下情况，即购买环境、用户特征对于用户购买的影响、用户的基本决策类型和购买者反应。

1. 购买环境

狭义的购买环境包括用户在线下购买时卖场的装修、装饰和衬托氛围，或是在线购买时的产品展示、介绍、网站体验和回应速度等。而广义上的购买环境，除了以上这些和用户直接购买行为相关的部分之外，还包括以下几个方面。

（1）社会环境。如人群可支配年收入，通货膨胀率，技术环境，新科技成果的产业化，以及与产品相关的社会科技水平是否实现。最典型的某国际大牌电动汽车，其入华时的宣传不可谓不成功，同时也通过渲染和饥饿营销等手段吊足了市场和用户的胃口。随着市场新鲜感的消退，这种电动汽车所需要的相关社会技术环境和资源——电动充电桩等在社会上并没有普及，而且存在巨大的市场教育成本和底层基础设施建设成本，这些都直接导致该品牌在市场上的销售迅速下降。

（2）购买环境。包括产品在终端的普及率和可接触率，产品的价格、渠道占有率，以及促销是否有效执行等。

（3）营销环境。比如市场是自由竞争还是垄断竞争，企业的产品、服务的品牌影响力如何，产品、服务在销售时是区域垄断还是价格比拼等。

尤其对于用户的主动购买行为而言，企业的产品、服务需要有相当的口碑、品牌知名度和内在价值等方面的环境作为前提。而对于区域企业而言，受到当地区域市场垄断、社会资源不平均等一系列条件影响，则可以充分利用并最大程度上形成对于自己有力的购买环境。

2. 用户特征对于用户购买的影响

谈到用户特征，我们可以从收入、年龄、家庭角色等方面进行划分，包含以下几种。

文化特征：主要包括用户的道德观、价值观、社会基本文化，以及由这些基本文化衍生出的社会阶层亚文化和习惯等。文化特征一方面是用户群体理念的集中反映，另一方面又是用户作为个体其在精神方面的重要基础。无论是在线上还是线下的企业或者经济模式中，我们能看到很多该因素对于企业存亡发展的经典案例。例如很多在西方社会很流行的产品、服务移植到中国之后，并没有带来相应的成功。究其原因，中西方用户和社会的文化差异无疑是一个重要因素。即使在一个大的文化背景下，用户内在文化的差异也会形成风格迥异的用户群体，其中最典型的表现之一就是对于产品、服务价值的认知不同。对于文化层次较高的用户群体而言，其看待和判断企业 O2O 产品、服务价值的方面除了产品、服务的最基本功能，还包括产品、服务的文化附加、内在品质等；而对于相对文化层次一般的用户而言，其对于产品、服务的价值判断除了最基本的核心功能之外，主要还有产品的价格是否低廉、功能是否多样等。以上这些都是文化特征对于购买决策的首要影响因素。

社会特征：社会特征作为对于用户购买决策影响的次要因素，主要包括用户的家庭状况、在社会和家庭中的角色与地位等。这种特征对于购买决策影响最典型的例子就是购买者和最终用户之间的转换，很多最终用户实际上是通过他人间接购买的方式获得产品、服务的，如很多老年用户，受到身体、生理等方面的限制，对于互联网、新媒体等使用率较低，而其恰恰又是相关保健、滋补品的最大终端使用用户群。对于保健、滋补品的厂家而言，这类用户虽然是最终的直接使用者，但是其往往受到各种限制，无法完成商品的直接购买，因此企业便可以通过互联网、新媒体等方式，实现产品、服务的销售。实际上即使在男性护肤产品行业，虽然最终的使用者是男性用户群，但是其直接购买者往往是家庭中的女性进行直接购买，实际的使用者并不参与购买决策，这就是这类用户即使看到广告和宣传，也并不会购买的真正原因。这就是用户的社会特征对于用户购买决策的影响。

个体特征：用户的个体特征主要包括年龄、职业、经济状态、生活方式、个性和自我观念等方面。这里需要企业对于市场和用户的个体特征有一个总体的把握，即市场细化的大小和程度，从个体绝对特征而言，没有两个完全一样的人。这也就需要企业在用户个体特征市场细化所带来的利益大小和用户个性满足上进行有效平衡。充分满足每个用户的个性需求，企业的产品、服务无法形成规模，且产生的毛利无法平摊实施成本。而如果忽略用户的个性需求，所有的产品、服务千篇一律，那么企业会很快地失去市场和用户。因此，在个性特征对于用户购买决策的影响维度，我们建议企业先按照群体的属性，以及上面两个影响因素去进行产品、服务的设置，同时对于产品服务的内在部分，设置一定的灵活性，以便满足用户的个性需求。

心理特征：用户的心理特征，实际上也是其购买决策的最后一个环节，其中主要包括购买动机、购买心情等。最典型的例子就是当企业为用户准备好了购买所需的一切，包括环境、价格等，但仍有用户在企业认为百分之百购买的条件下不买单，究其原因并不是市场营销不到位或者用户购买力不足，而是很有可能和当时的用户心理有关。为此，笔者对在 O2O 模式下下单但未支付的用户进行回访，回访后的用户反馈为“突然不想买了”，“临时有事”，“手机丢了心情不好”等千奇百怪的理由。这些对于市场营销人员和企业而言，的确为不可控的用户心理。对于这类用户而言，企业应当懂得放弃，一味地追赶反而会适得其反。

3. 用户的基本决策类型

上面我们谈到了用户属性对于用户购买决策的影响，下面我们对用户购买决策的基本类型进行如下介绍。关于用户的决策类型，企业在 O2O 的市场营销过程中可以按照不同的维度进行定义和切分，我们在这里仅就用户购买过程的参与程度和市场供应这两个方面进行介绍。

用户对于商品购买过程的参与程度，实际上和产品、商品的价格，以及用户对于产品、服务本身的了解息息相关。对于那些价格较高的商品，如汽车和房产，用户往往会积极地全程参与；同时对于那些新产品或者高科技产品、服务，由于用户对其了解十分有限，因此在购买过程中会有更深入的参与。对于市场供应情况而言也是如此，如果市场供应充分，品牌间差异较小，用户选择就会相对简单；如果市场上产品、品牌间差异较大，用户在首次购买时则会比较谨慎。

下面我们将用户购买决策的类型按照上述维度分成三类。

（1）谨慎购买决策。

用户谨慎购买决策类型往往会在用户参与程度高，产品、服务选择丰富且差距较大，或者用户对产品、服务不了解的情况下出现。企业和营销人员在针对谨慎购买决策的用户时，一方面需要在宣传和广告当中对于企业的 O2O 产品、服务进行必要地介绍说明，否则对于这类谨慎购买决策的用户而言，搞不清楚产品、服务的诸多细节和内容是很难决策购买的。这种营销失败的案例在我们身边比比皆是，如杂志上整版的某创世纪高科技产品广告，仅有一张图片或者 Logo，下面便是订购电话或者购买地址，这样的产品对于谨慎购买决策用户而言很难会产生购买效果。另一方面，由于谨慎购买决策在购物过程中参与度高，这就需要企业在线上宣传与线下实体连接过程中，对于购买的全过程进行必要地准备，以满足用户的习惯和决策需要。

（2）迅速购买决策。

用户迅速购买决策的情况主要出现在用户需求和购买条件一定的条件下，虽然用户参与购买过程的程度高，但市场供应的产品有限或者品牌间差异小，用户可以在充分了解后迅速做出购买决定。对于迅速决策购买类型的用户而言，由于其购买决策过程较快，企业一方面需要通过市场营销对于 O2O 产品、服务的品牌、功能等方面进行宣传和介绍，另外一方面还需要对用户的购买场景和渠道进行有效覆盖和整合，各类卖场内的宣传和广告正是这种方式的体现。

（3）习惯购买决策。

用户的习惯性购买决策过程不同于以上两种过程，在实际的市场营销过程中这种决策方式往往出现在老会员或者低价成熟产品的身上。在这个购买决策类型中，用户凭借经验或者在使用惯性作用的影响下直接购买。对于习惯性购买决策用户而言，由于人们思维逻辑的惯性和使用习惯因素，企业很难通过市场营销、广告等措施直接改变用户的习惯和决策，这类决策的 O2O 市场营销实施重点应集中在老会员关系维护和产品的口碑与品牌建设上面。

此外还有一类用户对于产品、服务的选择充满了对新事物的好奇，其选择产品、服务的重点往往是以新鲜感和多样性选择为主。对于新产品、服务和新品牌而言，这类用户是不可多得的首批用户。企业 O2O 产品、服务在上市时应当充分考虑到这类用户，但也正是这种新鲜感和尝试性使得其很难在某一产品中固定下来。

4. 购买者反应

作为用户购买模型的最后一个环节，并不是简单反映在用户对于商品、服务的选择行为，而是有其自身的规律与特点。同样的用户，在同样的模型影响下，有些用户最终购买了产品、服务。而有些用户虽然也产生了购买决策，但最终却并没有购买。对于后者而言，不仅是对企业市场营销资源、费用和各种努力的浪费，而且还能说明企业在市场营销领域的一些后端方面或者是细节上存在较大的漏洞和疏忽。

下面我们简要介绍并分析用户的购买反应。对于用户而言，其购买反应不仅包括购买本身的行为，还包括用户购买的时间、地点、偏好和购买态度等多方面的内容。正是这些内容的存在，需要企业在实施 O2O 的过程中对于这些内容所需要的市场营销，进行充分考虑与部署。例如，一个已经产生了购买决策的用户，其已经有了对于某款产品购买的坚定决心和经济准备，但却在自己周边找不到购买产品、服务的渠道和场所，那么对其而言也就不会产生购买的行为和结果。

某区域性快消企业，为了实现攻占全国市场并成长为全国性品牌，在产品的研发和生产环节苦下工夫，并取得了一系列的专利，同时在市场营销方面不惜重金，比如购买央视黄金时段的广告。由于产品定位精准，口味独特新奇，在宣传开始便受到了消费者的关注，并且相当一部分消费者在广告和产品功能的影响下，普遍愿意进行尝试。但由于该企业属于区域性品牌，其全国销售和代理渠道不足，渠道建设环节落后于市场宣传和销售进度，并直接造成了顾客在真正购买时，却发现没有合适的购买渠道，甚至有些地区的顾客根本就不知道去哪里购买到该品牌的产品。最后，顾客不得不放弃了购买计划。企业之前在产品和营销环节所花费的巨额费用也因为回报有限，而打了水漂，该品牌最后也消失在公众的视野中。

还有一个比较特殊的情况，很值得我们思考。有些人气爆棚、顾客购买意向很强的产品，其销售渠道有限和产品不足的情况，往往是企业或者厂家的有意为之——饥饿营销。

饥饿营销，作为一种新的营销方式和销售手段，其出现的伊始，便赚足了用户和媒体的眼球，昼夜排队和万人空巷的疯狂，也使得我们不得不钦佩商家的精明。饥饿营销这种方式目前却受到了越来越多的挑战。其原因在于以下三个方面。

第一，适合饥饿营销的产品往往是新品或者属于新的品类。

第二，市场同类产品的竞争有限或者存在较大的空白。

第三，饥饿营销的方式没有被普遍采用。

正是在这种背景和环境下，我们看到了某互联网手机品牌在最近的饥饿营销和节日大促中的销量，受到了类似产品和众多企业的挑战，无论是价格还是功能，原有优势不在，其往日的辉煌和市场占有率也受到了严重的侵蚀和挑战。对于用户而言，同类功能和价格的产品选择更加丰富，同时用户对于饥饿营销的方式和手法也不再陌生和新奇，其热情度有所下降，通过缩小甚至是控制产品渠道和数量的方式，不仅很难调动用户的热情，反而还会使得原本有购买意向的用户转而购买其他类似的产品或者品牌。

企业在实施 O2O 的过程中，尤其是在市场营销方面通过上述对于用户购买模型中每个环节的分析和量化，可以帮助企业为促进并达成销售采取有针对性的措施和方法，进而有效地提升用户的购买，赢得竞争并占领市场。

3.2.3 营销环境+计划+阶段

1. O2O 相关市场营销环境

在企业实施 O2O 的过程中，尤其是在利用线上与线下渠道进行相关人群的宣传和推广时，很多企业往往只将精力和注意力集中到本行业或者本企业的 O2O 产品、服务对于产业链和用户是否可行上，往往忽略了对于企业即将面临的市场营销工作，以及市场营销环境的调研。

众所周知，由于 O2O 无论是在横跨线上与线下两种渠道的业务形态上，还是线上与线下不同人群属性和习惯等方面都存在着较大的跨越，企业除了整个业务形态和 O2O 相关产品、服务外，一定要更加关注连接企业产品、服务与市场用户需求间的市场营销及其环境。否则，再大的需求、再好的 O2O 产品，如果市场营销环境的条件不具备，那么一切都只是空谈。

由于国情、行业特征、用户习惯、产业背景，以及利益相关者之间的平衡问题，造成了很多用户需求虽有成型的产品和很强的市场空间，但却缺乏必要的市场环境，尤其是对于利益相关者而言，往往意味着原有秩序和分配规则的破坏。目前在国内闹得沸沸扬扬的国外某款打车软件便是此例。

这款软件产品主要是基于一个按需的 O2O 服务，并以最简单的方式，使豪华私家轿车司机网络化。每一个有需求的用户通过手机软件向网络化豪华私家轿车司机发送请求，从而找到自己的私人司机进而再购买私家车搭乘服务。目前该产品已经在超过 50 个国家、200 个城市提供服务，估值超过 400 亿美元。

目前国内，该产品同样有着巨大的需求和市场空间。对于消费者而言，很多地区在黄金时间段普遍存在着出租车难打的问题，该软件的出现，为顾客提供了一种比出租车更加便宜优惠的选择。对于私家车主而言，在车辆闲置之余，该产品不仅能够提供一种额外的增收方式和手段，而且还附带一定的社交功能。因此，一经推出便受到了广大用户和私家车主的热烈欢迎，产品装机量、车主规模和日均单量不断攀升。

但在风光不久后，便不断传出有出租车司机和该产品的车主不断爆发冲突的新闻，相关执法部门也根据国家有关法规，对该产品的使用车主进行了处罚等。在这背后，我们不可否认，该产品拥有巨大的市场需求空间，但该产品的出现在某种程度上还是缺乏必要的环境基础。

企业 O2O 市场营销环境，简单而言，是影响企业市场营销活动、管理与用户群之间创建并保持用户与企业双向稳定关系的所有外部综合力量和行为的总和。市场营销环境包括以下两个主要方面。

(1) 销售环境——所谓销售环境，主要是指和企业 O2O 市场营销息息相关且能够影响企业提供产品、服务能力和销售能力的市场营销中介、媒体资源、供应商、竞争者、公众，以及其他组织和个人。这类环境往往与企业市场营销的实施和销售具有直接必然的关联，某种层面上企业 O2O 市场营销活动的好坏和企业对于这种微观销售环境的掌握了解，以及资源的调动能力有着很大的关联。

（2）整体环境——市场营销的整体环境是相对于企业直接市场营销的销售环境而言的，它包括影响企业的全部社会力量、人口情况、经济情况、技术现状、政治和文化等多方面内容。市场营销的整体环境虽然与企业 O2O 市场营销在具体活动或者销售关联上没有直接的关系，但是就企业发展的中长期而言，其作用和价值是上述销售微观环境所不能比拟的。

例如，由于不同地区经济发展水平不同，像我国的东部与西部地区，人们可支配收入差异较大，用户的需求层级和方面也截然不同。正是这些市场和需求的不同，使得企业在实施 O2O 时，无论是在产品、服务本身的功能设置、定位等方面，还是市场营销的模式选择、宣传媒体等方面，包括市场的切入方式和角度，乃至当地政府对于企业在税收、土地等方面的支持力度等都会产生长期且深远的影响。

以上是我们对于企业 O2O 相关的市场环境的介绍，从企业实施 O2O 的阶段结果和企业所采取的市场营销方式而言，显然很多企业的 O2O 对于以上两种营销环境没有很好地掌握和准备。有一部分企业在实施 O2O 和市场营销之前对于市场环境有一些调研，但往往结果也是不佳的。究其原因，企业尤其是市场人员在做环境调研时，面对繁多的内容和浩瀚的数字，不仅看起来非常乏味，而且处理起来费时费力且没有直接指导效果。站在背景条件的角度，很多企业在做背景调研时，往往仅局限于实施前的了解，并且对于背景条件的动态变化往往忽略不管，如果企业按照错误的调研结论或者当时某一时间段的背景情况去进行资源准备、实施部署后，会发现结果与当初的预期早已截然不同。造成这些问题的关键原因是，企业对于环境的调研及其方式出现了问题。下面我们介绍几种和企业 O2O 实施市场环境了解、分析相关的基本调研方式。

第一步：探索性调研。

由于市场环境和背景中所涉及的方面较多且庞杂，企业可以根据自己的需要和所要实现的目标对相关的背景环境进行信息的初步收集，在这个基础上分析、明确与自己市场营销所需的相关问题并提出各类假设。

第二步：描述性调研。

企业在第一步探索性调研的基础上，通过聚焦和假设，将大背景中和自己关系最大的方面进行了集中，并提出了与之相关的各类假设，这时企业需要就集中的情况和假设问题进行详细地调研描述，以便全面地对背景中的因素进行了解。

第三步：因果性调研。

企业通过自身 O2O 的实施和市场营销的开展，站在目标和阶段结果的基础上，对于背景当中相关因素的假设情况进行检验，在因果性调研之前提出假设的因果关系。

企业采取以上措施，可以迅速帮助企业掌握并深度了解企业 O2O 实施和市场营销相关的背景因素，进而以一种更大的时间跨度，即企业 O2O 市场营销实施的前、中、后三个时间段，对于背景因素进行动态掌握，并找出与企业实施最有关联的背景当中的因果关系，从而指导企业具体的实施细节。

2. O2O 市场营销的不同阶段

从社会宏观经济的发展规律及传统线下实体经济发展的历程来看，随着社会经济水平、科技水平，以及社会供需的变化，市场营销模式、特点可以分为几个大的阶段。单就市场营销的每个阶段而言，其市场营销的理念、方式、方法和诉求都不尽相同。这也正是营销阶段大背景对于具体市场营销的影响。

在企业实施 O2O 市场营销的过程中普遍存在着两种截然不同甚至是相反的观点。一方面有的企业和市场营销人员认为 O2O 作为一个新兴的模式和领域，其市场空间巨大，并且由于大家都处于刚起步阶段，空白领域很多，没有强大的竞争对手。另一方面有的企业认为 O2O 是线下实体与线上虚拟两部分经济发展成熟后的产物，属于原渠道自我救赎的范围。因此，其所涉及的资源、竞争是原线上与线下渠道的延续，新入行者根本没有机会一争。

在此，我们暂且不论哪个观点正确，就不同企业在 O2O 领域的市场营销的时间而言，双方都有自己的理由。O2O 作为一种模式也好，行业的融合方法也罢，其市场营销的实施离不开两个先决条件：第一是企业实施 O2O 所在的行业，第二是行业内实施 O2O 的企业。抛开这两点，我们无法谈论 O2O 在行业和企业实施中的市场营销。正是因为这两点的存在，使我们得以看到 O2O 实际上的市场营销是离不开行业和企业这两个维度的。对于市场经济而言，不同的行业，其本身发展的阶段、规模和特点也不尽相同，有些行业高度成熟且市场格局早已被几家大型公司垄断。有些行业特别是高科技行业和交叉行业本身正处于发展的上升期，则其发展空间巨大，发展速度快。因为这些行业的本质不同，所以造成了行业间市场营销规模和特点在本质上的差异。

另一方面，即使是对于同一行业内的不同企业而言，其实施 O2O 和市场营销的观点、诉求和目的也会有所不同。比如处于领先地位或者实力雄厚的公司，其市场策略往往是进攻型的，占有更多的市场份额，在广告和营销上的投入往往较大。而对于那些刚入行或者实力较弱的公司，其实施 O2O 和市场营销的策略往往是稳健型，在获取利润的同时稳步前进。

目前市场上，O2O 的实施和市场营销几乎涉及了所有的行业和不同类型规模的企业，正是以上这些行业与企业的不同维度，使得 O2O 的市场营销可以分为以下几个阶段。

第一阶段：无差异化营销。

无差异化营销阶段也被称为大众营销，这个阶段主要有以下几个特点。

（1）企业间的产品、服务非常类似，差别基本不大。

（2）产品、服务用户群涉及较为广泛，使用者没有特别具体的限制或者差异。

（3）企业间对于市场、产品、服务的宣传和推广会进一步加速市场的教育和市场规模的扩大。

这个阶段的市场营销市场空间大、范围广，往往存在于新兴行业或者正处于高速发展期的早期市场。由于企业间产品、服务和人群上的相似，企业间的市场营销和竞争主要是价格和企业实力的比拼。同时，由于经济发展和规模不平均等，在这个阶段有些地区往往会出现产品、服务过于集中或者产能严重过剩的现象。正是在这种前提下，那些实力雄厚且拥有价格优势的企业将在长期的竞争中胜出。

第二阶段：差异化营销。

差异化营销阶段主要对应以下两种情况出现。

第一，对于处于第一阶段的市场而言，其市场空间、需求很快将会被2~3 家实力雄厚的公司所垄断。对于大众用户而言，这种无差异化需求的满足很快会饱和；而对于那些中等规模的企业而言，大众市场已经没有足够的市场空间和竞争优势，为了企业的生存和发展其必须针对市场和垄断企业实施差异化营销策略。

第二，对于成熟行业而言，其市场、需求、供应和市场竞争格局早已基本稳定，新入行者在传统的市场营销方式下没有太多战胜现有成熟竞争对手和分隔市场的能力，因此也必须采取差异化的营销策略对市场和竞争对手进行各个击破。

企业实施差异化的营销策略本质上也是对于大众或者成熟市场的进一步细分，而这种细分方式也不尽相同。企业可以采取不同人群属性上的细分，同种人群需求上的细分，以及地域和产品、服务等维度上的细分。值得一提的是，企业仅仅通过营销方式或者媒体策略选择上的细分和差异化，短期内也能取得不错的效果。

差异化的策略使得企业将优势和资源从原来宽泛的战线和领域有针对性地聚焦和缩小，从而可以实现原本实力有限的企业在某一局部地区取得绝对的优势地位。

第三阶段：集中营销。

集中营销也称为缝隙营销，是相对于大众营销和差异化营销而言的，其适用的企业对象不同于前两个阶段的大型企业，往往以中小企业居多，而且其所适用的行业和阶段可以被包容在前两个阶段和行业当中。

无论哪种市场或者行业，无论这个市场和行业处于哪种阶段，由于用户需求多样性、地域限制等方面的原因，绝对不会出现由某几个企业垄断全部市场的现象出现。即使是对于已经处于行业垄断地位的企业而言，边远市场或者少数用户需求市场由于企业覆盖的成本远大于这些市场所带来的收益，因此往往会采取听之任之或者干脆放弃的态度。加之地区发展不平衡，以及多样性选择的需要，都为中小企业的缝隙营销创造了极佳的条件。为此，有些大型企业甚至还会主动与这些实施缝隙营销的中小企业进行合作，以完善自己的市场和产品。

从集中营销的模式和特点看，其往往集中在边远、分散且由于各种原因大企业无法有效覆盖的行业地区，由于市场空间有限，中小企业会采取差异化营销策略，但从长期来看，其发展壮大会受到相当大的限制。

第四阶段：微观营销。

微观营销不同于缝隙营销，其实际上是比缝隙营销更小的一种营销方式。而且实施主体也与缝隙营销的主体——中小企业不同，往往是有一定客户资源的个人或者企业。

微观营销的实施，有着严格的条件限制。由于其实施主体的个人属性不同于企业，其实施营销时必然需要成熟、配套且完善的相关产业链与之配合辅助，否则微观营销无法有效实施。对于个人而言，微观营销这种方式可以与以上三种营销模式完全兼容，一方面本身针对的市场就是个体或者是用户周边的亲属、朋友等资源；另一方面也需要企业在产品、服务上的有力支撑和依托。对于企业而言，其实施微观营销从成本和利益的角度不会带来收益和市场增长。而对于个人而言，微观营销一方面无需过多的成本付出，另一方面其所带来的收益也能够满足个人的需求。常见的微店正是这种营销方式的最好体现。

以上是企业在实施 O2O 和市场营销过程中所面临的四个基本营销阶段，营销阶段的不同也会对于企业的媒体策略、宣传策略、市场切入点、目标人群选择等，甚至是产品、服务的开发和设计都会产生重要的影响。因此需要企业及时做好营销背景调研，并通过背景调研，明确自身行业的阶段，正确评估自身的资源和实力等是否具备实施 O2O 所需的行业与企业条件，正确选择属于自己企业实施 O2O 时的市场营销阶段，并在行业、市场等产业链中及早定位自身的角色，才能在市场竞争和 O2O 的实施过程中抢占先机，而不是在一切不明了的情况下贸然前进，遭遇失败后反过来抱怨 O2O 这种模式有问题。

3. O2O 市场营销恐惧症与营销简化

在很多实施 O2O 的企业中，无论是企业的管理层还是市场营销人员对于 O2O 模式和 O2O 的市场营销较为普遍地存在着一种营销恐惧。这种营销恐惧的来源，一方面是由于 O2O 这种涉及线上与线下不同渠道的模式，在市场营销时不仅会涉及单渠道的营销，还会涉及不同渠道间的营销整合，同时作为 O2O 市场营销而言在市场竞争方面几乎是面对线上线下所有用户及各类竞争；另一方面 O2O 模式和其市场营销又针对线上线下不同需求、年龄、地域等不同用户人群特征，其媒体策略、媒体宣传，以及新媒体的运用等一系列传统线上或者线下市场营销未曾遇到的问题接踵而至。正是以上问题的存在，使得 O2O 的市场营销对于一些人而言显得非常的深奥和高大上，同时由此带来了企业和市场营销人员的某种信心缺乏，甚至是面对市场竞争饱和而感到焦虑与恐慌。具体表现在对于用户需求过分聚焦，用户属性切分过细，针对同一用户或活动的营销诉求过多等。针对这些表现和情况，企业还是应该将 O2O 市场营销回归营销的本源。O2O 领域繁复的市场营销策略、方式并不值得赞美，应当尽量简化。对此，企业管理层和市场营销人员可以采取简单的方法对 O2O 的市场营销进行思考，这个思考过程主要包括以下几个方面。

第一，对于市场营销尽量从客观数据的角度出发，不要掺杂过多的个人意识。

第二，避免从经验、感觉等角度出发的一厢情愿式的决断。

第三，善于倾听市场和用户的声音。

第四，对于事物持有谨慎尝试和不断优化改进的态度。

通过这些源于营销本质和简单常识的理念，从而使得企业管理层和市场营销人员在 O2O 的市场营销中，可以将目标人群从线上人群、线下人群或者二者结合的人群中进行选择，同时将人群需求和购买方式等进行聚焦和锁定，进而开展后续市场营销工作。

而对于企业自身的 O2O 产品、服务而言，通过上述市场营销的梳理和简化可以再针对企业自身的 O2O 产品、服务找到一个区别于竞争对手并真实可信的简单概念和产品、服务切入点，进而制定一个详细的市场营销规划，让消费者了解这个差异。

3.3 线下实体

3.3.1 线下实体市场+产品/服务层次

上面我们从整体 O2O 市场营销的角度讲述了与企业 O2O 市场营销相关的理念、策略和背景等多方面介绍，下面我们从线下实体的角度出发讨论并阐述线下实体在 O2O 模式中的特点，以及其在整合 O2O 市场营销当中的作用。

对于线下实体和经济模式，其在市场经济中发展的经历和阶段相对于线上互联网经济而言，显得更加成熟和完备。线下实体经济的这种成熟和完备主要体现在以下几个方面。

1）具有稳定、数量巨大的用户群。

2）用户习惯和品牌意识较强。

3）商品、服务供应链成熟配套。

4）市场竞争激烈且格局稳定等。

正是以上这些方面加之行业间和商品本身属性的不同，使得线上互联网虚拟经济不可能替代线下实体经济，同时对于线下实体经济自身发展而言，由于其自身已经非常成熟且存在着市场饱和和供应过量等多方面问题。因此，对于线下实体而言，O2O 对于不同行业的发展意义和模式存在相当大的差异，如有的行业线下实体的 O2O，其起步是从不同于线上与线下 O2O 的零阶段开始；而对于有的线下实体而言，其 O2O 的发展是过去传统线下发展阶段的一种延续和有效补充。

但无论是对于何种线下实体或者何种线下实体 O2O 的发展阶段，都离不开一个基本的线下实体市场经济的本质：线下实体通过市场细分确定目标需求，目标人群的高中低端聚焦，并通过产品组合策略，在满足目标市场消费期望的同时，实现提供竞争者没有的商品或者利用线下资源做引起轰动的商业活动等方式进而实现自身差异化。

对于线下实体实施 O2O 策略时，站在提供商品的角度，其与线上互联网和其他线下实体间存在三个主要的商品变量。

（1）商品组合。

线上实体内提供商品间的有机组合，对于产品同质化的背景而言，是一个很好的突破和实现产品差异化的方式。对于线下实体而言，同种同类甚至是同价的商品，采取不同的商品组合策略，其销量和结果会截然不同。这种组合的过程可以是不同种商品间的搭配，也可以是同种商品不同规格搭配与组合定价等方式。商品组合实际上是对线下实体企业的运营、产品管理，以及促销活动等多方面的能力和资源的考验，某种意义上也是对于企业在大数据上运用的一种考验。

（2）商品服务组合。

商品与服务的结合，实际上是在线下实体中，将商品销售和商品竞争力的层面从原先的单一商品维度延伸到与之相关的线下实体企业在商品提供过程中的服务维度。这种组合对于用户而言并不仅仅是商品层面的突破，更多的是对于不同购物决策类型和不同属性商品的需求满足。如前文我们讲到的谨慎购买决策用户，其商品购买决策的过程本身就是对于商品购买的一种高介入过程，简单、冰冷的商品展示和营销根本不足以刺激并影响其购买决策。因此，这种商品与服务的组合对于这类决策用户是一种有针对性的满足。同时对于不同属性的商品而言，尤其是那些高价值或者产品内容与使用较为复杂的商品，商品的实际体验和介绍也是一个必要的因素，对于这类商品而言，在其销售的过程中也必须将商品与服务本身进行有效的组合。

此外，线下实体的商品与服务组合在对于感性购买用户的销售影响，已经通过服务来弥补商品本身功能、价格或者配套等方面的不足。

（3）店铺氛围。

线下实体还有一个对于商品的销售而言比较重要的变量因素，那就是线下实体内的店铺氛围。线下实体的店铺氛围包括实体内的装修、环境品质、商业活动等对于产品销售的有效刺激和衬托。正是这种线下实体的店铺氛围对于用户的购物决策能够形成一种较为强烈且不同于以直接销售为目的的促销和服务，不易被用户察觉的潜移默化的影响和刺激。

这些作用产生的背后是人作为群体社会的一员，其对于群体行为的一种趋同性和参与性的体现。我们常见的线下实体店中的“排队综合征”，以及商业促销活动的围观性正是这类特征的最好体现。

以上是我们从商品角度出发阐述关于线下实体在实施 O2O 的过程中，其与线上互联网和线下实体间存在三个主要的商品变量。线下实体除了上述的商品维度还包括线下实体的服务。线下实体在 O2O 实施过程中服务领域有以下几个特点。

（1）服务的无形性。

传统线下企业在服务上的提供和展现，不同于商品直观的有形展示，而是通过人、场景和内容的方式向用户以无形的方式提供价值。正是服务无形的特性，以及实施条件的限制使得其更加灵活多变，不像有形商品那样容易被模仿或者存在严重的同质化现象。

（2）服务可变性。

在传统线下实体中由于服务的提供离不开人员、场景等因素，所以造成了线下实体在提供服务的过程中会随人、时间和地点等多种条件的改变而呈现一定的可变性。如，服务的过程和内容可以根据不同用户的要求，进行临时性的改变和调整。

（3）不可分割性。

服务的不可分割性主要是指线下实体企业提供的服务过程和内容，不会脱离商品、用户和提供服务的人而单独存在。服务的提供和实施必然有对于用户需求和价值实现的满足。脱离了这些，服务将毫无意义。我们目前看到的很多 O2O 项目就属于这个范畴，其单独将服务与用户需求，价值实现和商品与服务提供人分割开，这些由企业一厢情愿创造出来的服务，很难被用户和市场所接受。

（4）易消失性。

线下实体 O2O 实施还有一个特点就是其服务过程中由于服务人、被服务人、时间和场景等因素，造成了企业 O2O 的服务在时间和空间维度一次性特征，不同于商品一旦销售完可以储存起来继续下次销售的特点。

这种特性需要企业在提供和销售 O2O 服务产品等方面需要特别留心和注意。

此外，对于线下实体而言，由于其在商品、服务方面存在上述诸多特征，以及自身经营成本、盈利和商业模式的问题，在提供 O2O 产品和服务过程中一定要对用户的需求层次和不同的利益追求进行特别的聚焦和定位。不同需求层次的用户在其对于 O2O 产品、服务的选择时其行为特征、爱好和诉求等方面存在较大的差别。下面我们简单介绍一下不同用户需求层次用户对于线下实体在 O2O 实施和产品、服务方面的意义与影响。

需求基础型：这个层级需求的用户，对于线下实体 O2O 而言，其价值的核心点在于解决顾客所追求的核心利益与服务问题。因此，企业需要在产品、服务功能本身上多做文章，一方面通过差异化在市场竞争中凸显，另一方面在 O2O 的实施中像用户重点强调企业产品、服务在满足用户核心需求方面的优势。而对于差异化不明显的产品、服务而言企业则要注意在商品价格方面的把控。

产品、服务深入层：这个层级的用户对于企业 O2O 的实施，以及产品、服务的核心功能并不再重点关注，而是将需求的重点在产品、服务基本功能的基础上，延伸到产品、服务的特征，设计、风格、质量、品牌和包装等多方面。企业对于这类用户除了把握好产品、服务的基本功能之外，还要在产品、服务的外面部分、质量和品质方面多下工夫，对于同等功能的产品、服务而言，价格对于这类需求层级用户的影响不大。

附加层：附加层用户对于线下实体及其 O2O 的实施而言，是其最佳的用户选择和理想的目标人群。因为这类需求层级的用户对于商品的关注和重点不再是商品本身，而是在于选择这种产品、服务后所带来的附加利益和增值性服务内容。在这些方面线下实体在实施 O2O 的过程中存在较大的优势和独到的价值特征。

线下企业在实施 O2O 过程中对于商品、服务及针对不同需求层级用户的满足层面，我们可以看到以上这些是传统线下企业不被线上互联网所取代，战胜其他竞争对手，成功实施 O2O 的必要基础和条件。

3.3.2 创新个体差异

在企业实施 O2O 的过程中，特别是针对企业 O2O 融合后的新产品、服务，企业为实现自身 O2O 的转型，包括阶段性目标和结果的取得，投入了大量的精力、人员、费用和成本。但往往目标用户群并不完全买单，更换媒体策略、营销创意甚至是采取在商品、服务上的价格突破后，用户仍然反应平平。这类情况对于刚开始实施 O2O 的企业，或者是企业在 O2O 领域的新产品、服务中特别突出。

在 O2O 的浪潮中，半成品净菜餐饮的创新和尝试便是其中一个较为典型的案例。所谓半成品净菜主要指的是洗、切、配好的菜品，除了油盐之外都已配好，回家开袋即炒。其 O2O 实施主要是通过顾客网上（含微信）提前下单，次日将按统计的订单采购食材，洗、切、配好后，顾客下班经过地铁口的提菜点自提完成。

项目实施前，在市场调研过程中有很多潜在客户，其次目前市场还是一片蓝海，最后中央厨房生产产品，再送到各区域合作的自提点，通过不断地增加自提点，在很快实现区域覆盖的同时，还可以有效地降低损耗和实体店的房租压力等。加之这个项目又和 O2O 相关，所以备受各方资本的青睐，于是很多创业者和企业在半成品净菜 O2O 上投入了大量的时间、精力和成本。在部分地区的小规模试运行阶段，甚至还取得了不错的效果。

然而随着市场的深入，半成品净菜这一 O2O 的创新和尝试遇到了很大的问题。顾客对于半成品净菜 O2O 不买账的原因主要存在于以下几个方面。

（1）自提点有限。

半成品净菜 O2O 模式相对去其他模式而言，顾客在使用过程中对于线下的自提点有一定的要求，这种要求一方面体现在自提点的数量上，另一方面体现在自提点的分布和交通等方面。只有自提点在数量和位置上突破某种量级瓶颈后，才可能有大量的用户去使用。而目前半成品净菜 O2O 线下自提点有限，所以限制了大量用户的使用。

（2）菜式有限。

半成品净菜对于家庭和用户而言，由于每个人的口味不一样，如果做家常菜，那么就要有足够多的菜品满足消费者，而且要经常更换菜单，才能保证复购率，因此菜品的丰富度也成为目前半成品净菜 O2O 中亟待解决的问题。

（3）价格过高。

受到主要消费人群和家常菜等方面的影响，对于半成品净菜 O2O 的价格，顾客往往最重视实惠，如果价格过高，那么会降低消费者的购买欲。当然也可以通过优惠活动等手段吸引顾客下单。

（4）应用限制。

半成品净菜 O2O 在应用上也存在着一些限制，如在使用人群上对于半成品净菜有意愿的往往是那些具有在家吃饭习惯的情侣或者年轻的三口之家；在使用实现上，目前市场上几乎所有的半成品净菜服务商只能做到提前一天下单，这也直接导致顾客不确定第二天要不要回家吃饭的消费场景，或者担心临时有事从而导致放弃下单。

此外，在商业模式上，半成品净菜是一个类线上餐饮的模式，不仅仅只是简单洗、切、配服务及聘请几个专业厨师就能完成的。而是需要线上订单管理，源头采购，再到产品出品，物流配送，最后完成消费者体验等一系列程序式串联。其次，半成品净菜在生产环节属于劳动密集型的重资产 O2O。最后，由于地域经济发展的不平衡和人们生活习惯方面的差异，限制了半成品净菜 O2O 模式在全国大规模的复制。

从上述情况的介绍中，我们可以看到对于刚开始实施 O2O 的企业和企业在 O2O 领域内新的产品和服务，这些对于用户而言，充满了新鲜感，相对过去用户早已习惯的“老产品、老服务”而言，这在某种层面上属于“新”产品和服务的范畴。我们知道对于新品和新鲜事物，用户在选择时，首先要面对的是出于“安全”和“自我保护”的心理意识。因此，任何新品对于不同用户而言在心理和行为上都存在着较大的差异。

从一组新品上市的用户统计数字来看，当一款新产品上市后，最开始就使用的创新者占比仅为 2.5%，之后使用的早期采用者和早期大众分别占比 13.5%和 34%，这时对于企业和市场而言，已经持续开发和投入了相当一段时间，而整体市场的晚期大众与相对于市场企业用户而言最后才使用产品、服务的落伍者比例仍然高达 34%和 16%。

对于以上这些市场，用户在新产品、服务上的接受程度，企业在实施 O2O 策略及其市场营销时应当特别注意以下几个方面。

(1) 在市场营销的切入点和价值点方面，对于不同阶段和不同类型的用户应当加以区分。如，针对创新者用户，其市场营销的切入点和产品、服务的价值点，应当重点照顾用户对于多样性选择和尝鲜的需要，突出产品、服务的新鲜感，而不是过分强调 O2O 中企业产品、服务的品牌功能等。这些措施确保企业的 O2O 实施，以及新产品、服务对于创新型用户的有效刺激。对于那些市场晚期大众和“落伍者”而言，企业在对其进行市场营销的过程中，可以适当突出产品、服务对于使用者所带来的好处甚至是典型的成功案例，在辅助以自身产品、服务的口碑和企业品牌的影响，这样无论是在思想上还是感情上对于那些后进入的客户形成了安全、可靠和有用等良好的印象，进而引导其选择和购买。

(2) 在整体的市场营销预算方面，针对不同类型的用户及其阶段，企业一方面要做好充分的资金准备，另外一方面要平衡各阶段所需的营销预算资源量，避免出现短期性的“一窝蜂”及与市场对赌性质的营销投放。

(3) 媒体选择。不同的媒体类型，一方面涉及媒体策略的选择，另外一方面还涉及具体媒体通路和投放位置的选择，对于小量的用户而言采取大规模的媒体通路投放，如央视黄金时段的电视广告，花费资金量巨大，而且对于尝鲜创新者的市场规模影响效果也不大，采取精准营销或者成本较低的网络媒体营销的方式进行渗透或许可以成为不错的选择。而对于那些市场后期型的用户和最后的“落伍”型用户而言，其本身一方面处于市场持续放量阶段，另一方面也需要企业加大力度进行引导和影响，采取相对受众较窄的媒体通路，则不能很好地达到企业所需的效果。

(4) 计划营销阶段和目标。企业在制订营销计划和阶段目标的时候，也应当结合上述不同接受类型用户的特征及预算、媒体策略的选择等，一方面要与企业的整体利益需求保持一致，另一方面也应当与市场、用户的接受程度和市场放量规模特征等进行有效平衡。否则，如果市场营销及阶段目标制定的过高，市场、用户根本不买账，那么目标的意义也就不大了。

（5）产品、服务价值与功能。前面我们已经讲到了对于不同市场接受类型的用户而言，同样的产品、服务对其吸引和创造的价值会有所差异。这也就要求企业在 O2O 市场营销的过程中，对产品、服务的价值和功能既要保持一定的连续性和统一性，同时又要兼顾不同市场接受类型用户的需求。

（6）大数据的积累和运用。对于企业而言，不同进入时期的用户，其对于企业大数据的运用价值也是不同的。首先，针对先进入的用户，企业需要做好数据的搜集和整理，而对于那些后进入的用户则更偏重于前期用户数据通过分析、挖掘后所产生的价值方面的运用。其次，通过对于用户使用过程中关于功能、体验等方面的反馈，企业可以不断优化并调整完善自己的产品、服务。

（7）价格把控。企业 O2O 产品、服务的价格在企业实施市场营销的过程中，对于不同市场接受类型的用户而言，其作用和影响也是不同的。对于创新型用户而言，其关键点更多的是在尝鲜和对原有市场中的产品多样性的追求，因此对于价格并不十分关注，对于这类用户而言，企业在制定自身 O2O 产品、服务时只要价格合适即可；而对于市场后期型用户和落伍者而言，其在选择产品和服务时由于市场上已经有了一定的用户规模，且企业已在市场竞争的总体格局中占有了稳固的位置，故而不必采取低价策略进行市场渗透和新用户的吸引。

（8）利润把控。从上述企业对于不同市场接受类型的 O2O 产品、服务的价格把控上，我们可以看到，站在产品、服务自身利润的角度，利润会呈现两头高中间低的“U”形曲线，而从企业综合成本、营销费用与企业净利润的角度，企业利润则会出现缓慢上升的态势。对于企业的商业模式、平台策略等的实现，以及对企业自身日常经营方面都会造成直接的影响和必然的关联，企业应做好相关的预先准备和布局。

(9) 应对竞争。不同接受类型用户，企业间的竞争方式与策略也会呈现不同的阶段特点。先期的创新型用户，其选择产品、服务由于其出发点和目的的影响，对于企业竞争和宣传不会有太大的影响，这一方面，特别是针对那些小公司或者刚进入的新品较为有利。

随着市场规模的扩大，以及早期用户的不断介入，市场的竞争将日趋激烈。但随着市场和时间的发展，到了后期用户阶段，市场格局稳定，这种竞争会呈现出资本、品牌等比拼的特点，价格等方面的竞争方式将逐步趋缓。

3.3.3 产品开发周期

上面我们从企业在实施 O2O 的过程中，特别是针对 O2O 新产品、服务在市场营销的过程中面对不同市场接受程度用户的一些常见问题和误区进行讲解。很多企业或者管理层在针对已有产品、服务实施 O2O 的过程中，往往存在以下一些认识。

(1) 大力丸型。企业现有的产品、服务通过 O2O 的实施，或者相关 O2O 市场营销的开展，其销量和效果将是过去数倍甚至是几何增长。

(2) 九还丹型。过去光彩夺目，战绩辉煌但现在江河日下，甚至是一蹶不振的产品、服务经过 O2O 的革新不仅可以续写辉煌，而且还能青春永驻。

（3）五毒散型。企业中那些面对市场竞争和竞争对手中处于不利地位的产品、服务，一旦经过 O2O 化，便可轻松“秒杀”一切对手，笑傲江湖。

以上这些对于现有产品、服务在 O2O 实施过程中的理解和运用，在现阶段很多企业和成熟的产品、服务实施 O2O 的过程中普遍存在着。原因一方面是对于 O2O 本身模式的误解，另一方面是将 O2O、市场营销与产品、服务本身的发展规律割裂开。

某美容业连锁品牌由于自身发展较晚，且在产品、服务、定位和品牌影响力等方面与市场主流企业存在着较大的差异，加之自身加盟模式本身的弊端和管理困难，企业发展遇到了很大的瓶颈和障碍，并渐渐与市场上的主流企业间的差距越来越大。面对企业业绩不断下滑，原有市场不断被蚕食和竞争不利的局面，该企业管理层为此费尽心思。O2O 模式的兴起，使得该企业似乎看到了一丝希望，通过 O2O 的实施不仅可以解决目前门可罗雀的现状，还可以对那些没有实施 O2O 并领先于自己的其他美容连锁企业实现弯道超车。于是，该企业在利益和现实紧迫性的驱使下，开始了对本企业实施 O2O 化的改造，并重点实施了在原有产品基础上，重新包装 O2O 的新产品和新服务，借助 O2O 的理念招募加盟商，开通微信公众号等措施。

乍看一下，这些措施确实也都和 O2O 相关，并且通过企业的包装和宣传，也起到了一定的效果（加盟商数量增加），该企业的发展看似已经顺风顺水，并且似乎正在实现弯道超车。但不出半年该企业不仅失去了原有的市场和局面，而且还面临着加盟商蜂拥退出的境地。

究其原因在于，该企业对于 O2O 的驱动和本质，并不是为了解决企业在自身发展和经营过程中，在本质与核心方面落后于市场和竞争对手的环节和因素，如渠道的管控，产品和定位等，而是仅仅出于市场和竞争的目的，利用 O2O 来装潢自身，在浪费了企业大量资源之后，自身的实力和水平又不能很好地消化取得的成果，其结果自然是不尽如人意。

从上述案例中我们可以看到，即使是企业中已经存在的产品、服务由于其不同的生命周期阶段，对于 O2O 和市场营销的影响和作用也是非常巨大的。虽然个别的时期、事件或者是活动可能会取得一些与产品、服务所处生命周期阶段不符的情况，但从长期和整体上来看，O2O 的实施特别是市场营销对于产品、服务整体的生命周期的阶段和发展不会产生太大的影响和实质性的改变。

（1）导入期。

对这个阶段的产品、服务，企业在 O2O 的实施和市场营销过程中，从销售总量上销售额呈现缓慢增长的态势，但需要在市场推广和开拓的过程中持续投入巨额的推广费。

这个阶段的产品在市场中还是一个逐渐被接受的过程，市场和用户的认知大于销售额的增长率和企业对于净利润的追求。这个阶段的产品、服务在 O2O 的实施过程中，不会出现爆炸式的效果，其总市场营销的投入产出比仍十分有限。

（2）成长期。

处于成长期的产品、服务在这个阶段，在市场营销方面表现的最大特征就是用户市场迅速增长，企业的利润大幅上升。处于这个阶段的产品、服务在 O2O 的实施和市场营销过程中，也会表现得非常积极，企业加大市场营销投入，市场表现进一步放量。但值得一提的是，企业应当注意到这个时期的市场、销售和利益增长的核心因素和动力是企业产品、服务所处的生命周期阶段决定的。而不是仅依靠 O2O 这条路，否则持有这种观点的企业会在产品、服务后续的生命周期阶段中尝到苦头。

（3）成熟期。

产品、服务处于生命周期中的成熟阶段，在市场中已经有大量的用户选择购买，市场空白区域和新增用户群相比产品、服务的导入期和成长期已经不多，这也就造成了市场和销售从过去的持续性高增长陆续开始回落和放缓。很多企业在这个阶段妄图通过 O2O 的实施，持续拉动过去的高增长，但还是受限于空白市场和新增用户规模的限制，虽有一定效果，但总体上难以取得突破。这个时期的 O2O 和其市场营销有两点非常重要的意义和价值。

第一，相对于企业原先的产品、服务的实施和营销方式，通过 O2O 可以更好地吸引、转化市场上的空白区域和新增使用者。

第二，企业通过对成熟产品 O2O 的实施，可以更好地对抗竞争，并维护与稳固现有的市场地位。

以上这些是对这个阶段的产品、服务而言，通过实施 O2O 和市场营销所能够带来的最大价值和意义。而对于如何实现销售、市场的持续高增长，一方面受到现有市场空间和人群的限制，另一方面需要企业在新产品和新功能上多下工夫。

（4）衰退期。

企业的产品、服务一旦处于衰退的生命周期中，其销售和利润情况会不断下滑。这种下滑的势头可能受到市场竞争、技术革新或者市场需求变化等多方面因素的影响。对于这个阶段的产品、服务实施 O2O 和展开 O2O 市场营销在本质上不会对其产生太大的影响和作用，因此也就无法改变产品、服务持续衰退的现状。在现实中，很多企业在选择 O2O 实施的时候，往往都是这类处于衰退期的产品进行 O2O 化的改造，这点也正是我们上面说的“九还丹”思想的体现，一旦实施或者改造失败，那么全部的责任和过失则全部归结到 O2O 这种模式存在巨大问题的方面。实际上对于衰退期的产品而言，企业还需将精力放到产品、服务本身的优化和改进当中。

3.3.4 打折

企业在实施 O2O 的过程中，关于价格与折扣的问题，普遍存在一个误区，即离开打折无法做市场营销，离开打折企业的销量会急剧下滑，离开打折用户对企业的产品、服务不会感兴趣等。相信很多人现在都深有体会，在我们身边打折类的广告铺天盖地，几乎涵盖了我们衣、食、住、行的所有方面。不仅如此，对于不同商业模式和渠道而言，打折更是一浪高过一浪，线上电子商务企业在网络上花费添加广告费甚至采取竞价排名的方式，就是为了告知用户自己在销售商品的时候可以提供最优惠的折扣，价格最低。线下实体也是如此，对打折珍爱有加，甚至有个别门店提出了一年 365 天每日都打折的口号等。

对于用户而言，这种铺天盖地的打折，一方面使我们对于商品真的是否在打折很难分辨，另一方面，也使得用户对于产品正常购买的心理和习惯产生了不好的影响，商家不打折顾客觉得没有动力，同时更担心一旦买完后商品突然降价打折给自己带来的损失。于是，本应简单愉快的购物过程使顾客变得畏首畏尾，或者货比三家观望很久。难怪越来越多的商家谈到目前的市场和顾客习惯都一致认为目前的顾客越来越难伺候了。原本那些对企业无比忠诚的老用户也在一阵阵的打折声中离企业越来越远。此外，近些年商家利用打折为噱头对顾客进行价格欺诈的行为呈现愈演愈烈的势头，尤其是以线上互联网电子商务最为突出，各类名为打折实则提价或者以次充好的现象屡屡见于报端。面对市场上各类打折的侵袭，在部分行业、产品或者场景中对于用户原本的良好习惯、决策造成了严重的破坏和冲击，顾客一方面在打折浪潮中越发麻木，另一方面越发地对产品、服务失去应有的信心。

打折对于企业和商家而言其价值和意义，可以用又爱又恨来形容。一方面，对于产品严重同质化和竞争异常激烈的成熟行业而言，打折是一种非常有效的应对市场和竞争的手段。企业和商家通过打折不仅可以扩大自己的市场销售额，同时还可以有效地刺激顾客的消费，在短期内有效地拉动企业、商家的整体销量。而整体销量的增长无论是对于现有企业内的职业经理人还是对于现行企业内部的 KPI 考核机制都能满足。但这种销售增长的背后，在很大程度上是以企业对于既得利益和正常毛利的牺牲和损失，而对于那些相对高品质的企业商家来说，过多的折扣也会对之前花费大量成本和时间建立起来的品牌造成伤害。在打折促销方面，我们可以看到国际性的品牌在这方面的操作就显得比较成熟。

如一些国际知名的体育品牌，其打折的产品主要是老款、断码或者清仓等产品，新产品或者经典旺销品在折扣上很少让利。即使是面对电商渠道的兴起，也采取了严格的价格监控和渠道管理。这些折扣和管理措施，一方面使得自己花费了天价和辛苦建立起来的品牌价值得到了很好的保护和继承，另一方面其客流的吸引和转化也不是单纯依靠价格，而是通过不断推出的新品和理念去影响顾客。

反观国内的很多体育品牌，虽然在品牌建设、广告投入乃至产品种类，质量等方面与外国品牌相差无几，但在打折这个问题上，则略显稚嫩。一方面希望通过打折能够迅速占领市场、应对竞争，另一方面也希望增加自身的销售。于是在这种理念和业绩的驱使下，各种盲目打折，甚至是折上折的行为屡见不鲜。一方面在消费者心目中大大破坏了自己辛苦建立起来的品牌价值和定位，另一方面打折产品的盲目组合，也造成了企业销量上升但利润下滑的现实。同时还在市场和行业内造成了非常恶劣的影响。

站在宣传和广告的角度，由于一部分企业没有明确自身市场整体规划和阶段发展目标，对于宣传、推广和广告的投放没有时间持续性和策略的概念，因此对于广告投放的内容和目的也就没有明确的目标和想法，这种结果的表现往往不是在一个广告中赋予太多的目的需求，就是盲目片面地追求广告的投入产出比。在这种混乱和急功近利思想的影响下，打折成为这类企业广告内容的首选。于是造成了企业在市场营销中除去打折便不会做宣传和广告了。从“全场低价”、“挥泪甩卖”到“一元特价”，“零元抢购”这类的广告不绝于耳。对于用户而言，在对广告打折麻木的背后，存在着一个基本的常识“全场常见特价的形式和没有特价二者之间没有什么理念区别”。这类广告除了将原有的正常市场秩序和竞争格局搅乱，在初期却有一定的销售增长和对追求低价用户的吸引，但从中长期，尤其是站在企业广告费用和打折牺牲的利益平衡间，无疑是一种两败俱伤的选择。

企业在实施 O2O 的过程中，无论是线上互联网、线下实体门店，还是互联网线上的网民和线下消费的忠实用户群体，在媒介和宣传范围已经被海量过剩的打折信息所包围和淹没，而站在用户的角度，用户在消费决策和购物习惯等方面也已经陷入打折和价格比拼的恶性循环。在这种环境和背景下，O2O的打折市场营销相对于线上和线下及打折剩余的背景，面对恶性循环的用户，不仅不会有任何市场和竞争优势，而且会因为自己的“战线过长”和“线上线下双成本”等因素的影响被率先打垮。

因此，企业在O2O的实施过程中，特别是在展开市场营销的时候，对于打折应当明确一下基本的概念和使用范围。

（1）打折应当根据企业O2O实施过程中针对区域市场开拓、线上线下用户转化等方面的需要有针对性地开展，不要盲目地跟随别人进行打折促销活动。

（2）在O2O市场营销的打折中，由于其人群的跨度较大，其关注点和兴趣点相比单一渠道的用户更多，因此为了更有效地引起用户群的注意，O2O在打折的市场营销中应当建立自己的打折营销公式，即打折效果=创意系数×用户参与度×折扣力度。

（3）在打折时间方面，对于O2O的产品、服务而言，在易耗品或者旺销品行业可以在整体销售或者周期性的淡季进行折扣活动，以此缓解淡季的人流和销量下滑。对于高价值或者低损耗的商品，这类方式显然不适合。

对于当时闲时折扣活动的方式，企业应当注意周期性的时间调整，以免对正常购买用户行为和习惯的影响。

（4）在利用打折清理库存和滞销产品的时候，在运营层面可以与相关其他的产品、服务等进行组合，为企业创造额外的价值。

（5）对于新会员，以打折方式进行的获取，其会员忠诚度有限。而对于老会员而言，打折应当通过会员积分和会员权益的方式进行体现，以增加用户的忠诚度和黏性。

（6）对于企业正常的产品和运营而言，经常性的打折，或者通过打折的方式来频繁清理库存和滞销品，其本质是企业对于产品、供应链、库存等方面能力的欠缺，应当弥补，通过良好的产品计划和库存等管理进行需求拉动销售，并尽量减少甚至是停止打折。

（7）市场、行业、人群和区域的不同，打折对于企业的意义不同，处于市场上升期或者扩张期的企业，使用折扣不是最好的选择。而在成熟行业和市场竞争中求生存的企业而言，折扣是最后也是最有用的手段。

3.3.5 新老顾客购买

在企业 O2O 的实施和市场营销开展的过程中，企业过去原有的会员资源对于 O2O 的价值和意义巨大。一方面这些会员承载着对于企业的良好印象和忠诚；另一方面，其所创造的的企业利润价值远远大于企业的新购物用户。但是部分企业在新老用户的销售过程中，往往存在着以下一些特点。

（1）O2O 市场营销的重点放在拉新会员而不是老会员身上。

（2）O2O 的相关产品、服务在功能、规格等方面对新用户倾斜，对于老用户的产品没有一贯的延续性。

（3）对于会员权益、会员等级、积分等重视程度和建设投入不足。

（4）市场营销内容、方式和资源向新用户倾斜过多等。

以上企业的这些认识和误区，在 O2O 的实施和市场营销的过程中会出现，诸如 O2O 实施后老会员不光顾；企业实施 O2O 后正常的利润呈现不断下降趋势；老会员的活跃度和忠诚度下降；在新增的会员中，相当一部分是过去的老会员重新注册后加入，以便享受优惠等。

这些问题实际上是由在企业 O2O 实施过程中新老会员购物过程的差异和不同引起的。

1. 新会员 O2O 产品、服务的选择过程

对于新会员而言，其在选择企业 O2O 产品、服务的时候，有三个未知因素，即对实施企业的不了解，实施产品、服务内容的不了解和产品服务使用后所带来价值的不了解。正是这些不了解，使得用户在选择新品时往往会按照一定的思想、行为逻辑去进行过程决策。这种思想、行为的逻辑包括以下几个方面。

(1) 认识过程。企业相关 O2O 产品、服务，对于新用户而言，完全是一个陌生的概念，无论是在心智层面还是知识层面都缺乏必要的信息基础和储备。针对这种情况，企业在实施 O2O 的过程中一方面需要为用户提供能够将自身 O2O 产品、服务传达到用户的心智通路，另一方面还需要向用户提供能够对产品、服务内容进行了解的信息通路。

(2) 产生兴趣。企业将 O2O 的产品、服务的信息传递至用户处进行认知，但这种认知的过程并不意味着顾客会有下一步的购买意向，真正刺激新用户产生购买意向的是在对企业新品、服务认知的过程中，顾客对于产品、服务的某一方面产生了特定的兴趣，这种兴趣可以是产品、服务的功能、内容等。

（3）参考评价。这个过程也是顾客验证自身兴趣和产品、服务在用户中的口碑和使用心得、价值等方面的体现。同时也是顾客对于产品、服务的认知过程中，尚不清楚信息的收集和确认。对于企业 O2O 产品、服务的用户评价参考，在很大程度上会影响顾客对于产品、服务所采取的尝试态度。

（4）试用过程。顾客对于产品、服务的使用过程可以分为以下三类。

第一，企业创造机会针对新用户免费或者无偿赠送的试用。

第二，企业认为降低顾客第一次购买的门槛，让顾客简单获得产品、服务并进行使用。

第三，顾客购买正常销售的企业 O2O 产品、服务进行第一次尝试。

总之，对于用户而言其获取试用的门槛越低，参与试用的用户数量就会越多，用户的试用意向和试用付出成本与用户对于产品、服务的需求、口碑和兴趣等成正比。

（5）正式采用。对于试用企业 O2O 产品、服务的用户而言，其正式采取的最终结果直接反应在对于企业 O2O 产品、服务的周期性和习惯性购买上。这种正式采用的结果和用户在试用阶段的原先预期与产品、服务实际的满足程度息息相关。同时，即使在一定程度内没有完全达到用户的预想，但市场上没有其他更好的产品、服务以供选择的时候，顾客也有可能被动采用。

2. 老顾客 O2O 产品、服务的选择过程

企业在实施 O2O 的过程中，老会员是一个宝贵的资产，其对于企业的产品、服务无论是在信息、知识储备，还是兴趣和对商品、服务的考察与适用，都有着相比新用户更为深厚的基础和储备，同时加之其对企业的产品、服务已经有了使用，在使用过程中企业产品、服务的体验、价值和功能是否如企业市场宣传所讲，是否满足或者超出用户的预期，一切已经见到了分晓，顾客对于产品、服务已经有了自己的使用评价，后续的购买和习惯性使用已经成为了一种可能。

因此老会员在企业 O2O 产品、服务购买的时候，其基本的过程和步骤如下。

第一，确认需求。用户确认使用需求的维度，往往是用户自身起着决定性的作用，企业市场营销和广告宣传的影响不大，如一个人中午要吃饭，这个是人的生理特点决定的，不是企业能够影响和改变的，同时，一旦这个人的吃饭问题得到了解决，没有了吃饭需求，那么再好再强大的市场宣传也不会影响其马上又去饱餐一顿的决定。

第二，评估备选方案。与新用户截然不同的是，由于老用户已经有了相关的使用经验，其对产品、服务内容、信息的了解和掌握，兴趣点的调动和评估试用等环节可以完全忽略。而直接进入到对于产品、服务的评估备选中来。这种评估和备选的过程，一方面要求用户主要从自身经验、印象和体会的角度出发进行产品、服务的筛选，另一方面企业适时恰当地介入也会对用户的评估备选产生巨大的影响。

第三，购买决策。老会员的购买决策过程和方式相比新会员更为简单、直接和快捷，不会有过多的购物体验和过程介入。

第四，购后行为。老会员购买企业的产品、服务后并不意味着老会员营销和复购的结束，而是一个购物循环周期的结束和新周期的开始。很多企业在这个环节，存在重大的遗漏和缺失，这也是为什么很多成熟的企业，成熟的产品、服务其会员的复购率和会员活跃度偏低的重要原因。一方面企业要在口碑和宣传上引导用户的发生，尤其是在现在 SNS 盛行的背景下；另一方面，企业要在产品、服务的内容、规格和会员权益等方面进行一定的预设，进而有效影响并刺激会员的下一次购物。

通过上述新老会员对于企业 O2O 产品、服务的购物过程分析，像我们详细地呈现其不同的行为、心理和思想逻辑变化的过程和步骤。正是这些行为、心理和思想逻辑变化的不同过程和步骤存在，也使得企业在开展 O2O 和市场营销时，其采取的方式、方法、媒体策略和价值侧重点等方面均有不同的地方。大致而言，企业在新老会员的营销方面常见以下一些问题。

（1）媒体选择。大众类媒体或者覆盖类较广的媒体，往往投入巨额费用来吸引新会员，老会员的营销则试图用精准和简单低成本的通路去覆盖。而在实际中，老会员的营销和刺激是需要广泛和精准相互组合的关系。

（2）需求误用。对于新老会员而言，其购物过程的不同，在其每个阶段的特征和不同需求，企业对于用户的阶段心理和需求往往存在新老会员混淆和误用的情况。如有些广告是针对新会员兴趣层面而进行覆盖，而对于老会员进行传播和覆盖则显然没有什么实际意义。

（3）价值不清。企业的产品、服务对于新老会员和其不同的思想、行为逻辑的方式，其每个阶段所选择和切入的价值点是不尽相同的。如对于新用户的试用阶段，则应当尽量去降低这种试用的门槛，对于老用户而言，其价值的切入点更多的需要体现在会员权益和老会员的黏度等方面，等等。

企业在实施 O2O 的过程中，对于新老会员的把握一方面是企业信誉、承诺等方面对于用户本身实现的过程，同时更是关乎于 O2O 在企业实施过程中在市场营销方面成败的关键因素之一。如何做到让老会员发挥更大的价值，同时增加企业新用户的数量，确实是对企业市场营销策略，理念和管理方式的一种考验。

3.4 竞争

3.4.1 竞争概述

企业在实施 O2O 的过程中，尤其是其市场营销方面的工作，不可避免地会遇到市场上线上互联网、线下实体企业和同类 O2O 企业在市场、产品、服务乃至供应链等方面的竞争。在 O2O 模式下，不同地区、行业间的属性不同，导致企业间的竞争模式和比拼方面都不尽相同，但无论哪种行业或是地区，产品、服务永远是竞争中最好的武器，而市场营销则是作为将企业战略和竞争策略进行部分呈现和实施的方式。很多人都认为企业的市场营销就是竞争，但其实无论是广告投放，媒体选择还是人群的聚焦和推广，这些都是企业间竞争的一部分，完整的竞争还包括产品、服务、供应链和资源把控等多个方面和环节。

1. O2O 竞争的核心

谈到商业、企业间竞争的核心，会有诸如“企业服务”“企业用户”“科技革命”等从用户、行业和产品维度出发得出的观点和理论，下面我们站在内部经营的角度，去分析和看待 O2O 模式下的竞争核心。

首先对于 O2O 模式而言，其本身无论是从线上互联网企业发起实施还是由线下实体企业开始推进，都是存在着一个原行业或者产品供大于求、发展空间有限的前提。在这个前提下企业很难通过 O2O 去颠覆原来的行业本质特征和商业逻辑。对于无论哪种类型的企业实施 O2O 都是对原行业与产业链的发展和补充，这种补充既有技术上的也有人群上的，但其本质上仍是对原有商业模式、产品、服务运营效益的提升。

这种 O2O 模式下运营效益的竞争主要由以下两方面组成。

(1) 效率。即企业原有的商业形态，通过 O2O 的引入，对于业务、流程等方面的效率变化。

(2) 收益。收益方面在这里主要指企业在原有用户、产品、服务等模式下，通过 O2O 将企业的实际销售额和净利润的比例提升。而单方面就销售额提升或者净利润提升不能完全反映企业 O2O 在市场规模和自身利益间的全部关联关系。

此外在 O2O 模式下，运营效益的竞争还与企业内部的执行力等其他的辅助性因素相关，在同等规模的企业间这种运营效益竞争的体现则尤为明显。

其次是企业的发展战略定位。企业的发展战略是其面对一切竞争的最基本和最重要的核心，它的作用和价值就如同指南针对于大航海，制定的正确与否与企业 O2O 模式的实现有着直接且必然的关系。运营效益对于企业而言，意味着相似的活动做得比原有单一线下、线上企业或者竞争对手做得要好，但不能取代战略定位。没有战略定位仅仅比拼企业的运营效益对于竞争而言，最终会导致零和竞争的局面出现。

企业的战略定位又可以分为多个维度，包括用户、产品等。这里仅举例说明两个方面。

（1）O2O 模式下的企业发展定位。

这里主要是指企业对于自身企业在整合市场、行业包括产业链中所设想的自身在未来最理想状态下的情况。例如，企业是做行业全产业链的 O2O 还是针对产业链中某一个环节的 O2O，企业是采取平台策略还是依靠自身力量完成 O2O 等，近些年来兴起的自提货柜就是在 O2O 模式下的典范。

（2）企业内部营销定位。

关于企业内部的市场营销定位主要集中在人员和组织结构上的整体部署和建设。最典型的例子是很多企业虽然也在实施 O2O，但在市场部的编制、职能等方面有所欠缺。同时，企业还需要明确哪个部门是内部 O2O 市场营销的推动法规部门，并解决好自建整套市场部架构如媒介、策划、文案等人员，还是委托外部第三方代为运营和管理，媒体资源是自行采购还是依靠大量优势的第三方代理公司，以及市场营销大数据的整合、挖掘和优化工作由谁负责等。

2. 企业 O2O 基本竞争策略

O2O 模式无论是站在企业还是用户的角度，都是一种需求、市场和产品、服务的满足关系。谈融合也好，谈颠覆也罢，对于某些行业而言，O2O 模式确实可以起到巨大的影响效果，但无论哪种说法，O2O 归根结底还是一种商业形态。因此我们在看待 O2O 的竞争模式和策略需要一方面遵从市场商业的本质特征，另外一方面从 O2O 给行业所带来的价值、影响和改变的角度出发，理解和运用不同的竞争策略和方式。下面我们主要介绍四类基本的竞争策略及其与 O2O 模式融合后的一些特点。

(1) 全面成本领先。

全面成本领先策略的基本含义和内容主要是指企业实施 O2O 的过程中或者通过 O2O 模式来实现企业在各个方面相比原有成本的基础上能够实现再次降低，并始终保持领先于同行业的成本水平。企业通过实施 O2O 模式将成本降到最低，一方面可以确保在价格上对于市场竞争存在优势，另一方面在同样的价格区间可以确保企业在单一产品、服务销售的利润上大于竞争对手。

成本领先策略的特点。首先，所谓全面成本领先，从成本的组成角度去看主要包括两个方面。第一，企业通过 O2O 的实施，在整个业务链的前、中、后端每个环节上成本的降低和领先，主要包括产品、服务生产或者提供的成本，会员的获取成本，企业日常经营的成本等。第二，企业在各项成本组成后的企业总成本与企业同期相比及与行业相比的大小。在某一个维度的单方面成本领先，对于企业竞争而言往往是暂时或者阶段性的，企业只有在内部不断优化和推进相对竞争对手和行业水平的综合成本领先，才能成为企业长久应对竞争的有效策略。

成本领先策略的运用。全面成本领先的竞争策略在企业 O2O 模式下运用时，尤其自身一些天然属性和特点，正是这些属性特点的存在，在某种程度上决定并限制了全面成本领先这种竞争策略在不同行业、企业中的使用。

第一，技术公司在 O2O 模式中较为适宜该策略，传统的制造业受限于工艺、生产和规模的需要，该策略的实施难度较大。

第二，全面成本领先模式对于已形成一定市场规模的成熟公司较为有利，对于创业型或者中小型公司不利。

第三，站在利润和销量的角度，对于已有庞大会员基础的 O2O 企业较为有利。企业可以通过庞大的会员基数在降低会员营销成本的同时，提升企业销量。

第四，企业在实施全面成本领先策略的过程中，对于产品、服务的品质、内容等相对于市场竞争而言，处于绝对优势的东西，与实施成本降低后的销售影响和纯利润间的关系需要有个平衡。如，在某种情况下，企业 O2O 在采取全面成本降低后，其产品、服务在功能、品质上会有所下降，但其实施后销量所带来的净利润比以前大大提升。因此，需要竞争程度、用户替代成本等多因素去综合评估和看待企业实施全面成本降低后所带来的影响。具体包括以下三种情况。

最理想状况：成本全面降低，但产品、服务的质量、品质和功能等没有下降，企业继续保持现有优势且净利润增加。

理想状况：企业 O2O 实施全面成本降低后，虽然产品、服务的质量、品质和功能等有所下降，但企业的净利润因成本的降低取得提升。

不良情况：实施全面成本降低后，企业在产品、服务的功能、内容和体现方面有所下降，产品销量变化的同时，企业相比过去的利润额也呈现下降。

第五，成熟行业和成熟企业通过实施全面成本降低策略，可有效地应对互联网模式所带来的免费策略。

第六，对于全面成本领先策略而言，O2O 的线上部分可以发挥与线下成本节省不同且影响巨大的作用。在 O2O 模式下，因为产业链结构和投入等关系，与第三方企业保持深入的合作，正是这一背景促使了在这方面企业间成本的相似；同时，企业在实施 O2O 整合过程中，对于线下的整合方式、力度的不同，也会造成企业在线下实体成本方面的迥异。而对于在线而言，企业在 O2O 模式下可以充分发挥平台化思路和互联网理念，进而实现成本的转移、补贴等，将企业成本大幅度的下降。

（2）差异化策略。

企业在实施 O2O 的时候，由于涉及线上与线下两种业务模式，因此相对于过去单一的业务模式而言，会遭遇到线上与线下的双重竞争与挑战。但由于 O2O 无论是在模式上，产业链融合上还是在产品、服务针对人群、功能与内容的广度和宽度上等方面，对于过去单一的线上、线下企业而言，实际上相比过去在市场、销售等方面领域和内容更加广泛。企业也需要从过去原有渠道和行业的竞争格局中延展出来。在其实施 O2O 的过程中既结合自身的特点、优势又与企业未来发展目标相互结合，进而能够形成最适合企业自身需要的具有独特企业特色的 O2O 模式。对于顾客而言，由于过去已经大量存在线上与线下服务，不同的行业间存在着较大的供大于求和产能过剩的问题。因此 O2O 的到来站在用户需求和市场满足的角度，不会引起太大的需求激增和短期内原有产品、服务模式的颠覆。对于用户而言，选择 O2O 在短期内一方面是因为其本身在线上线下融合后所带来的便利，另外一方面是企业实施 O2O 后相比过去产品、服务而言在新产品、服务方面所带来的新功能和内容。正是上述这些企业和用户两方面的特征和分析，也使得非垄断性企业在实施 O2O 的过程中，对于自身特色和特点的要求越发紧迫，这种企业所独具的 O2O 特色从企业销售的角度出发，主要集中在产品线的差异化和营销活动的差异化两个方面。

产品线的差异化，企业在 O2O 的过程中所谓产品线的差异化主要有以下几个方面的特征。

第一，在存在方式上，企业 O2O 竞争策略的产品线差异化一方面要与内部已有的产品、服务实现一定的区分和不同，以免造成企业内部间的竞争；另一方面，企业自身的产品线还要与竞争对手或者行业内的产品线有一定的差异，进而避免零和竞争的局面出现。

第二，从品牌和接受度方面，企业的产品线差异化还要与过去企业已有的品牌产品、服务等存在一定的一致性和延续性，进而保持整个产品线在竞争力和人群接受度方面的延续和扩大。

第三，从差异组成方面，产品线的差异化可以从市场需求的不同层级、人群、价格等多个角度实现对于企业已有产品和市场同类产品的差异化。

营销活动的差异化，企业在营销活动方面的差异化可以通过以下几个方面进行重点实施。

第一，针对产品、服务在单品和产品线上的差异进行市场营销的差异化。

第二，宣传推广的媒体渠道的差异化。

第三，广告创意、宣传内容方面的差异化。企业需要特别注意的是，这种内容和创意的差异化属于短期的战术行为，极易被对手仿效和跟进，同时又要与企业一贯的价值观和定位保持一致。

第四，目标人群、目标地区、市场策略和阶段性目标的差异化等。

(3) 聚焦战略。

企业在 O2O 实施过程中，相对于差异化策略而言，还有一类与之相似但却有着本质不同的竞争策略——聚焦战略。企业在 O2O 实践的过程中，其聚焦战略往往体现在资源聚焦、市场需求聚焦和实施过程聚焦三个方面。

资源聚焦。所谓资源聚焦主要是指在 O2O 的某一业务领域或者产品、服务板块，企业集中调集各类资源以用于 O2O 的实施。这种资源聚焦的效果是企业在产业链中的某一个点或者 O2O 的业务上相比其他企业在该处集中的资源较多，进而形成局部的资源优势。资源聚焦战略常见于那些企业总体规模较小或者资源有限难以展开 O2O 全线战场的企业。

市场需求聚焦。市场需求聚焦在某种层面上和产品、服务的差异化策略相似，都是针对某一市场、某一用户群、某一地区甚至是某一需求的层级进行集中定位和有针对性的实施，即集中服务于几个细分市场而不是过去意义上的宏观整体。市场需求聚焦的变现往往有两个，其一是产品、服务的差异化；其二便是市场营销策略的不同。

实施过程聚焦。不同的实施过程，其最终所需要的资源投入和结果往往会有天壤之别。这种情况和结果的存在，也使得企业为取得竞争的优势，可以针对目标和竞争对手采取不同的实施步骤和策略，即针对实施过程中的节点进行聚焦。实施过程的聚焦会对企业阶段性的市场营销方式、媒体广告，以及人群策略产生影响。对于实施过程中的聚焦、无论是采取平台策略的 O2O 模式还是大型集团在内部产业链的 O2O 推进过程中都应当予以重视。这是因为操盘整体行业、市场的 O2O，对于企业在人员、能力、资源等方面的数量要求多且质量要求高，一般企业很难达到并承受这种统一规划、集中操办的需求。实施过程中的聚焦也可以帮助企业降低 O2O 在实施上的难度和风险，有助于企业目标的实现。

（4）传递不同的卓越价值。

企业在实施 O2O 的过程中，对于产品、服务的差异化，以及营销方式的不同，其涵盖品牌、产品、服务等多方面的内容，这种卓越价值的传递属于企业 O2O 较高层次的竞争策略。企业通过向用户有针对性地传递企业 O2O 本身和为用户带来的卓越价值，进而在理念、感情等多个方面对用户群产生持久的影响。我们在前面说过顾客有“短视”的问题，在这里便是一种体现。从卓越价值的外在表现看，包括以下三个方面。

第一，O2O 模式所带来的产品、服务的便利性和价格领先。

第二，产品、服务价值。这里的产品、服务价值包括两个方面，一方面是指企业 O2O 产品、服务为用户所提供的使用和需求满足利益；另外一方面还包括企业在产品、服务上的不断优化、创新，在为顾客提供更多更好使用价值的同时，不断完善自我和保持在产品、服务领域的竞争领先的优势。

第三，顾客价值。企业在 O2O 下的顾客价值包括其 O2O 模式对于用户和市场的细分，通过 O2O 对于顾客更加贴近，同时针对特定顾客群的独特需求进行定制产品服务等。

企业在 O2O 下，实施卓越价值传递的竞争策略时，其在运用和使用的过程中有以下几个操作方面需要特别注意和加强。

对于卓越价值的实现而言，O2O 的线下方面具有很重要的作用和影响。线下实体在场景、顾客体验和品质感受等方面具有天然的优势，相对于线下，线上则需要在品牌宣传、口碑传播等方面与线下进行配合。

站在营销的角度，O2O 卓越价值的传播和营销，线上部分发挥的传播通路和线下引流作用不可替代。

从企业战略和市场竞争的角度出发，企业 O2O 的卓越价值传播可以起到两个方面的作用，其一是提升自身企业 O2O 的总体业绩；其二是通过市场人群的全面覆盖，预先占领市场阵地，布局未来，有效地打击竞争对手。

3. O2O 推广宣传差异化

对于企业 O2O 的竞争而言，除去上述这些整体性的竞争策略外，企业在 O2O 的竞争方面不仅策略灵活多变，而且即使是采取同一策略的企业，其在实施方面也存在这样或者那样的差异，下面我们从采取同一个竞争策略的不同企业角度出发，关注竞争策略中的市场营销差异和宣传推广方法的差异。

第一，内容重点差异。内容重点差异主要是指针对同样的产品、服务，企业在 O2O 下做市场宣传推广的时候，其市场营销在产品、服务内容，以及创意和表现方面的不同。对不同用户而言，这种内容重点差异的影响和价值非常大。

在 O2O 的诸多行业领域中，外卖 O2O 一直是一个各方关注及讨论的焦点，人们在电话和传单外卖之外，也开始熟悉并习惯叫外卖这种方式。外卖 O2O 在本质上针对的是用户吃饭的需求，并且都是采取 O2O 线上下单的形式，由于目前的外卖 O2O 很少涉及线下餐饮的硬件投入和建设，其重点主要是投入在物流配送和线上营销等方面，因此这也就造成了某种程度上在市场和竞争等方面较为集中。然后，随着各家 O2O 外卖企业在服务、定位和宣传等方面的差异，成就了不少企业。

（1）饿了么。饿了么外卖 O2O 从学生市场起步，对于学生市场的开拓和维护自成一套有效的运营方式，虽也曾在商务白领市场做过一番努力，但效果不尽如人意。之后继续在自己所擅长的学生市场加大投入，称霸学生市场。饿了么从年初的十几个城市扩大到数百个城市，团队规模、在线餐厅数量和日均订单都实现了较大的增长。

（2）外卖超人。外卖超人作为一直致力于白领市场的外卖 O2O，在辛苦耕耘之后，客单价平均在 50 元左右的外卖超人牢牢地抓住了高质量高价值的白领市场，截至 2014 年年底已经覆盖了全国主要大中城市。在线活跃餐馆从年初几千家增长到现在的上万家。随后，又斥资收购国内领先订餐网站“开吃吧”成为国内餐饮 O2O 行业的第一例并购事件，使外卖超人成为一个全国覆盖的平台。

（3）到家美食汇。到家美食汇是国内重模式外卖 O2O 平台之一，拥有自己的物流团队，一直专注于为城市家庭用户提供知名特色餐厅的外卖服务。此外，到家美食汇加大技术开发投入、加快城市扩张，以及扩建配送队伍，开通北京、上海、杭州、南京、苏州等运营站点。

外卖 O2O 行业中其他玩家也有不少惊艳的表现，如点我吧在 7 月份宣布获得千万美元投资，2015 年 9 月易淘食宣布获得近两千万美元 B 轮融资，而年初刚进入这个行业的淘点点也已经覆盖了数百个城市。

第二，独特性放大。独特性放大是市场营销、宣传推广时与产品、服务的结合，其实施的基础是企业在 O2O 的产品、服务中具有与竞争对手不同的明显优势。O2O 的市场营销则充分围绕这一点，并以其为基础进行展开。在实战中，这种产品、服务的独特性最好是竞争者不能轻易模仿的，否则除非是天然或者垄断性的优势，不然这种优势会被对手很快模仿并迅速陷入零和竞争，独特性放大的市场方式也并不适合所有用户人群。

在 O2O 的独特性放大方面，一些新兴的互联网餐饮公司借势取得了飞速发展，一些中华老字号餐饮企业在现有市场竞争的压力下，纷纷开始“触电”“触网”，也玩起了 O2O，力争在“互联网+”时代下赢得更好的机遇和发展。例如中华老字号东来顺便是目前 O2O 浪潮中的佼佼者。东来顺创办于 1903 年，是著名的中华老字号，因羊肉“薄如纸、匀如晶、齐如线、美如花”名扬海外。东来顺的羊肉选用内蒙古地区锡林郭勒盟产羊区所产的经过阉割的优质小尾绵羊。切出的肉片更以薄、匀、齐、美著称，且片片对折，纹理清晰，肥瘦相宜，一涮即熟，鲜嫩美味，不膻不腻。涮羊肉用的铜火锅，为专门特制，锅身高，炭膛大，火力旺，锅中的汤总是能保持沸腾的状态。

相比新型的餐饮企业，东来顺在 O2O 的实施过程中具备两个天然的优势。

（1）诚信优势。线上消费最大的问题是诚信问题，消费者担心有假冒伪劣产品。但很多老字号企业有百年老店的品牌与声誉担保，消费者愿意为知名餐饮企业买单。这也许是老字号企业 O2O 最大的先天优势。东来顺作为一家百年餐饮企业多多少少占有一些优势。

（2）商品配送。餐饮企业开展线上销售的最大问题是生鲜食品的配送成本。与普通商品不同，生鲜食品很容易变质，因此对配送的时间要求严格，大多需要全程冷链运输，配送成本高昂。而那些各地都有分店、物流配送系统成熟的大型连锁餐饮企业在这方面相比其他竞争对手则更有优势。

移动互联网的快速发展，对于老字号是机遇也是挑战，东来顺通过拥抱互联网，融合线上线下，成功实现了借势发展。

（1）网络旗舰店。2014 年东来顺启动线上销售平台，并分别在京东商城和天猫上开设旗舰店，主要利用电商渠道出售东来顺的各种牛羊肉片、火锅调料等老字号生鲜冷冻半成品及调味料。不仅能为餐饮企业消化自身产能、分羹食品市场创造条件，而且还能拓宽营销渠道，增加收入。

（2）O2O 平台。针对目前新兴起的为消费者提供网上订座、点菜、支付等服务的餐饮 O2O 平台，东来顺也积极展开了这类合作。不仅将其服务范围从线下直接扩展到线上，而且通过入驻合作的方式为线下餐厅汇聚线上人群，把服务从时间和空间上延伸开来，扩大品牌知名度和服务范围。

（3）团购合作。此外，东来顺还与众多团购网站合作，不定期推出一系列团购套餐及不同面值的代金券，从而吸引线上顾客到线下门店聚拢。这是因为团购这种方式和团购网站平台可以很好地在短期内帮助传统线下门店实现客流的转化，同时老字号的用户群相对集中在 50、60 后年龄段，老字号只有布局互联网消费渠道才更容易被 80、90 后甚至 00 后接触并了解，从而拓展消费市场。

企业在其 O2O 实施的伊始，就要充分考虑到自身 O2O 在产品、服务方面的独特性，并在研发阶段充分做好行业、市场、需求、用户和未来竞争等方面的调研和大趋势预判。将最终的结果与企业未来发展的方向、目标进行结合，同时分析出企业在资源、技术等方面的优势、劣势，最后在针对实现 O2O 目标的阶段计划中根据不同的需求情况去进行细分和量化。这样才能真正地形成长久的独特性，而不仅是昙花一现的短暂美好！

由于互联网本身的一些特性，企业在 O2O 的线上部分很难实现持久的差异性，只要企业肯在技术上投入，那么在线上功能部分不会有太大的不同。而线下实体部分受制于位置、成本等方面的因素，在 O2O 的线下渠道这种独特性的差异相对稳固和容易被模仿。

第三，优越性放大。优越性放大在市场宣传推广层面与上面讲的独特性放大有很多的相似处，不过 O2O 的市场宣传不再单独针对企业产品、服务的独特性优势，而是向市场和用户强调选择本企业 O2O 产品、服务与其他竞争对手相比利益更大、更加优越。

这种优越性放大的基础往往来源于企业自身的品牌知名度、影响力，产品、服务的附加功能和价值，以及站在同一需求角度且不同的需求层次上。

第四，可沟通性。市场营销在可沟通性上的差异有着较强的社会和行业基础，一方面随着 SNS 新媒体的爆炸式发展，用户对于各类产品、服务的参与意识逐渐增强，另一方面不同的行业属性，产品、服务特点也决定着企业与用户沟通后在产品、服务上所产生的价值和意义。

从广告角度看，可沟通性上的差异使得过去通过媒体强制性向用户输入内容的过程变为在与用户互动的过程中，完成认知、兴趣和记忆的过程。实践数据表明，企业同样的产品、服务采取强制输入和可沟通性广告后所产生的效果和用户印象截然不同。

企业 O2O 要做到可沟通性上的差异，需要从以下三个方面进行把握。

1）企业的沟通邀约必须被用户察觉感知。

2）沟通渠道不受时间、地域等因素的限制。

3）企业在产品、服务和广告内容上要能够承载可沟通的内容，并使最终的结果产生实际意义。

第五，经济适用差异。在 O2O 的市场营销中，经济适用差异主要指企业采取不同的价格区间让更多的用户选择购买企业的产品和服务。

这种价格上的适用差异主要包括以下两个方面。首先，企业 O2O 的产品、服务针对不同支付能力人群进行产品、服务价格划分，进而实现价格细分化的销售。其次，在企业 O2O 的竞争和市场营销的过程中，面对企业在产品、服务上的同质化及零和竞争的局面，最有效的竞争方式就是价格战。短期内价格战可以帮助企业在用户获得，市场规模和产品、服务销售单量等方面获得一定的提升，但在用户忠诚度，获取的用户类型和黏度方面存在一定问题。然而仍有很多企业对于这点乐此不疲，但从企业的长远发展和行业的未来角度出发，不建议企业贸然发起。尤其是那些在某一领域和行业中已经占有足够市场份额的企业，更应当从行业领导者的角度去承担行业发展和市场份额扩大的重任。

第六，营销盈利附加。营销盈利附加不同于企业产品、服务在功能和价值上的附加，而是企业在 O2O 的营销过程中，通过合作、创新等方式在实现自身推广宣传的同时，为企业带来其他方面的利益，如多品牌的联合影响等。它与企业在行业、社会上的地位、实力、规模，以及创新能力等方面息息相关，多见于行业领先或者垄断型企业。如传统的线下卖场在广告宣传时，相当一部分的费用和让利是由各品牌商家提供的，卖场本身有时仅仅通过牵头投放的方式便可获得可观的利润。

在营销盈利附加方面还有一个很重要的维度就是企业的新老会员，前面我们已经详细论述了新老会员对于企业信任度、认知等方面的不同，不同的人对于企业营销盈利附加的认可度和贡献率会截然不同。

3.4.2 市场竞争——免费

1. 免费所带来的规模

相信很多企业对免费模式都不会陌生，互联网企业更是如此。有的人甚至把免费这一产品、服务的策略及其运用归纳为中国的互联网精神。对于传统企业、业务和行业而言，免费这种所谓“互联网精神”更多意味着原有商业模式的过程和一种全新爆炸式的商业模式的诞生。于是各种各样的免费在我们身边愈演愈烈，免费模式的经营也被誉为“羊毛出在猪身上”。

我们且不论这种观点和免费模式自身的好坏，但从互联网行业免费模式实现的角度来分析免费模式。

（1）行业特征。互联网经济相对于线下实体经济而言，其提供的基本上是以虚拟产品为主的服务，如资讯、新闻等。不同于实物性产品的使用和销售，线上互联网的内容在成本上具有优势，即内容的使用量和传播量不会增加内容成本，故而对于线上互联网而言其生存基础是流量和用户规模。此外，线上互联网是伴随信息技术的发展而诞生的，因此在大数据和信息存储方面具有天然的优势。

（2）消费使用渠道。由于互联网本身的特性，使得线上虚拟产品、服务的传播和使用不像线下实体经济那样受到时间、地点、人员等多方面因素和条件限制，用户无论是在使用便捷性上还是在使用的成本上比传统线下实体更有优势。

（3）商业模式。互联网在商业模式上的基本特点是平台化。如同线下产品、服务的同质化现象一样，线上产品、服务在内容方面也存在很严重的同质化现象。与线下实体不同，互联网企业没有地区有效覆盖和选择成本等方面的限制，用户在互联网上可以很轻易地找到同样的产品和内容，故而在虚拟产品、服务上互联网企业很难形成自己的特色和竞争优势。正是在这种背景下，开放免费成为了市场的必然选择，企业不能在自身产品、服务上获取最大利益，那么就必须实施利益的转移，利用自身在用户规模和流量上的优势，为企业和第三方平台提供增值性服务，如广告，精准营销等。这也是平台化最基本的雏形和理念。现有互联网的平台化模式已经发展了多轮，并逐渐向各行业的产业链上下游进行延伸，并最终打造成一种生态圈。

（4）资本。传统线下企业在实现商业价值和自身盈利的时候，基本上都是通过产品、服务与销售时的利润差实现的，某些大型的线下连锁企业还可以通过规模效应，获取一定的利润效益。对于线上互联网而言，平台化的模式可以在一定程度上满足其维持运转的费用。

通过以上的讲述，我们对“免费”模式在互联网中的基础运用过程有了大致的了解，下面我们从 O2O 模式的角度出发，站在实际运用的基础上去评估和看待“免费”这一互联网的经典思维。

O2O 模式下企业运用免费这一思维的出发点和诉求点是，企业希望在实施免费策略后其市场占有率和用户数量等有所提升，进而在行业 O2O 前期形成一定的市场规模。

对于免费的最终结果——规模，大致分为以下三类。

（1）生存诉求。企业借助自身的规模效应，面对竞争和挑战时，可以拥有必要的生存基础和空间。这类诉求和规模结果往往体现在中小企业身上。

（2）竞争诉求。企业可以充分借助其规模优势，进而获得更大的市场占有率。中等规模企业和处于市场上升期的企业往往对于竞争规模的诉求更为迫切。

（3）发展诉求。企业借助自身已有的规模，在获得行业领先地位的同时，其话语权和影响力急剧提升，进而实现产业价值链的整合。这种情况在成熟型行业和垄断性企业中较为常见。

上述三类免费所带来的不同规模结果，无论哪种情况，采取 O2O 免费策略后所追求的都不仅仅是规模本身，而是以免费为代价换取的成本优势和市场影响力。成本优势主要包括产品服务的提供成本、场地人员成本、会员获取成本、市场传播成本等。市场影响力主要包括行业产业链中的话语权、产业链上下游的把控力、对用户决策的干预能力，以及市场竞争能力等。

但从目前国内的 O2O 环境、产业链结构，以及经济模式等方面综合考虑，免费模式 O2O 在最终效果与理想上还存在较大的差距，具体表现在以下几个方面。

（1）领导者地位和市场话语权。

企业通过“免费”换取市场规模后，一种常见的思路和理解是，规模大的企业可以自发地利用其市场上的规模优势领导整个行业市场。企业通过自身的规模影响按照自己的需求可以确定行业内的价格和各类门槛等，迫使其他企业只能被动地接受大规模企业所制定的各类市场规则。

从 O2O 市场实际的运行情况看，以上仅仅是免费带来的规模效应的一种理想化的结果，实际情况还受以下几种情况影响。

第一，企业产品、服务市场的大小和价格的高低，其基本驱动力是用户的需求和不同需求层级，而不是企业的规模能够影响和决定的。

第二，由于我国地域广阔，经济发展不平均，在 O2O 的市场属性方面差异极大，除涉及国计民生的部门领域，如水、电、燃气等之外，没有任何一家企业能够在某个行业或者区域市场中一家独大，这本身也是由市场经济规律决定的。

第三，从 O2O 的线上部分看，由于互联网的企业成本相对较低，市场上会不断有新的竞争者进入，加之 O2O 整合所需的各类资源的逐利性，也使得规模大的企业单纯依靠“免费”很难守住自身的规模。

第四，但从线下实体企业的角度，其利用自身线下的资源优势，实施线下反推线上的 O2O 模式，也会为现有依靠免费建立起来的 O2O 企业带来更多的挑战。

（2）利润回报率更高。

对于企业规模和其产品、销售的利润回报率之间的关系，很多企业普遍存在一个观点，即规模越大的企业其企业规模的大小和销量的大小具有一定的正比关系。因此在规模大的企业中企业产品、服务的利润回报率也会更高。对于这样的情况，我们还是需要回归到市场、行业和商业模式的角度去分析和看待，对于部分行业而言，尤其是全产业链或者区域垄断型企业而言，这种情况确实存在着。但对于大多数企业而言，由于线下实体的大量存在，其在相当程度上还是要遵从现有的线下习惯、特点和规律，远达不到巨额利润的程度。从单个产品、服务的角度看，由于其离不开上下游供应链的支撑，尤其是在国内目前的供应链中大量区域代理的存在，也使得产品、服务的成本始终维持在一定的区间徘徊，故而利润率的增长受到一定的制约。

（3）规模经济作用。

企业 O2O 规模对于企业产品、服务的经济推动主要集中在成本方面，即企业 O2O 的规模越大，其产品、服务的成本越低。对于生产性企业而言，随着其产品、服务规模量的扩大，在单件成本上确实会呈现一定的反比例关系。但是作为非生产制造行业的 O2O 而言，单品成本和规模间这种反比例关系不仅不存在，反而在企业各个发展阶段的规模瓶颈处，成本会随着规模的上升呈现几何增长，而企业 O2O 的利润率则会根据规模瓶颈和成本的动态变化关系，呈现较大的起伏。这种情况在线下实体经济，尤其是在零售和服务等行业的O2O中屡见不鲜。这需要企业在O2O实施的过程中站在获利最大的角度去平衡企业规模所带来的销量增长和企业成本之间的平衡。

从线上与线下O2O渠道在产品、服务、供应链等多个方面的融合过程中，站在企业内部运营的角度，其内部的产品、服务成本，以及利润率不会自发地向对企业更有利的方向发展。真正驱动其良性发展的核心动力不仅是规模这一外部因素，还与企业管理层在日常管理和经营当中的种种努力和相关条件的创造有关。

此外，对于全产业链型的O2O企业而言，其内部产品、服务成本的大小，与企业投入也有一定的关系。对于全产业链O2O企业而言，其产业链上下游成本的降低在于其对资源的把控，对于企业而言自建产业链上下游短期内是一笔巨大的投资和海量成本，然而从长期发展考虑，这是综合成本最低的方式。

（4）规模与用户。

对于市场营销方式、策略，以及新会员拉动和会员规模方面，企业普遍坚信通过实施免费策略所带来的规模可以使得企业无论是在短期增长还是长期持续红利等方面获得相比其他竞争对手较大的先发优势和用户资本。

免费策略带来的规模效应在会员的实际运用的时候，却存在着一个有意思的现象。企业一旦开始实施让利促销或者免费策略时，企业在价格方面无论是在行业内，还是在消费者心中，其价格预期会是最低的时候。市场销量和新会员数量急剧增长，这种增长一方面让企业管理层欣喜若狂，另外一方面对于行业和市场而言大有“山雨欲来风满楼”之势。然而在用户疯狂增长，指标形势喜人的背后，却是企业天价的营销费用和巨额亏损的毛利。

这种形式上的增长，不会持续太久的时间，一方面其免费策略所带来的不是整体市场的增长，而是原有市场规模下自身用户和销量增长；另一方面，受到市场空间限制，在前期疯狂增长之后，市场空间有限，故而新会员的增长也会下降。相信这时很多企业都会认为其 O2O 免费策略的第一阶段目标占领市场的任务已经圆满完成，接下来便要进入会员复购、持续盈利和争夺市场话语权等后续工作了。

此时企业所追求的目标和重点，从围绕免费所带来的规模问题转变到提升企业的持续盈利问题上来，其商业模式和盈利模式问题终于从原来的疯狂转入到理性。在企业第二阶段工作的转化过程中，会出现一个较大的问题。我们对目前市面上类似企业的会员进行了走访和调研，一旦企业开始追求盈利，原本庞大的免费市场和用户规模会急剧下降。虽然也有部分用户沉淀但远未达到企业理想中的第二阶段的目标。我们看到身边很多已经上市的企业，上市后的财报一天比一天难看便是这个道理。

造成这种问题的原因，一方面是企业在实施免费策略的时候，在会员属性的维度中，既有需求驱动型会员，也有大量的价格驱动型会员。对于价格驱动型的会员人群而言，其对企业 O2O 产品、服务的价格非常敏感，价格比重是其决策的首选，这类人群往往数量庞大，且忠诚度不高，一旦企业的“免费”策略结束或者出现更具价格优势的产品，用户便会主动离开，如打车软件企业间为了竞争而进行补贴的策略。另一方面对于处于上述规模第二阶段的企业而言，由于其规模基础庞大，用户基础不牢固，市场一旦出现那些更具价格吸引力的企业产品后，企业将会陷入到永无止境的竞争当中。

因此，我们可以看到对于企业发展和商业模式的搭建与实现而言，企业的可持续发展，不能单纯依靠免费策略及其所带来的规模。免费和规模作为企业在营销活动时的一种战术手段和方式，就其本质而言是竞争而不是实现顾客价值。

（5）技术与规模。

免费策略给 O2O 企业带来了用户规模上的效益，企业可以借助用户规模上的效益占据更多的市场。由于 O2O 涉及线上与线下双渠道的模式，其用户规模的大小和市场占有率的大小，一方面和线上线下各渠道的资源和免费策略有关；另外一方面，这种免费所带来的效果也越来越受到技术的冲击，DSP、云等一系列新技术的诞生及越来越短的技术发展周期，使得过去企业 O2O 通过免费获得规模并享受规模效益的方式逐渐转为新技术和新技术的运用带来 O2O 规模的增长，同时规模效益也逐渐向这些新的技术性公司进行转移。

O2O 模式下新技术的诞生、发展和其对企业 O2O 规模的帮助与提升相对于免费策略具有以下三个方面的优势。首先，O2O 新技术在用户规模上的效果相对于免费模式而言，产品、服务在功能、便捷性等方面更强。其次，O2O 的新技术使得 O2O 模式的实际运营成本比在免费模式下更低。最后，O2O 新技术使得企业具有技术门槛或者专利优势的保护，更有利于企业的竞争。

正是因为以上原因，免费策略在与新技术的规模对决中日渐处于劣势，能为企业创造良好持久规模效益的方式也逐渐从免费策略转向新技术策略。

（6）细分市场，规模失衡。

从 O2O 的适应行业来看，除了个别与公众相关的公共行业，如供电、自来水、燃气等其 O2O 的实现可以全面有效地覆盖所有用户群，大多数行业的 O2O 在人群、属性、地域和市场上都有目标人群的聚焦和阶段性的细分。同时也正是这种属性，造成了企业原有的计划通过免费策略引起市场规模在实际的市场和人群中落空，统一的产品通过免费的模式无法有效满足不同人群需要，服务在 O2O 中的比重和作用逐渐上升为竞争关键。

（7）规模话语权受到挑战。

随着网络信息技术的发展，人们对于产品、服务信息的获取方式和路径将比过去更加灵活多样、方便快捷。对于同样的需求，用户可以在很短的时间内迅速找到数家产品、服务的提供方给其评估和选择。正是用户这种对于产品迅速、多样的获得方式和途径，也使得用户在市场中的话语权比过去在传统线下模式下更大。在过去的市场经济的不同阶段，企业可以利用用户在信息和产品、服务选择受限，利用自身的规模去获得更大的市场、定价和内容定义的话语权。然而现在却越来越受到顾客参与度和话语权提升的挑战。如在某些二三线城市，顾客对于商品的选择受限于地域环境，只能在当地进行挑选并接受当地经销商的各类条件和定价，而现在可以通过互联网和电子商务迅速找到更多的销售商并享受相关的服务。

3.4.3 产品

对于 O2O 而言，市场竞争是一个自诞生起便一直需要应对的问题。

前面我们讲到经典的互联网思维——“免费”策略在O2O模式下的运用，以及其所带来的规模效应在市场、销售和会员规模等方面的优势和劣势。从应对竞争的角度出发，在短期内作为一种战术行为，免费模式确实拥有无与伦比的优势，但从企业发展和市场竞争的中长期来看，这种优秀的战术行为难以替代企业的战略和掩盖战略上的失误。由此，对于O2O模式下的市场竞争，也需要我们从不同的时间角度进行分析和认识。下面我们就O2O的这些时间阶段的实际竞争特点进行阐述。

（1）暂时性竞争——机会主义者。

暂时性竞争对于企业和市场而言，主要是指那些以某次活动、事件等时间跨度很小的企业市场和竞争行为。对于企业间的竞争而言，暂时性竞争不会对总体或者阶段性目标产生很大的影响，但是在某个“时间点”上面，却发挥着很大的作用和价值。对于暂时性竞争而言，相比其他阶段的竞争，比拼的是创意、活动的方式、策略等比较细小但对于点状时间又有巨大关联和影响的内容。如企业在O2O领域内产品、服务切入市场时所突出的价值点，以及在广告、宣传活动上的具体表现方式等。在某种意义上，此时的竞争与企业的实力和竞争策略间没有必然的关联和直接影响，因此对于所有O2O企业而言，暂时性竞争在所有竞争层级中也是最为公平的。这个竞争层面的胜利属于那些对于转瞬即逝的机会能够很好把握住的机会主义者。关于机会，在这里还必须要强调的一点是，机会对于任何企业而言都是公平的，任何机会的获取实际上也是有代价的，抓住一个机会意味着另一个机会的流失。因此，在暂时性竞争阶段企业对于市场机会的评估、把握，以及企业的市场反应速度和创意等方面显得尤为重要。

(2) 阶段性竞争——实用主义者。

在 O2O 模式下企业间暂时性竞争可以包括，中等时间跨度（通常是以月为单位）的竞争周期，或者根据企业阶段性任务为目标的竞争，还可以包括以不同市场人群和地域为划分的不同阶段的实现结果等。相比暂时性竞争，阶段性竞争层面更大、时间更长。一个阶段性竞争中可以包括一个或者若干个暂时性竞争。对于阶段性竞争而言，企业的创意、某次活动的好坏等不再那么重要。企业对于这个阶段竞争的把握，主要依靠以免费为代表企业 O2O 价格价值和以产品、服务上功能、内容为代表的实用价值这两个方面。

在阶段性竞争中，企业一定要与其未来发展的目标和战略格局紧密结合。对于阶段性竞争而言，其属于企业在时间中期维度的竞争阶段，对市场和竞争格局的最终形成具有较大的影响和意义，但企业要想在竞争中保持优势，单纯地依靠这种阶段性竞争，会存在很多弊端。如价格价值、尤其是免费模式在用户、市场和产品服务等方面无法实现价值的不断升级和企业盈利的扩展。而对于实用价值而言，企业 O2O 的产品、服务在内容组成和功能上，面对动态的市场需求变化，终究会被时间所淘汰。

因此，对于阶段性竞争而言，其胜利往往属于那些在市场、需求等方面与产品、服务的价格价值和功能价值的平衡上最为实用的企业。

(3) 永久性胜利——战略领袖。

企业在 O2O 竞争中的永久性胜利，并不是简单地搭建一个持续盈利的平台那么简单。再强大的平台，再好的盈利企业，面对行业的变化、宏观经济的变化和周期性规律也难免会落伍并遭到淘汰。

因此，企业既要面对宏观经济、新技术等方面的挑战，又要应对行业内的各类竞争对手的挑战，要想成为永葆青春、基业长青的百年老店，必须实现永久性的竞争胜利。永久性竞争的胜利一方面在组成和实现上需要一个个的暂时性和阶段性竞争的结果；另一方面由于竞争的长期存在，为了应付这种情况并保持企业在持久的竞争中领先，需要企业从产品、服务、市场营销等层面中跳出，站在行业和宏观经济发展阶段与需要的角度，严格按照经济发展的周期和内在的规律特征，制定企业的战略和方向。

这种战略和方向，对于企业而言，其解决了面对持久竞争领先的两大问题。首先，有所为和有所不为。市场空间很大，哪些是企业为实现自身理想和存在价值应当做的，哪些对于企业虽有价值但却不符合企业长远需要的，尤其是在企业资源和行业空间有限的时候，战略就是帮助企业选择哪些该放弃。这种放弃不是企业的不负责任，而是使得企业更加聚焦。其次，在完成第一步的企业战略和聚焦之后，企业还需要站在未来发展的角度上去制定并引领行业的发展。

只有实现了这些，才能使得企业在 O2O 的竞争中，实现基业长青成为百年老店。

3.4.4 领导者策略

从国内 O2O 的环境和企业实施的过程来看，主要呈现出两极分化的现象，一方面原来在线上或者线下渠道中占据优势地位的企业出于自身利益的考虑，积极投入并开展了各类 O2O 的探索和尝试；另一方面在一些日常生活中较小的行业或者细分领域出现了大量的创业型公司，如美甲，送餐等。由于 O2O 模式同时存在线上与线下两种不同的渠道，又牵扯到企业在实施过程中对于产品、服务、市场营销、技术、供应链等方面的对接和融合。对于企业在线上流量、线下资源、上下游配套等重资产方面提出了远比单一线下和线上渠道更为严格的要求。因此，企业如果在现有条件和市场竞争下、在较为成熟的行业做好 O2O，则需要具备以下三个主要条件。

（1）渠道优势。在 O2O 线上与线下双渠道的融合中，企业在某一单一渠道中具有一定的优势地位，那么相对于其他企业而言，则占有很大的先发优势。在这种优势中，同等规模线下企业比线上企业要更容易整合，这点也和 O2O 的重资产属性息息相关。而在新技术或者新型行业中，渠道优势比拼的是企业的发展速度。

（2）实力。这里所说的实力包括企业的软、硬两种实力。软实力主要指的是企业在创新、内部管理等方面，硬实力主要指的是企业的资本、规模、生产能力等。在 O2O 整合行业，以及未来面对全国市场而言，企业实力的大小在某种程度上也决定了其 O2O 实施的最终结果。

（3）行业。对于 O2O 模式而言，不同的行业对其影响的作用非常大，行业的选择涉及行业内部的产业链特征、上下游关系、人群的习惯属性，以及未来的市场空间等。我们在 O2O 的介绍中反复强调了不是所有的行业都适合 O2O。对于那些新型的行业而言 O2O 的实施可以帮助其实现更快更早的腾飞，对于那些成熟的行业而言 O2O 可以帮助其提升效率，挖掘潜力，实现销售的增长。而对于那些在经济发展周期或者本身已经处于生命周期中衰退期的产品而言，实施 O2O 对于其“起死回生”影响不大，其破局的关键还是在自身产品的转型上。

由此我们也可以看出原来单一渠道、单一模式下，那些占据优势地位的企业在 O2O 领域具有天然优势。O2O 作为一种国内市场经济发展阶段和传统经济转型双重的必然需要，其发展、壮大很大程度上需要这些具有天然优势企业的促进、推动。就目前国内 O2O 市场竞争来看，存在以下一些问题和现象。在细分领域内，普遍存在大企业和小企业、创业型公司抢市场的现象；O2O 的实施不仅没有帮助原有线上、线下单一渠道实现发展和转型，反而进一步使得竞争加剧，甚至出现恶意竞争；市场供需不平衡，供大于需的问题进一步加剧；市场原有的稀缺资源进一步紧缺等。

这一系列问题的存在，其本质是原行业中领导的企业没有很好地规划企业自身发展 O2O 的目标。同时处于现实利益的各种需要，对于短期利益的盲目追求，一方面不利于 O2O 模式在各行业的迅速成型，另一方面对于用户、市场需求等方面而言，在之前的单一渠道中就存在严重的产能过剩问题。上述这些问题更是导致了市场、用户对于 O2O 模式的热情不高，销量平平。

上述问题的出现，一方面作为在原行业中领先的领导企业没有起到对于 O2O 在本行业中的引导和推进作用，更无法应对企业、行业内的长久竞争；另一方面也是对于企业在原行业中的领先地位和优势资源的浪费。为此，对于那些在本行业已经处于优势地位的领先企业，在实施 O2O 的过程中切不可急功近利，而是应当对未来做好准备。

从企业现实的角度，领导企业通过在本行业中实施 O2O，进而全面调动自身内部在产品、运营、市场营销等方面资源，以企业自身主导的方式，按照企业自己的意愿有计划有阶段地开展市场、目标人群和区域的进攻和防御计划。在迫使竞争对手被动应对的情况下，在牢固确保企业现有地位的同时，占领竞争对手的市场份额。

从企业未来发展的角度，企业在实施 O2O 时需要跳出原有的市场限制，并设法扩大市场的需求总量。只有市场需求总量的扩大才能从根本上解决领导企业在规模和销售增长等问题。为此，企业可以采取以下几种方式解决。扩大本企业 O2O 产品、服务的应用地区；扩大本企业 O2O 产品、服务的应用人群；通过本企业的宣传、造势和行业生态圈的打造，为行业内相关企业创造机会，同时提升市场需求总量和本企业的销售；通过持续的市场教育，进而获得丰厚的未来收益回报等。

3.4.5 O2O 商战

关于 O2O 领域内的市场竞争，从企业内部的角度如何应对市场竞争，在面对市场竞争对手的搏杀时如何确保自身的利益并保持企业的优势。O2O 的竞争是智慧、策略、产品、服务、执行等多方面的比拼，只有自身的实力够硬，才能确保企业在市场的竞争中不落下风。

对于市场竞争而言，仅仅防守是不够的，取得最终的胜利要靠企业积极、主动的进攻。商场如战场，在刀光剑影的搏杀中，我们看到了一场又一场的经典战役。我们在钦佩成功者、同情失败者的同时，更多的是要不断地吸取和总结教训。下面我们就 O2O 领域内的一些经典案例，以及企业如何开展市场进攻的大致策略和战法进行介绍。

在 O2O 的市场竞争当中，企业在面对竞争时是进攻还是防御？哪些地段和市场需要防御？等一系列问题的选择和决策既与企业领导人的胸怀、勇气等相关，同时又与企业的目标、任务和诉求息息相关。除以上这些因素外，军事学上还有另外一个维度辅助企业的交战，即实力与角色。这个道理非常简单，如果己方只有很少的兵力，如一个团或者一个连，在面对多于自己数倍兵力的竞争对手时，其不应贸然进攻而是应当采取避让、防御等方式。同理对于在战役中负责佯攻的部队，无论实力如何强大，也应牢记自己佯攻的使命，配合主攻部队完成任务，而不是一味地抢功。下面我们从 O2O 模式下不同的企业角度出发，介绍并阐述不同的交战策略和原则。

1. 防御策略

在 O2O 模式下，需要采取防御策略的企业不是那些处于上升期、遭到竞争对手挤压的中小企业，或者江河日下的 O2O 产品、服务。第一种企业应当采取主动进攻的态势而不是防御。第二种企业则需要的是在新产品、新服务和新功能上的突破。防御策略的实际运用比较适合那些在 O2O 领域或者行业内占有市场份额较大的领导企业。其交战的核心目的和思想是通过利用领导企业的规模、地位和用户基础，以积极防御的方式保护、拓展、扩大已有的市场份额。对于选择积极防御策略的领导企业而言，其实施过程中有两大难点需要格外注意。

第一，突破自我束缚。

很多企业尤其是在取得了一定的成绩之后，便会不由自主地产生自满心理。对于企业过去的经历、发展进行全盘的肯定和夸大，进而在思想层面形成一种自我封闭的局面。这种自我封闭，既有我们前面讲到的自满、盲目自信，同时又有对于未来风险，以及失去现有成绩的恐慌。因此，对于实施积极防御策略的企业而言，行业中竞争对手并不足以威胁自己，其最大的敌人和障碍就是自己本身。成功实施防御策略的企业往往是那些不断突破自我的企业，具体表现在用人、内部规章制度、考核和利益分配等多个方面。值得一提的是，国内很多企业战胜自我的过程往往和企业的领导者与管理层息息相关，对新策略的实施与推动更多的是一种自上而下的过程。

第二，阻止对手。

作为行业 O2O 的领导企业，面对竞争对手的进攻时不能消极防守，而应该采取积极的防守策略。当然这种积极的防守策略还要遵从行业内的竞争规则，一定要避免恶意竞争的出现。恶意竞争只能破坏本行业各企业默认的竞争规则、打乱良性竞争秩序，进而影响行业内的思想和道德层面的准则，最终导致两败俱伤的局面出现。作为行业内 O2O 的领导企业，如果出现这样的局面，对其会是最大的伤害，所以领导企业更应当珍惜和维护良好的竞争环境和秩序。

因为企业不可能对竞争对手企业的内部生产、运营、决策等方面进行直接的干预，所以需要企业从在表现和执行层对竞争对手企业采取的策略和行为进行阻止。这种市场阻止包括内部、外部两个方面。内部方面包括，竞争对手的新产品、新服务、新技术的运用等；外部方面包括，市场营销活动、媒体广告宣传、促销等。

对于内部方面的因素，企业采取广告营销攻势很难在本质上产生较大的影响，因此也就需要企业有针对性地在产品、服务的功能和新技术应用方面采取类似或者更好的措施进行应对，只有这样才能阻止并降低这些因素在竞争对手内部所产生的预期效果。

对于外部方面的因素而言，由于在市场营销渠道、媒体资源和时间资源上对于任何一家企业都是公开透明的。因此，在这个层面上行业 O2O 领导企业可以充分地利用这一点进行媒体资源的抢占，利用时间差打压竞争对手的同类活动。如，在节假日或者旺销时段，提前布局并抢占最优的流量入口，使得竞争对手无法采购到最佳的媒体和时段，其宣传效果自然会受到影响。在时间维度，企业也可以在竞争对手活动之前，进行类似的活动和促销以抵消竞争对手的营销效果和影响。总之，企业可以充分利用媒体、时间等方面资源的有限性，针对竞争对手的活动提前或者同期进行类似的活动，进而在用户和市场上抵消竞争对手的营销影响和市场增长。

2. 进攻战略

进攻战略是相对于行业 O2O 领导企业的防守战略而言的，如果说行业 O2O 领导企业的防守战略是以确保自身优势、阻止竞争对手增长为目的，那么进攻战略的唯一目的就是打破行业 O2O 领导企业对于自身利益和市场份额的防守，抢占更多原先不属于自己的市场份额，提升自己的市场影响力。在进攻的广度和深度上，进攻战略属于全面进攻的模式，因此对于企业的实力、规模和影响力有着一定的要求和使用限制。在 O2O 进攻战略的实际运用中，那些位居行业第二，处于市场挑战者地位的企业往往较为适合采取此类策略。对于处于进攻方的企业而言，虽然在市场份额和规模上不如处于行业领导地位的企业，但整个的进攻节奏和方式则完全由自己掌握。积极的防御与干扰是对实施进攻策略的挑战者最有利的武器，实施进攻的企业应当充分利用这种优势，有计划、有目的地在对自己最有利的条件下开展效果最大化的进攻，而不是盲目地四处出击，乱打一气。到最后发现对手早有防备，不仅进攻的目的没有实现，反而失去了自己原有的资源。因此，企业在实施进攻策略时有两个比较重要的原则。

第一，抓住大象的弱点。

企业要想在市场上生存并发展，必有其长处。机会对于任何一家企业都是公平的，选择了自己的长处，就意味着对于其他机会的放弃。因此，在选择进攻对手时，以最短的时间，最小的花费方式，研究对手并扬长避短是最佳的选择。进攻方的企业通过分析自身企业与对手各自的优劣之后，在进攻方向上可以做出以下选择。

（1）己方处于优势，对手处于劣势。

利用自己在产品、服务上功能、内容等方面的优势，找到可靠的凭证进而扩大宣传，对比并打击对手同类产品的弱点，对于进攻方企业而言，这是最简单也是最理想的一种状态。但有一点值得注意的是，进攻方企业在选择自己优势和对手劣势时，应当优先选择那些自己不易被仿制的地方，否则这种策略一旦被对手发现，对方会迅速采取措施对劣势进行弥补和完善，最终又形成零和竞争的局面。

（2）对手竞争优势转化。

对于行业领导者而言，其受到自身的规模、位置、反应速度和诸如用户心中的基本概念、定位、品牌等多重限制，自身在某些方面的优势也会成为限制其发展和转变的劣势。这种优势的转化，需要进攻企业站在被进攻的一方从其最关注的核心、定位，以及品牌诉求、理念等角度出发，利用其既得利益和规模，通过成本代价等将对手的竞争优势转化。举一个简单的例子，越南战争中的美国航母在公海上无人能敌，就连苏联海军也要避让三分，但是却在越南战争中被游击队击沉了一艘船，究其原因就是通过将航母引到内湖或者狭窄地域，将其船坚炮利的优势转化为庞大笨拙的劣势，进而实施进攻并取得胜利。

（3）乙方处于劣势，但对手的劣势更加明显。

进攻方企业在选择进攻的突破点时对于那些即使是自身劣势的地方也不应躲避，而是应当对其价值、未来利益和竞争对手的情况分析之后进行选择。对于那些虽然是己方劣势，但对于领导企业而言劣势更加明显，且在未来存在巨大价值的地方，应当主动发起进攻。一方面，通过对手更大的劣势去进行打击，另一方面则通过这种进攻，在弥补和完善自身的同时产生更大的未来价值。

（4）进攻点对于双方都处于空白。

商场如战场，领导企业取得先发优势的同时，对于后发的企业，其后发优势也不容小觑。尤其是在新兴的行业和领域，先行者往往承担了很多摸索和探路的工作，这个过程既包括成本的付出，同时也承担着较大的风险。因此，对于那些双方都处于空白的新兴事物而言，处于挑战者地位的进攻方完全可以充分利用这种后发的优势，在分析总结前人经验教训的基础上看清未来趋势和发展规律，进行更有针对性地布局和优化，可以通过较少的时间和代价实现弯道超车。

第二，尽可能在狭窄的地域发起进攻。

对于处于行业第二的市场挑战者而言，相比市场领导者，其在规模、实力、影响力等方面都存在一定的差距。因此，要想在市场进攻中取得胜利，就必须占有比领先者的防御态势更有利的态势，这就需要进攻企业尽量将战线和目标缩短，并将调集的全部进攻资源和兵力集中使用，进而在局部狭窄阵地上形成对于防守态势领先企业的绝对优势。只有这样，才能有足够的把握确保相对弱势的一方战胜强者。

另一方面，对于进攻的劣势一方在狭窄地域与领先者的战斗，由于空间限制，对方的规模和“火力”优势也很难发挥作用，使得进攻者在抵消掉对方优势的同时，将双方的实力和水平拉到同一起跑线上。

3．侧翼型商战

侧翼型商战是相对于上述防御性商战和进攻性商战而言的，前两种竞争方式无论是在战线规模上还是斗争的激烈程度上都属于“正面主战场”。正面主战场的斗争对于企业的实力、规模和基础有着严格的限制和要求，基本上参与的企业都是行业内 O2O 中前几名的公司，而对于那些行业内 O2O 的市场占有量在 20%左右的市场追随者而言，不仅公司的实力和规模较小，其主要生存策略不是占有更多的市场规模，而是努力紧紧跟随行业内的领先企业，并保持一定的安全距离，确保自己的生存空间。对其而言，发起正面战争无异于自杀式的冲锋，不但不会起到任何杀敌效果，而且自身的这点血脉也会被很快消耗掉。因此，对于小公司而言，面对市场竞争和大公司，依据自身的实力和本钱大小，明智地采取在正面战场之外的侧翼进行战斗，往往可以取得更好的效果，对于在侧翼实施战斗的市场追随者而言，面对对手的反击和主动进攻一样重要。

市场追随者企业作为侧翼型战斗的主要参与方，其能够战胜优势敌人的信心来源于发动侧翼进攻的地点和时间。对于那些没有人能够竞争的地方包括局部区域、特殊人群等，针对优势企业发动侧翼进攻，取胜的概率会增加。

同时在侧翼型战场的交战中，战术奇袭即“创新”往往可以发挥意想不到的效果和决定性的作用，因此战术奇袭也应当是整个侧翼型交战计划的重要组成部分。

4．游击型商战

由于地区间经济发展和产业链资源分布的不均匀，在很多行业中一些细小地区和市场存在着数量庞大的市场补缺者，他们数量庞大但只占市场很小的份额，其对于市场和用户而言存在的价值如下。

（1）由于产业链短板不同程度的存在，根据市场、顾客进行价格、服务的多重补缺。

（2）小企业在成熟行业中使用“挣快钱”的模式。

（3）大型企业占领当地市场的建设成本远大于收益。

对于这类企业而言，同样面临着大企业的进攻和市场份额的蚕食。因此，其生存和发展不能完全依靠简单的补漏，而是需要进行斗争以取得生存所需空间。

对于这类企业而言，无论是企业实力还是市场空间都非常小。因此，采取游击战的方式进行斗争是最为明智的选择。对于优秀的游击战指挥官而言，了解以下原则非常重要。

（1）根据地的选择。游击战的根据地不同于正面战场的大后方稳定和牢靠，但又需要供给生存和斗争所需的给养，因此需要选择那些很小的市场细分，小到游击队足以守住。

（2）对于游击战士而言，不管游击斗争多么成功，切不可盲目自大，要像正规军那样做事，并时刻做好撤离的准备。

（3）行业游击战成功的关键是窄且深，而绝不能广而浅。

最后无论哪种形式的斗争，都有处于优势的一方和劣势的一方，对于斗争形式中劣势的一方而言，战争艺术在于要在进攻点和防御点上投入更多的兵力。

3.5 客户关系

对于 O2O 模式而言，由于企业实施的大多是原来线上互联网或者线下实体单一渠道的升级，故而在人群的属性上，也不存在所谓 O2O 人群一类的划分，其主要的使用人群还是过去线上互联网或者线下人群的延续。因此，对于 O2O 模式实施的企业而言，其以往的用户群和客户关系在当下的 O2O 运用当中就显得尤为突出和重要。

众所周知，对于一个新的企业、新的品牌而言，其市场的开拓、销量的增长、利润的提升背后，一切的核心都和用户相关。用户数量的多少、用户群的质量如何，以及用户忠诚度、活跃度等一系列指标往往都和企业与商业模式的兴衰有着直接且必然的联系。与其说企业间比拼的是资本实力，不如说是对于用户的竞争。

前文中我们已经谈到对于新老用户而言，其购物的习惯、决策过程等方面均存在着一定的区别，企业在针对不同会员的开拓和销售时，应当遵照这种客观的不同，采取不同措施分别进行对待。用老会员的方式去吸引新会员，或者用对待新会员的方式去服务老会员都会造成企业在既得利益和实施效果上的损失。特别是站在营销费用和成本的角度，在新会员的第一次消费的过程中，企业不能按照简单的售价与成本差的方式进行计算，而是应当将总体影响费用平摊到营销所带来的新会员总量上，进而算出企业对于新会员的拉新和市场营销成本。为了取得更多的新会员，企业往往还要在活动、促销和运营层面进行有效配合，在降低新会员第一次购物门槛的同时对其保持足够的吸引力。这些配合的背后往往也是企业正常产品、服务活动所带来的正常毛利的流失。记得在线上电子商务最疯狂的时候，线下电商企业通过广告拉新的成本是每个新会员 200 元左右，不同的行业和节假日这个价格还会更高。难怪有电商人抱怨，本身自己做的就是低价商品，与其付出这么高的拉新费用，还不如将商品白送给顾客带来的拉新效果好，而且新客成本更低。

而对于老会员而言，从其购物习惯和决策特征当中我们也能看出其对于商品、服务再选择的一些特点。实施 O2O 的企业不用像对新会员那样花费天价广告和营销资源去宣传、介绍 O2O 产品、服务的价值、理念和卖点，而是可以通过有效的客户关系管理和维护，以较低的营销成本，正常的运营策略的组合满足老会员的需求。

通过上述介绍，我们可以看到对于 O2O 企业而言，新老会员在数量、规模和产生的价值方面的作用和意义不同。第一，对于 O2O 免费模式而言，其新会员数量再多，规模再大，对于企业而言没有特别的利益贡献。第二，在新会员转化为老会员的时候，新会员数量会流失。

客户关系，作为连接企业与用户之间的桥梁，无论是对于企业还是品牌而言，客户关系的作用和价值都是不容小觑的。对于用户来说，现代社会是一个信息爆炸的社会，市场上充斥着大量的信息及种类繁多的产品。一方面顾客对于企业产品、服务的选购会被社会上大量的过剩信息所淹没；另一方面大量同类替代品的存在，也使得用户的选择更多，替代成本更低。面对这种现状，企业唯一能做的就是加强自身的客户关系管理与维系的能力，客户关系的管理与维系可以帮助企业实现以下四个方面的价值。

1）在新老会员的转化漏斗中，减少新会员的流失，将其全部转为老会员。

2）提升老会员的忠诚度、活跃度等，以帮助企业在老会员身上产生更大的价值。

3）由于市场竞争的存在，帮助企业减少老会员的流失。

4）对于企业流失的会员，持续有效的客户管理可实现流失客户的找回。

对于客户关系的管理、维护的组成内容，很多 O2O 企业往往存在以下一些典型的思考误区。

1）客户关系的管理与维系主要发生在顾客购买后。

2）客户关系的管理与维系主要体现在短信、邮件等方面。

3）客户关系的管理与维系对于市场营销帮助不大。

4）客户关系的管理与维系主要是企业的工作。

3.5.1 顾客价值

对于 O2O 企业而言，不同类型的用户、会员对企业产生的利益价值不同。对于用户而言，企业维护客户关系的基础在于企业 O2O 的产品、服务对其具有一定的使用价值。因此，客户关系的工作，包括客户的管理、维系等，首先需要明确一个核心，那就是对于顾客价值的定义和组成。这种定义和组成包括两个方面，一是对于企业而言其需要什么类型的用户，如品牌忠诚型，价格敏感型等，以及需要用户产生哪些利益价值，如对于企业的净利润贡献，用户规模贡献等；二是在信息过剩和供大于求的市场背景下，用户常面对大量可选择的产品和服务，顾客往往会选择那些能够提供最高顾客感知价值的产品、服务，即相比其他产品而言，顾客使用某一种市场提供物的总利润和总成本间的差异最大。因此，这也就需要企业明确能为顾客提供哪些产品、服务的价值，并使用户认为有必要参与这种客户关系的维系。

明确顾客价值之后，对于企业而言可以在产品、服务的功能组成上进行更有针对性的优化调整。在日常运营方面有针对性地建立相关的会员权益及保障体系，同时可以帮助企业平衡和决策在会员维系和忠诚度等方面的成本投入。这些举措使得企业保持与客户的关系，建立客户忠诚度，使其往复购买成为可能。

3.5.2 用户忠诚度

很多 O2O 实施企业在实际操作客户管理的时候，往往将客户关系效果的好坏归结于用户的忠诚度问题。这种观点在目前的很多企业中普遍存在着，顾客购买企业的商品、服务就是高忠诚度的用户，顾客一旦选择放弃购买企业的产品、服务，那么一切的责任都归结到客户自身的原因。这些都是对于顾客忠诚度在组成内容方面的误解。在 O2O 模式下的顾客忠诚度，有四个重要的组成内容需要和大家强调。

（1）企业维度。

对于企业而言，顾客对于企业产品、服务甚至是品牌的忠诚度，并不能单纯地归结到顾客身上。这是因为一方面顾客基本需求的存在，使得顾客必须选择相关的产品、服务以满足需求；另一方面，与目前社会信息和产品、服务过剩的背景有关，顾客可选择的替代品过多，替代成本低。但对于老会员而言，由于其已经选择、购买并体验过了企业的产品、服务，故而其顾客的忠诚度与企业在产品、服务等方面有着千丝万缕的关系，企业自身的责任不能推卸。

（2）顾客维度。

除去上述讲到的企业和社会消费背景维度外，站在客户群自身的角度，由于在原有新老用户群体内个体的属性、需求层级，习惯特征等方面不同，对于选择过的产品、服务，用户使用后的感受和态度也会截然不同。顾客的这个维度对于企业而言，在某种意义上是不可控的，因此做好以下两点非常重要。第一，有所为和有所不为比一味强求更为重要，懂得放弃可以使得企业避免资源浪费，一味强求则会招致用户的反感。第二，保持某种联系，以求挽回和转化用户。

（3）顾客忠诚度的标准。

对于什么样的顾客算是忠诚，以及顾客忠诚度的衡量，很多企业采取的标准不尽相同。一种最朴素也是最不科学的观点是，只要顾客之前选择购买过企业的产品、服务在使用结束后不再购买，那么这样的用户就是不忠诚的，而那些持续购买的用户就是忠诚用户。持有这个观点或者类似观点的企业，如果按照这个标准去衡量用户并指导开展客户关系工作，恐怕一方面会花费大量的成本和资源，另一方面也会很快地失去积攒过的所有客户。从不同企业实施客户管理和客户忠诚建设等方面看，无论哪种企业其客户忠诚度的衡量标准基本上包括行业、客户心理和行为三个方面。

不同的行业其产品、服务的销售属性不同，如快消品行业的用户忠诚度可以通过购买的数量和频次来衡量，但对于低耗品而言，如钢琴等使用刚才的衡量标准则不妥。客户心理，顾客忠诚度对于某些人而言，其忠诚的表现并非只体现在购买上，用户对于商品的选择购买受到需求、用户的经济水平、支付能力等多方面的限制。这就像豪华跑车，其忠实品牌的人群远远大于购买者的数量。企业产品、服务及品牌在顾客心中的影响力、位置和忠诚度的价值和意义远比用户的往复购买更为深远和长久。用户的行为是用户在忠诚度方面最后也是最直接的体现。这种行为包括用户的口碑、购买的数量和金额。

(4) 用户忠诚度模型。

蝴蝶型：产品与用户需求高度匹配，盈利潜力高（忠诚度低）。

挚友型：产品与用户需求高度匹配，盈利潜力高（忠诚度高）。

陌生人型：产品与用户需求匹配低，盈利低（忠诚度低）。

藤壶型：产品与用户需求有限匹配，盈利低（忠诚度高）。

从上述情况，我们可以看到无论是四个方面中的哪一个方面都和企业对用户，以及对企业的顾客价值明确和树立有着必然的关联和影响。

3.5.3 新特点

随着新技术和新媒体的出现，过去相对单一的客户关系出现了新特点。企业在 O2O 的实施过程中，不仅要实现线上与线下在业务、会员等方面的整合，还要充分利用自身双渠道的特点，以及不同渠道间的差异补充，再结合目前一些较为流行的元素和方式，实现具有 O2O 模式特点的客户关系管理与维护。

这些新模式和新特点有很多，下面我们就两个典型方面进行说明介绍。

1. 客户挑选

传统意义上的客户关系管理与维护是针对企业内部所有的用户而言，在过去需求大于供应的时代，这种理念和模式完全可以适应。但是在现阶段，我们反复讲过的信息和产品供应过剩的时代背景下，很难再采取这类策略，一方面企业依靠自身的产品、服务很难单方面地吸引顾客并维系这种客户关系；另一方面站在企业利益最大化和应对竞争的角度，针对不同类型和需求的会员全覆盖，会极大地浪费企业有限的营销资源，在降低企业利润的同时，减少企业的竞争力。此外，O2O 模式在某种意义上并不是线上与线下会员的全覆盖，而是实现更加精准的人群聚焦。

在这种条件和背景下，企业为维护自身的利益最大化，确保竞争的地位和优势，有针对性地对用户进行价值评估和挑选，剔除唯利是图的用户，筛选出对于企业而言最有价值的用户。无论对于 O2O 模式，还是线上与线下渠道在业务、会员等方面的整合，其客户关系的管理与维护始终与时代背景、企业利益和市场需求相关。

2. 社会化媒体及营销

近些年随着社会化媒体 SNS 的兴起和流行，以社会化媒体为信息渠道通路，针对用户及其社交圈为覆盖目标的社会化营销方式开始兴起。由于这种方式具有私密性、可信度高、易于传播等特点，故而在企业、产品、服务与用户的传播过程中起到了非常好的效果，同时对于企业来说，利用社会化媒体及社会化营销的方式去管理和维护客户关系，还具有两个传统渠道不具备的特点。第一，在 SNS 社会化的客户关系管理和维护中，企业向用户传递的内容，通过激励、创意等方式促使用户主动地向其社交圈进行转发，帮助企业扩大并提升效果。第二，SNS 相比过去邮件、短信等方式，更有利于企业与用户的信息交互和内容的双向互动。这对于企业倾听用户声音，改进产品、服务，同时满足用户参与企业的各个环节具有里程碑式的意义。

3.5.4 目前国内 O2O 企业客户关系的现状

从目前的 O2O 实施的企业和行业看，很多企业在实施 O2O 的伊始便把客户关系管理和相关的 CRM 系统作为一个重要的组成部分。这一方面源于 O2O 在信息技术和新技术上的运用所带来的便利和优势；另一方面在原来单一线上或者线下实体模式下的企业内部已经积累了大量的会员信息。故而，在 O2O 模式下的客户关系管理及其 CRM 系统无论是在广度上还是在应用范围上都比原先的单一渠道下的客户关系管理要好得多。

从客户关系和企业实施 O2O 的角度看，目前主要有全新型、成熟型和过渡型三个类型。

全新型：新企业从事 O2O 或者在新行业从事 O2O，用户基数薄弱，基本上是从零开始。

成熟型：成熟企业在成熟的行业实施 O2O，具有大量的老用户和会员基础。

过渡型：主要是指那些有一定时间沉淀或者会员沉淀但数量不多的企

业，或者会员数量多，但企业 O2O 实施的领域在另外的行业内，需要将自身的会员进行转化和引导。

虽然很多企业在 O2O 模式下普遍实施了客户关系管理与维护，但从整个客户关系管理与维护的效果看，集中存在形式主义严重、客户管理与维护观念陈旧和客户管理建设不足三个方面的问题。

（1）形式主义严重。

很多 O2O 的实施企业和那些正在实施 O2O 模式的传统单渠道企业，表面上对客户关系进行管理与维护。但对于企业而言，能够产生的实际效果非常少，无论是在销量的提升还是会员的忠诚度和活跃度方面。对于部分企业而言，虽然在理论上知道客户关系管理与维护的重要性和价值，但是从实际的操作和产生的效果角度看，跟风和走形式的企业更为普遍。

（2）客户管理与维护观念陈旧。

很多企业在实施客户关系管理与维护时，其观念较为陈旧，整个客户关系管理与维护的过程就是定期向用户推送企业的促销信息或者新品信息。在卖方市场或者产品资源较为紧缺的时代，这种方式有一定的效果和价值。但就目前国内的市场竞争环境和供求关系的特点而言，这种方式恐怕对客户难以产生足够的影响。现行的客户关系管理与维护已经从最开始的简单商品推送，逐渐向用户在使用过程中的前、中、后期的不同阶段，实施全方位、多渠道的精准化推送。企业一方面可以针对用户的个性化需求进行精准营销；另一方面通过情感的拉拢，增加与用户在关系维护上的价值。同时随着信息化和 SNS 的兴起，用户对于与企业的互动和主动参与感也日益增强，如何在客户关系的管理和维系中实现与用户的有效互动，其作用和结果远比企业向用户单方面传递信息要有效很多。

（3）客户管理建设不足。

很多企业在实施客户管理与维护的时候，在理念上并没有把其放到企业战略的高度，而是作为一种客服或者售后的形态出现，企业中产品、服务销售和利益的产生还是主要集中在市场营销、广告投放等方面。因此，对于客户管理在实际的价值和定位上不准确，进而也就影响客户管理与维护工作的开展，具体表现在以下几个方面。

1）对于客户管理与维护所需的系统开发建设、优化升级投入不足。由于 CRM 系统涉及企业业务的方方面面，其系统的开发、优化升级无论对于什么量级的企业而言，都是一笔不小的持续性投入。

2）客户管理与维护所需人员编制和考核激励机制等方面存在较大的欠缺。在企业内部，客户管理与维护不属于利润中心，其往往由售后和客服人员监管。因此市场营销、活动策划，以及编制配置和激励考核等都存在着较大的空白和漏洞。

以上这些情况是目前 O2O 模式下客户管理与维护在实际运行中一些较为典型的问题。O2O 是一个全新的模式，而好的客户管理与维护不仅可以帮助企业腾飞，还可以帮助其在市场和不同行业中发展壮大。

值得一提的是，除了上述这些企业在客户管理与维护的操作和运用上的问题，还有一个对于客户管理与维护产生巨大作用的方面值得我们注意，那就是对会员信息数据的收集。对于 O2O 企业而言其客户关系实施的成败，除了企业在客户关系上的定位、客户价值的定义，以及维护的方法之外，很大程度上也和企业客户的信息数据息息相关。会员的信息数据对于客户管理与维护而言，不仅关系着能否有效实施，而且关系到企业客户管理与维护的成败。对于企业的客户管理与维护而言，无论其理念方式，如何强大，一旦遇到缺失或者过时无效的客户信息和数据也很难发挥其作用和价值。

对于新企业、新行业的 O2O 而言，由于一切从零开始，因此需要将会员信息数据基础打牢。然而对于那些已经有了多年沉淀或者庞大会员数据的企业而言，在某种程度上这些庞大的会员信息和数据，对其不仅不是一种可以炫耀或者在市场竞争中取得优势的财产，反而在某种意义上是一种累赘。对于那些数据较少或者新兴的 O2O 企业而言，遇到类似具有“大包袱”的企业大可不必害怕。这是因为目前对于企业会员信息和数据方面较为普遍地存在以下一些问题。

（1）会员信息陈旧过时。

由于不同行业和企业在信息化方面实施的时间和成果不同，对于有些大型企业而言，其信息化的过程往往是行业和市场的风向标。这也会带来两方面的问题，一方面较早实施企业信息化对于当时会员信息的收集，比如联系方式等会发生很大的变化；另一方面当时企业进行会员信息收集时，所收集的信息和内容是否对现在的业务需求还匹配也是个问题。

（2）用户需求变换。

对于用户而言，随着时间的推移，其自身的年龄、经济情况和需求等也会跟着发生变化。比如对于女性人群而言，从 16 岁到 36 岁的自然周期内，同样是对服饰的需要，其选择却会存在很大的差异。再如，对于某些母婴行业而言，其用户群的忠诚度和使用率绝大部分是从孩子出生前的一段时间到 5 岁左右，之后便不会选择购买。随着时间的推移这些会员的需求和属性会发生变化。因此，再对其进行数据分析、客户关系管理与维护的难度较大。

（3）缺乏必要的维护与清理。

缺乏对于会员历史数据的维护和清理也是很多企业，尤其是拥有大数据企业的一个通病。由于会员在信息、需求等方面的变化，会员数据在某种意义上是一个动态的过程。在这个过程中一方面需要企业对于数据进行及时维护和更新，另一方面需要根据数据的动态变化，创建并不断标记会员的各种属性标签，以便对会员进行分类，进行针对性更强的精准推送。对于同一个会员来说，身上可以被打上很多不同的标签。这些标签可以根据其变化的动态信息进行标记和调整。这对于企业来说是一个漫长、繁琐且需要投入巨大人力、物力的过程，同时在短期内很难看到实际效果。因此在很大程度上造成了企业内部大量数据缺乏必要的维护与清理。

（4）O2O 会员属性跨度大。

对于 O2O 模式而言，其在会员的整合维度上存在着远比单一线上互联网、线下实体经济更大的挑战和难度。对于那些坐拥会员信息大数据的企业，由原来单一销售渠道转向 O2O 的企业更是如此。造成这种问题的原因是不同渠道间会员的习惯、属性、需求层级，以及价值点存在着较大的差异。

首先，会员注册。在传统的线下实体经济中新会员的注册方式是在会员纸质版申请表单上提供必要的个人信息，同时需要顾客出示有效证件予以证明，这样一来用户身份和信息的可信度非常高，便于企业今后客户关系管理与维护工作的有效开展。同时，线下实体经济中其注册和使用的会员中相当一部分人群不属于互联网人群，其年龄较大、购物习惯较为传统、固定。而在线上互联网模式下，新会员的注册受到所谓操作简化和用户体验等方面的影响，注册方式越来越简单。用户只需填写用户名和密码即可。有些网站甚至为了追求用户体验优化，用户只需用任意一部手机便可登录使用。

其次，商品体验和购买习惯。由于线上互联网与线下实体经济在产品、服务的销售时，受到各自特征的限制，导致了其在产品的体验和购买方式上存在着本质的区别。这种区别在各自庞大的线上与线下会员中会造成两种较大的影响，其一是针对用户需求的不同层次进行满足；其二是在长期使用过程中对用户行为习惯的影响。具体体现在年龄、信任感和购物习惯上，经常在线下实体中选择产品服务的用户由于对于商品、服务可以有最直观的感受和接触，加之其交易过程相比线上更为简单即“交钱一拿货”，因此集中在中老年人群和高价值商品的购买中。如将其硬性地向线上互联网进行转换，则会出现较大的不适应和抵触。

从线上与线下渠道会员注册的方式、流程的不同，我们可以从中看出其用户群在各自的习惯、心理行为、年龄等方面的差异，更不用说不同渠道下会员信息的准确性和有效性的差异了。另外，加之用户行为习惯和心理等的不同。导致企业在实施 O2O 的过程中，以及客户关系的维护与管理时，用户的总量虽然庞大，但对于企业的 O2O 实施及线上线下会员的客户维护提出了更高的要求。

（5）缺乏必要的会员权益配合。

对于 O2O 模式下企业的客户管理与维护，除了上述我们讲到的问题之外，对于会员的维护尤其是老会员关系的维护，目前在不同的行业和企业内存在实际操作层面难以提供有价值或者实质性承接的问题。由于客户关系的维护与管理对于企业和客户而言是一个双向选择的过程，任何单方面的实施都是一厢情愿的空想。对于企业而言，其通过对老会员的维护，一方面可以维护自身的市场地位和销售规模，另一方面也可以稳定企业日常运转所需的现金流和利润。而对于客户而言，现代社会的信息及商品过剩，使得用户可以非常方便地找到代替品，且替代成本非常低。除非是垄断型或者拥有公共资源的用户刚性需求和企业强联系外，绝大多数的企业与用户在产品、服务上都是弱关联。对用户而言，维持这种弱关联，除了企业在产品、服务上的价值优势，更多的还是需要产品、服务内容之外的内涵进行企业价值与用户关系存在的承接。在这方面很多企业基于维护老客户的经验对新客户进行一样的产品推送和促销，忽略了新老会员间的购物决策差异。对于老用户而言，再多的产品宣传对其与企业关系维护而言意义不大。因此，用户关系管理与维护的重点应当从产品、服务自身功能、价格等方面的价值，转移到用户心理和更高需求层次上的满足。企业针对自身老会员权益，是企业与客户间有效保持关系和存在的必要基础和实现手段。从会员权益的组成方面而言，主要有以下几类。

用户心理：主要针对用户成为企业会员后的自豪感、荣誉感等方面的需求，包括会员等级、新品体验、特价权等。

产品、服务使用：针对企业 O2O 的会员，区别于其他新用户在商品、服务使用过程中的帮助和服务，如老会员独享服务通道、会员增值性服务等。

产品、服务复购：其目的是刺激并拉动老会员在产品、服务方面的复购和购买数量，但不同于新会员的促销和活动方式，而是通过与会员积分、登记和专享活动促销的方式拉动老会员的黏性和忠诚度。

互动与参与：由于会员维护是一个双向的过程，企业需要收集并倾听会员的声音和意见，一方面有助于企业改进、完善自身的产品服务，另一方面企业需要采取特定的措施引导会员的正面评论和主动传播，进而增加企业、品牌在社会市场上的知名度、美誉度和影响力等。

4

传统服务实战笔记

线下实体经济的发展不同于线上经济的发展，其自身具备完整的理论性和体系性，且发展时间较长，并且在不同的发展周期中受宏观经济因素影响较大。

在现行的 O2O 领域，目前较多的观点是将 O2O 这种模式的焦点与核心放到了线上部分。相对于“高大上”和“白富美”的线上，只要一谈到线下，大多数的观点和论调都认为其是落后、低效的，仿佛只有线上才能拯救和颠覆线下实体这个“矮穷”的群体。事实真的如此吗？这需要我们从 O2O 实践和整个线上线下融合的角度去看待。

4.1 线下实体的现状

线下实体经济的发展不同于线上经济的发展，其自身具备完整的理论性和体系性，且发展时间较长，并且在不同的发展周期中受宏观经济因素影响较大。

当社会总经济呈现总量突破性增长时，社会需求和消费需求集中爆发，而产品、服务的提供量则落后于这种需求量的增长和爆发，这时在社会消费方面总体的态势是“需大于供”的。这时也是线下实体的黄金发展期，其市场策略、价格策略等一切为扩大自身产能让步。

随着这种“需大于供”状态的持续，以及线下实体经济产能的陆续提升，社会需求和消费总量对比线下实体的供应量呈现出“供需平衡”的状态。社会宏观经济总量持续增长。

社会国民经济的发展自身也是有一定规律可循的，以“铁公基”为代表的基础设施建设，能够在短期内通过政府宏观的政策性投入对国民经济进行强有力的拉动，但这种模式的弊端是整体拉动的产业基本都集中在第一和第二产业，同时整体的层次较低。随着基础投入建设的陆续完成及在该领域的投入较少，为保证国民经济的持续发展，整体的产业升级和转型也是势在必行。而企业作为盈利性的个体，在对销售规模和利润的驱使下，仍处于扩大产业规模以带来销售增长的模式下。因此，在社会需求和消费总量一定的情况下，这种消费与供需平衡便会被打破，并会呈现出“供大于需”的状况。现在企业在这种总体宏观经济的背景下，为了自身的发展，应该从市场定位、差异化竞争的角度出发，同时做好自身产业的升级，而不是迷信互联网的“灵丹妙药”和“偏方”。这种走捷径的心理在相当一部分的线下实体企业中普遍存在着。因此，我们可以看出盲目迷信和被颠覆对于线下实体的影响和后果。

造成这种情况的根本原因在于线上与线下实体经济存在以下几点本质的不同。

（1）技术基础不同。

互联网技术在数据等方面有天生基因优势，而传统线下实体经济在技术方面受限于业务主要形态的不同，相对于互联网企业存在滞后性。这也为传统线下企业的业务升级、改造和在 O2O 方面的整合造成了不小的困难。

（2）满足需求不同。

线上互联网主要满足的是那些没有时间去传统线下实体购物，或者青睐低价的用户（电子商务的兴起正是因为其经营成本低，故而售价低）。而线下实体则明显集中存在区域人群需求属性和休闲娱乐属性。这也是二者在 O2O 的整合中较难成功的原因。

（3）体量和成本不同。

从现行的两个产业规模来看，目前线下实体经济在总量规模上是远远大于线上经济总量的，但线下经济的增速则明显慢于线上。目前从线下经济增长的拉动因素来看，目前占大部分的还是扩大线下实体产业规模、产业链优化、价格调整等传统线下实体业务，线上对于线下实体经济拉动作用仍然有限。此外，成本因素，如房租、人员等成本依然保持了很大比例并呈现上升趋势，而线上产业则由于内部竞争和产业发展增速放缓的影响，加大市场营销等部分的投入，其成本相比过去在总投入上总量增加。

（4）商业模式不同。

线上产业大多采取平台化的多变策略，其免费的基础也在于一个产品存在两个以上且彼此关联的消费者。而线下实体的商业模式较为简单，就是提供商品和服务，通过价格差盈利。但目前较大的线下零售企业对于供应链利用其自身的某种垄断优势采取了更为强势的态度，如价格不菲的产品进店费、进场费，节假日的厂家促销费和时间非常长的结款账期等。因此促使很多供应商和供应链参与者开始通过互联网开展业务。

4.2 711 的风靡——不可替代的线下服务

1．小心！线上凶猛来袭

在之前的章节，我们对于互联网、电子商务和移动互联网的诞生和发展有了大致的回顾和介绍。下面我们就线上产业在实物和服务上的特点和优势进行剖析。

（1）人群方面。

由于线上服务和产品主要集中在网民中，因此其用户大多数以年轻人为主，同时在购买力上跨度较大。这些人中其中一部分与线下产品、服务用户重合，但仍有相当一部分用户受限于时间、地域和线下有效覆盖度等因素影响。因此，O2O 在线上与线下的会员融合和开展是线上与线下打通首要解决的问题。

（2）市场营销、定位和聚焦。

线上互联网由于其技术上的天然基因优势，相比线下产业可以更加高效、透明，且大数据的实施可以更有效地把握会员和市场变化，因此在会员的定位和聚焦方面相对于传统线下产业更具备一定的优势。此外，线上互联网在用户的宣传和市场营销领域也可以更好地实现精准营销和营销效果的实施跟踪反馈，这点相比传统线下渠道的宣传无论是在费用上还是宣传效果上都具有明显优势。

（3）硬件布局。

线上互联网涉及有形产品、服务的布局时，往往采取两种模式：中央集权模式和各地诸侯模式。这两类模式在硬件的投入、布局和响应速度上都是截然不同的。

中央集权模式：往往涉及相关有形产品和服务在线上企业所在地或者主要销售区域核心地点进行布局建设，其成本投入相对较小、企业管理方便。但缺点是除了部分区域能够有效覆盖外，其余地区的响应速度较慢。这个模式特别适用于初创公司，或者区域销售比重较大的线上公司。

各地诸侯模式：相对于中央集权模式而言，企业在原来集中在某一地的硬件资源，按照一定的规划在全国甚至更广的范围内进行建设，这样便可有效解决不同区域有效覆盖的问题，但缺点是硬件建设费用高、管理难度大等问题。

此外，无论是中央集权模式还是各地诸侯模式，企业都存在自建和外包这两种选择。自建模式在成本、费用和周期上较长，且服务的管理和运营管控较为方便。而外包模式，投入低、建设快且周期短，运行的费用相对于自建模式一次性投入较低，但受外包供应商因素的影响较大。

（4）互联网是解决产品和服务的最大优势。

互联网线上企业在涉及有形产品、服务的提供时最大的优势是其自身的网络属性。这种网络属性，无论是在市场营销、宣传推广还是消费者使用、下单等方面大大突破原来传统线下实体的地域局限性和时间局限性，因而可以方便地获取客流和订单流。同时，信息系统的大规模使用也使得互联网线上在提供有形产品、服务，在相关业务流程的处理和订单规模处理时相比线下传统实体受到门店人员、面积等因素限制较少。当订单数量达到一定规模时，其处理的效率和响应的时间会下降。

2. 线下实体的优势

谈到目前线下实体经济的现状和其需求，着眼点必须回归到一个宏观的现实中来，那就是线下实体受到成本组成要素的影响，其固定成本和变动成本的支出在逐年增大，同时既得的销售规模和利润增长呈下降趋势。这本身既是线下实体产生调整所需突破的现状，也是市场消费供大于需的体现。在此基础上我们无论是谈到线下实体的互联网化也好，O2O 模式也罢，都不是对线下实体经济的看衰和线下传统商业模式的一种纠正与颠覆，而是实现产业升级的助推器。目前线下实体经济的优势主要体现在以下几个方面。

（1）供应链和体量。

现代传统线下实体产业大多经历了市场经济和竞争的多轮洗礼，发展的时间和周期较长，且行业内相关板块较为成熟。这些对比刚刚兴起的线上有形产品、服务，线下实体在供应链上的优势非常突出。同时线下实体更可利用这种供应链优势和自身体量的优势，形成规模经济的红利。这些往往都是新兴线上有形产品、服务企业所不具备的。

（2）会员基础和数量。

受利于自身的品牌和市场影响力，以及部分区域的垄断地位，线下实体经济经过多年的发展在会员基础和会员数量方面，相对于线上无论是在质量还是数量上都具备明显的量级优势。当然，线下实体经济如何利用和挖掘好这些会员价值，我们在大数据章节已经进行了阐述。

（3）门店有效覆盖。

线下实体在门店方面可以依托自身庞大的实体门店数量和地域位置，对区域人群进行更为广泛的地域高密度覆盖，这种覆盖的效果和人群购物转化率也绝非线上渠道可比的。

（4）品牌影响力。

线下实体产业发展时间长，产品和服务成熟，再加上在传统线下和媒体渠道的多年沉淀，其对于消费者所产生的可信度和品牌影响力相对线上而言是有巨大优势的。

（5）人群的不同场景需求。

产品、服务的销售永远离不开三个要素，那就是人群、需求和场景。同样是买一种商品，有的人习惯在网上购买，有的人则对线下十分认可。即使是同一个人，在不同的场景内，其对于选品、服务的购买方式也会截然不同。如平时我们在办公室或者家中对需要的产品可以从线上购买，而当我们在周末休闲逛街时，看到心仪的产品则不会从网上购买而是在线下实体中购买。

（6）店内营销优势，用户转化率和替代率较低。

线上产品、服务由于其流量来源和互联网属性的影响，用户选择和替代供应商较为方便，这也就造成了线上产品、服务的企业其网站销售转化率较低，用户流量跳出率较高。而线下实体则与之截然相反，用户到达实体门店的目的性和购买意向较强，且整个消费者行为在门店中会受到门店购物环境和销售人员沟通的影响，同时顾客受限于线下实体的地域局限性，其替代选择性也受到了很大的限制，故而其线下实体门店内的销售转化率比线上转化率高。

3. 线下实体产品、服务属性

从上面对比线上和线下实体间的特点和各自优势我们可以看出，线下实体对比线上，其同样是提供产品、服务对于消费者而言，购物的过程、影响因素和交流等方面相差很大。线下实体对产品、服务的提供是一种集合有形行为、过程因素影响和人人之间交流表现的综合体。这种综合体包括所有产出为有形或者无形产品的全部经济活动，这种经济活动的过程中消费者被提供以省时、省力、便捷、舒适、健康或者喜悦等附加价值。这些消费者在购物过程中的影响因素和附加价值正是线上互联网所无法提供的。线下实体的产品、服务和线上相比这种差别主要集中在四个方面。

（1）服务性。

顾客在线下实体选择产品、服务时，这其中本身就包含了实体和销售人员对于顾客在购物前、中、后的一种服务过程。这种服务性是线上所不具备的，线上在这个方面可谓是“成也萧何，败也萧何”。互联网虽然可以跨越时间和地域，可以提高处理效率，但其页面、人机操作再怎么优化，对于消费者而言都是冷冰冰的机器和代码。

（2）差异性。

线下实体在产品、服务提供的过程中，其人与人面对面的沟通、营销技巧的使用、心理暗示作用，以及面子等都为原有的有形产品、服务提供了一种无形化的附加。这也就构成了其与线上产品、服务的差异化。

（3）单次性。

所谓单次性主要是指线下实体在产品、服务过程中所提供的附加价值，往往随着人、场景和交易的变化，而呈现出单次性特征。同样的产品、服务由于不同的人和不同情形下的心态差异，故而消费者的感受也是不尽相同的。

（4）消费与生产同步。

很多线下实体其本身所提供的产品、服务往往是采取前店后厂的形式进行的。产品在店后进行加工生产，顾客在店内选择购买。这种模式不仅可以为顾客提供最新鲜、优质的产品，购物过程简单、便捷和及时，而且其生产与消费可以紧密结合并有效控制。这些都是线上互联网所不具备的，某种意义上这种前店后厂的模式对于顾客而言本身就是线上无法颠覆和逾越的。

4. 线下实体消费市场转型

谈到线下实体消费市场的转型，我们不得不提线下实体经济发展所经历过的三个阶段。

第一阶段，生产商时代。这个时代的特点是社会消费供应小于市场需求量，市场零散且封闭，在用户消费和交易的过程中，生产商的话语权较重，同时产业竞争的焦点是如何扩大产能去满足日益增长的社会需求。

第二阶段，营销驱动时代。随着产品产量的增加，社会消费的供应量大于市场需求消费量，各方为了增加产品的销售，加强加大市场营销的力度和方式，驱使用户选择商品购买，市场的主动权和消费权回到消费者手中。这个时期的消费市场主要的特点有“需求创造，驱动营销、品质与品牌”等。

第三阶段，过剩产品、服务时代。在产品、服务严重过剩的情况下，消费者的消费权和话语权相比前两个时代更加强大。市场上的产品，不仅数量繁多，而且价格低廉，消费服务也是更加快捷。同时消费者的购物方式和购物选择也是更加智能（信息、通信、互联网和移动互联网）。

因此，线下实体消费市场经历了以上三个阶段的发展后，迎来了新的转型。这种转型主要集中体现在三个大的方面。

（1）强情感思维。

所谓强情感思维主要是指用户与线下实体之间不再是简单以产品、服务为切入点进行关联，而是以“强情感思维”的方式，让用户产生期待奖励或者害怕期待落空的心理，进而刺激大脑分泌多巴胺，促使用户在线下实体中消费，并在过程中体验到兴奋。这便是消费者在潜意识层面和意识层面与线下实体的强情感思维。

站在线下实体的角度，在消费者没有意识或者识别的情况下通过在用户潜意识层面引起的强烈生理或者心理反应，进而与使得顾客在线下实体内就像拜访家人朋友一样，那么通过线下实体与顾客建立的强情感思维，让顾客知道消费的过程将会非常有趣和愉快，这时对于产品的销售已经无需任何努力便可实现。

（2）常驻式销售。

所谓常驻式销售主要指那些与消费者最近、最易得到的线下实体。相比其他竞争者，这种方式更能够抢占用户的消费现金，从而赢得更多的市场。这种原则在实施时，有三个需要注意的地方。

常驻式销售并不是意味着需要线下实体必须扩增自身的门店数量，而是要求线下实体高度匹配消费者希望获得产品、服务的方式、时间、地点和频率。

这种方式并非适用于所有商业、所有产品和经营模式。这种方式不仅是在物质上占有先机，而是与情感刺激、品牌影响力等多方面的综合。

（3）控制价值链。

线下实体的价值链有别于其现行的供应链。供应链往往居于用户消费的后端，并减少物流、仓储、分销中心和货物流动等一系列事宜，而价值链则更为宽泛，它是一个完整闭合，永无止境的利益循环，包括由谁创造价值，价值在哪里创造等诸多方面。

线下实体为更好地控制价值链，需要做好整个价值链条中所有智力资源、人力资源和实物资源的协调，优化、加快并缩短实现目标价值的决策过程与时间，努力构架效率高、需求反应快的价值体系。

第一，用户需求转变。

所谓用户需求的转变是指将过去的“需求物质”、“雷同严重”、“精英可得”和“求新”等消费需求向“用户定制”、“体验式需求”，“全民共享”和“求新求快”等进行转变。

第二，供应策略转变。

将销售驱动由过去的营销驱动向分销驱动转变，将用户需求由创造需求向传递需求转变，将供应链由共享向控制转变，品牌方式由生活方式品牌向品牌体验转变，市场与营销由过去的大众式向细分市场和微观营销转变等。

5. 线下实体中的场景

从上我们可以看到在线下实体中的场景，在日常经营策略和销售转化方面的作用和价值。下面我们主要对线下实体中的场景作用和要素进行介绍说明。

（1）服务场景中的要素。

在传统线下实体中服务场景要素主要包括实体所在的商圈、周边环境、实体内各种品牌、品类区的空间布局与功能，以及实体内的装饰、各类标志、象征制品等一系列暗示等。同时这些要素也会对于场景中的人产生感知反应、感情反应和身体反应这三种刺激。

感知反应：感知反应作为一种包括象征性意义、分类和信念的思考过程，主要是线下实体内的场景以一种非语言的形式传播并影响用户对产品、服务提供者能力的看法。

感情反应：场景通过营造一种顾客期待身临其境的氛围，进而对用户的积极情感进行有效激发。

身体反应：身体反应为用户身体的愉悦或不舒适。典型的身体反应包括舒适和痛苦。

（2）线下实体中服务场景设置原则。

定位原则：线下实体的场景设计要与线下企业主要的人群、经营和市场定位等相匹配，同时满足企业对于市场细分的需求。

流程优化原则：通过场景设置可以使用户在浏览和购物时身临其境；流程进行优化，而不是增大用户操作体验的难度和员工工作量。

美观原则：这点很好理解，门店内的场景设计要符合用户的审美和视觉要求。

主旨理念原则：通过在主题和文化方面设置，突出线下实体在产品、服务过程中所推崇的理念。

此外，对线下实体中的场景设置时，还应当留有适当的弹性空间，以及用户安全所需的必要支持。

（3）服务场景在线下实体中的主要作用。

1）交际功能

所谓服务场景的交际功能主要是指线下实体中通过场景的设计可以对用户和销售人员间的营销沟通和交际产生一定的影响作用。在社会学中有一种理念即“有形环境通过实际进展和持续时间对所有的社会交往都会产生影响”。线下实体内的场景正是通过这种作用和影响，帮助用户和销售人员间传递所期望的作用、行为和关系等。

2）辅助作用

服务场景的辅助作用可以影响到顾客在线下实体中接受产品、服务的行为。即在线下实体内通过场景的设计，可以使身临其境的顾客将消费过程视为愉快的经历，并促使销售目标的达成。

3）包装作用

服务场景作为线下实体的外在形象，既是线下实体无形服务的有形表现，又可以引发用户某种特殊的视觉或情感上的反应，对于新顾客初步印象的形成和用户期望的建立尤为重要。因此线下实体通过场景有形的设计和其他因素的展示对产品和服务进行包装，并通过这种外在形象的包装向消费者传递对服务企业的初步印象并建立消费者期望。场景对于线下实体的包装作用对于不同的消费者，其影响也是不尽相同的。

4）区别作用

场景对于线下实体的区别作用也是线下实体企业间不同人群属性定位和差异化的体现。

4.3 京东的努力——木桶的短板

1. 线上产品属性

市场策略讲究定位，营销方式讲究聚焦，企业各类销售行为不是简单拍脑袋和凭感觉，而是由各类事务的本质、属性和基本特点决定的。互联网线上渠道同样如此。在前面的章节中，我们详细阐述过互联网不是万能的，互联网模式也不是拯救一切的万金油，免费更不是绝杀一切的王牌。互联网在产品、服务的提供方面的兴起和蓬勃发展离不开两个基本的方面，一方面是互联网技术和网站的基因；另一方面是一部分产品属性的匹配。当然，我们不能否认某些居于区域垄断地位的线下实体，利用自身的垄断和规模向产品渠道商、供应商和厂家巧立名目收取各类费用，在增加自身纯利润收入的同时也将这些合作方“送到”线上。下面我们就渠道属性与产品、服务属性的匹配进行介绍。

（1）线上互联网渠道与产品、服务。

互联网线上由于其自身网站和技术的特点，通过网站的形式，可以有效跨越产品、服务提供的时间和地域限制。同时也正是这些优点造成了其在为用户提供产品、服务时，站在用户角度和市场接受的角度，对产品、服务的本身和属性提出了一些要求和限制，主要包括以下几个方面。

标准化：即产品无论在哪里或者以何种渠道进行销售，其内在规格、品质都是统一的，这类产品往往是用户使用过或者经常使用的，因此会大大降低用户购买的疑虑。

大品牌：大品牌本身对于用户具有较强的影响力，同时其品牌本身也是对产品品质和质量的一种保障。

熟知性：产品的熟知性本身和用户购买决策过程息息相关，线上互联网尤其是产品受到展示方式的限制，无论怎么拍照，360 度展示，对于用户而言都仅仅是一种间接的感受，故而不能对产品产生直观的感受和体验，因此那些用户经常使用或者非常了解的产品，在互联网线上更受用户的青睐。

非及时性：所谓非及时性，主要指的是用户对于产品需求的迫切程度没有达到“立刻获取”的程度。这一点也是由互联网线上的本质所决定的，由于互联网本身没有实体，且用户也不在实体场景中，因此互联网线下的后续再配送和服务也需要一定的时间。目前有些互联网企业已经在努力尝试缩短这种时间周期。

低价格：关于产品的低价格和互联网在产品、服务领域的价格战，也是大家津津乐道的话题。互联网在产品、服务领域的迅速崛起，很大程度上确实得益于其产品价格屠夫的身份。之前在谈到互联网线上作为产品、服务提供方式，我们大都认为其经营成本低，但这种低成本的优势，在近些年互联网产品、服务规模扩增和覆盖地域扩增的同时，其在线下和硬件建设方面，无论是在投入上还是在数量上已经远非昨日单纯一个简单网站的成本可比了。站在企业良性发展的角度看，低成本确实可以驱动产品的价格和获得更好的利润空间。但现在互联网线上渠道的问题在于，其内部的成本优势很难承载起低价格的需求。目前线上互联网企业所提供的产品、服务又存在严重的同质化，在所谓互联网思维和免费的影响下，亏钱销售、赔本拉用户的事儿似乎到处可见。关于这种亏钱赚规模和亏钱的目的，我们在商业模式章节已经进行了详细的阐述。

（2）线下实体渠道与产品、服务。

线下实体产业虽然存在房租、人员等成本问题和销售规模、利润规模增长等方面问题，但是由于存在自身体量、规模效益，以及发展阶段等优势，特别是在产品、服务方面能为用户提供线上渠道根本不具备的场景影响、率先接触、销售沟通等一系列能够发挥自身强项和优势的地方。

高价值：受限于线上互联网企业的不可见，商品间接接触等因素，尤其是近些年来互联网假货和仿冒品横行，用户在选择一些高价值产品时往往首选线下实体进行购买。此外，新用户对于高价值产品、服务进行选择时，因为对于产品、服务的价值判断程度有限，也往往十分青睐于在线下实体中进行购买。

体验性：线下实体的展示方式直观、简洁，相比线上用户对于产品可以有最直观的接触，尤其是对于那些新产品或者本身是以体验为主要销售方式的产品，线下实体的这个优势是线上无可比拟的。

专业指导：由于线下实体中销售人员的存在，对于那些专业性较强或需要专人指导的产品，对比线上冷冰冰的展示，线下具有明显的“人性化”

和沟通方面的优势。顾客在选择这些专业性较强或需要专人指导的产品时往往会首选线下实体。

及时性强：线下实体由于店内产品库存优势，比线上互联网渠道，用户在线下实体中付款后立即获得产品与服务，对于那些急需商品与服务的用户有较强的吸引力。同时，在那些采取前店后厂形态的商家而言，线下实体不仅可以很好地保证产品的质量和品质，而且这种生产及获取商品的及时性，对于一部分用户具有很强的吸引力。

生鲜时限：这方面商品主要集中在商品品质、商品展示和商品配送三个方面对于时间要求比较严格的商品。随着时间的变化，产品的品质会呈现出较大等级的变化，同时这种产品的销售对于整个供应链的要求相比其他品牌的商品、服务也严格得多。同时，用户在选择这类商品时，往往在消费习惯上习惯直观和比较性的挑选，并且商品个体间存在一定的差异，而线上互联网对这类商品展示时往往只能展示某个商品的个体状态。用户既不能直观挑选，又不能保证最后到手的产品、服务和图片的个体一致。

此外，由于线上互联网的配送有别于线下实体的当场获得，还需要一定的配送时间和条件，且在配送时对于商品的品质会有一定的影响。因此在生鲜时限类产品服务上，线下实体相比线上互联网具有更大的优势。

从上述线上与线下在产品上的体现来看，O2O 并不完全是那个“O”整合另外一个“O”的简单概念，而是不同“O”之间由于其特点和属性的不同，进而更好地合作，取长补短，相互包容的过程。无论站在 O2O 的哪个方面，不管是线上还是线下其在服务这个层级有很多共通的地方。同时，这种共同点也会让其在不同业态内呈现一种竞争性的服务特点。

这种竞争性服务主要表现为以下几个主要特点。

（1）满意度调研与内容无形性。

客户服务作为一种本身灵活且无形的体态，其好坏的标准是通过客户满意度来进行衡量的，然而客户满意度的收集和评判却是一个滞后于服务且需要进行用户调研的过程。在这个过程中，既体现了服务结果的不可预测，同时又使得企业和产品在服务过程中有着巨大的操作空间和灵活度。为达到服务的最佳效果，企业只有不断努力，并通过对用户满意度调研才能掌握自身在服务性竞争方面的作用。

（2）竞争性服务重心。

竞争性服务其特点是在用户服务过程中竞争性的体现，但这种服务也好，竞争也罢，并不是凭空捏造出来的，其必须以满足消费者需求为基础，否则再好的服务、竞争都是空谈。因此，以消费者需求为重心也是竞争性服务的基本理念之一。

（3）有形与无形相互依托。

从客户服务的本质上来看，服务作为一种无形的体态，绝大多数服务其需要以有形产品作为依托，进而将这种无形附加在有形的内容之上。

（4）竞争性服务的收益。

服务营销作为一种依托于有形产品而存在的无形体态，在企业成本领域，这种无偿附加往往会造成有形产品成本的增加，降低企业利润，且服务的结果收益并不一定会给企业和产品带来直接的收益。因此，企业需要在服务性竞争所带来的成本增加和由其实施后带来的用户收益增加，从而对导致企业的间接收益增加进行衡量，决定服务性竞争的效果。

从服务性竞争的实施来看，其主要的实施方式和服务模式有以下几种。

（1）全流程服务性竞争模式。

这种模式的特点主要是在用户使用产品的前、中、后期，针对不同阶段的用户需求和具体内容，向用户提供全方位组合式服务的过程。这种模式的缺点在于因为服务内容较多，往往导致服务的成本较高，因此较为适用于那些需要攻防兼备且实力雄厚的大型企业。

（2）最佳费效比策略。

最佳费效比策略往往是企业在市场竞争过程中采取渗透竞争方式的首选。所谓最佳费效比策略主要是指在严格控制服务成本的前提下，通过对用户需求的判断和对于服务质量和服务内容适当取舍，为用户提供最适合的服务组合，进而使得服务成本与服务效果之比达到最优，即实现企业与用户服务的最佳费效比。

（3）差异化服务策略。

在企业间服务竞争领域，同企业市场和产品间竞争一样，存在着高度的同质化和白恶化现象。因此，通过服务的差异化不仅可以帮助企业提升自身的服务竞争力，进而还可以为企业整体市场间竞争和同质化产品竞争助力。差异化服务的实施一般是在满足用户核心需求基础上，在针对竞争对手服务现状的基础上通过服务与产品组合，服务与服务之间的有机灵活的组合，实现服务方式和服务水平等多要素与竞争对手、产品的差异化。

此外，差异化服务策略在企业的实施过程中还可以以一种企业特色化服务的方式进行体现，为用户提供独具匠心的特色服务。这种特色服务的诞生，一方面立足于企业、产品的自身优势资源和特点；另一方面，还需要立足于用户的某种特殊需求或者用户群中某种特定人群。

（4）人文关怀与感情服务策略。

这种服务策略主要指两个方面，一方面是在用户对产品使用过程的前、中、后每个阶段针对用户的需求、疑问、咨询等给予充分的关心帮助和必要的情感投入，进而使用户产生对产品使用之外，对于企业和产品的好感。

另一方面是指在用户与产品的交互过程中，特别是针对用户不满的情绪，为防止用户的流失和企业产品负面的传播，而采取及时、必要的跟进和解决。

（5）创新型服务策略。

所谓创新型服务策略主要是指为充分挖掘企业、产品和市场潜力，更好地应对现有竞争和竞争模式，为产品提供新的服务内容或改变传统的服务模式。

产品新的服务内容既可以是针对原有产品所提供的升级或者新的增值性服务，也可以是针对新产品所提供的特殊服务。同时可以针对过去传统的服务方式中固定的客服点和维修点模式和布局，升级为可承载零售、服务和售后等功能于一体的综合网。在向客户提供一系列服务的同时也作为一个收集客户对自己产品及服务意见的窗口，甚至可作为一种很有效的实物广告，扩大公司在市场上的知名度。

2. O2O 与轻公司

在与产品和服务相关的产业布局上，虽然在互联网公司中比较流行“轻公司”，但轻公司的理念仅适用于某些行业或以“虚拟”为主的互联网产业，对于以有形产品和服务为主的电子商务等互联网产品则明显不合适。值得一提的是，当初“轻公司”这个概念刚刚提出的时候，博得了线上线下一片叫好声，众多线上和线下公司以为找到了真理，困扰企业发展多年的成本和硬件建设问题一下子似乎得到了根本解决。在许多公司纷纷进行轻公司转型之后，我们却很难看到国内轻公司成功的案例。这是因为轻公司的概念其实是有很强的产业特点要求和市场行业要求的。

(1) 轻公司的特点。

正如我们在现实的线下和实体经济中很少看到轻公司的身影一样，轻公司这种理念和模式在实际运营和实施过程中有严格的条件限制和使用范围。这种限制和范围主要集中在以下三个方面。

1) 价值链实施

轻公司这种通过某种形式上的牵头和引导，便可调动整个价值链上各方的模式，首先需要实施轻公司的企业，能够构建起完整的商业生态系统，这样才能确保企业、产品、服务和用户相关的各参与方的参与可能性；其次，在利益分配机制上，轻公司企业构建的商业生态系统能够在商业模式和商业运作上打破原有“重公司”的利益分配原则，平衡价值链各参与方的利益需求，给予生态圈中各个参与方足够的驱动力，否则不足以对各方进行有效调动。最后，这种价值链上的各参与方存在着千丝万缕的关联，如果企业不能建立起一个完整且开放的平台，或者某一行业、市场本身不具备构建开放式生态圈的必要基础的时候，轻公司这种模式在价值链上很难得到有效实施。

2）组织与影响。

轻公司这种模式对于实施企业的组织、运营和经营能力的要求，远比传统“重公司”模式的企业严格得多。在传统模式中由于很多资产本身属于同一企业，在协调、管理和实施过程中相对容易和简单，但在轻公司模式中，这些往往分属于不同的参与方，这也就要求企业能够对价值链上的参与方实施足够的影响和高效的组织。

同时实施轻公司的企业作为开放商业生态圈的组织者，要求其企业在发展、经营和处理问题的眼光应放在整体开放商业生态圈和参与方身上，而不是集中在自身的发展和获利等方面。这样才能实现对各方的有效组织而不是简单意义上的领导各种资源去“闹革命”。

3）产品、行业本质要求。

轻公司这种模式要求实施企业所处的行业相对透明，且信息共享程度高，只有这样才能使得其在开放式商业生态圈内各参与方的关系变得平等，同时信用的基础和价值才能实现。

由于我国幅员辽阔，以及自身市场经济在不同领域和地区发展的不均衡，造成了很多产业与行业在规范性、信用性、共享性和透明性方面急需进行有效整合。在有的行业，市场信息仍然是商业竞争制胜的关键，行业壁垒和标准垄断仍是部分企业实现垄断的关键。在目前国内市场经济中除互联网少数几个行业之外，很难再找出更加符合这个特点的行业。

（2）对轻公司的误读。

1）放弃重成本。

关于轻公司这种模式，相当一部分人认为既然是轻公司，那就意味着企业可以放弃原来所谓的“重公司”模式，同时轻公司的优势在于企业在实施轻公司后原来困扰和限制企业发展的成本问题和重资产建设问题可以得到解决。这种想法，在企业发展的经营过程中完全是基于“静态思维”和“效率更高”的假设。企业放弃所谓的“重资产”和“成本投入”后，其自身影响力和位置不受这种变化影响，可以继续“保持不变”。同时，这种变化也不会降低，甚至可以提升企业的内部效率。

在现实市场和商业中，当初那些风生水起的轻公司典范，除去当年的无限风光，我们如今已很难寻其踪影或者已陷入了众所周知的困境和发展瓶颈。这或许就是对于放弃“重成本”这种误读最好的解释。

2）应对高强度竞争。

企业在市场上的竞争，其核心往往是品牌、产品和服务等各方面的综合体现。同时在某些市场高度发达，或者竞争激烈的行业，企业间产品和服务往往呈现出同质化严重的现象。这种现象往往发生在那些成熟型的行业，在这类行业中企业竞争的本质已经从原来的产品、服务等向资源掌控和企业实力比拼等方面转移。轻公司这种模式，站在市场和竞争的角度看，由于企业放弃传统的重资产模式，而构建一种开放式的生态圈，原先属于企业自身的各产业链模块和功能分布在生态圈中各个不同的企业间，除非轻公司企业所依赖的生态圈体量足够大，影响足够强，否则很难对这些生态圈参与方进行有效约束。这样也就造成了轻公司企业在应对高强度市场竞争时，缺乏有效的核心竞争力，对手同样可以以“轻”的模式或者较低的成本达到甚至超过原有轻公司企业的竞争水平。这也是为什么在电子商务领域，京东持续投入重金来打造自身配送、物流和仓储能力，进而不断赢得市场和消费者的青睐。

3）产品轻属性。

所谓产品的轻属性，主要是指站在产品属性和用户需求角度上看，那些虚拟产品或者售出后不再依赖企业提供服务与保障的产品，采取轻公司的模式可以以较低的成本迅速实现市场的扩张和企业经营的突破。

而那些高度依赖传统“重资产”对售前、售中和售后进行有利支撑的有形产品，企业采取轻公司化方式进行改造。诚然，这种轻公司的方式确实可以在成本和规模上取得一定的优势，但这种方式往往仅适合于那些初入市场或者实力不强刚起步的公司。从企业长期发展和经营来看，所谓的“轻公司”将太多的不可控、不标准等消极因素放入到了产品之中。这在目前三四线商品品牌中较为普遍存在，占据市场主流和主导地位的企业大多采取较重的模式。

站在 O2O 模式对于线上线下融合发展，相互取长补短的特点上，我们需要特别冷静地看待“轻公司”这种模式，并从产品和行业属性、用户需求特征、市场竞争等多维度去衡量“轻公司”这种模式。由此可以看到，“轻公司”这种模式对于传统线下重资产企业而言，不是一种模式，而是市场和行业不断发展和变化的集合。它要求企业在原来线下重资产的模式中充分利用互联网传播、改造和提升效率。同时，在这种重资产的背后，发挥自身“重”的优势，打造出一种开放、包容且良性循环的商业生态圈。

4.4 顺风快递变革——最后一公里的努力

物流行业相比其他行业而言是一个以线下实体为主的行业，它既是线上电子商务的最后一公里，同时又是连接网络与终端用户的节点桥梁。作为用户最终接触的环节，物流的好坏在某种意义上直接决定了一个企业、一个商业模式和一款产品的兴衰成败。因此，无论是在 O2O 还是在电子商务领域，物流的话题历来都是行业发展的焦点之一。

物流这一概念，实际上包括了几重含义，狭义上的物流仅指商品的配送，而实际上作为一种商业模式中的产业链延伸，对企业而言物流还包括商品的仓储、运输、保管、调度、配送等，以及退货、换货、返库这些逆向环节。

站在不同最终用户的角度看，物流可以分为对企业的物流配送和对消费者个人的物流配送。而站在广义的地域概念上，物流又可分为省际、城际间的干线物流和专门配送某一特定地区的区域物流等。

这些都决定了物流是整个消费产业链中除产品生产与销售之外最重要的一环，其自身复杂的时间、地域和系统性决定了其重线下、高资源投入和建设周期长等本质属性。

我国的物流行业，随着改革开放和市场经济的不断发展，经历了不同阶段并呈现出阶段性的典型特点。

第一阶段：一家独大。

随着市场经济的发展，伴随着企业、用户和国民经济的需要，在我国邮政体系内，通过对现有资源的整合，诞生了当时国内最大，体系最为完整的国有物流公司——EMS。由于物流建设成本高、周期长，以及政策等多种因素的影响，EMS 在很长一段时间内都牢牢占据着我国快递业霸主的地位。但这个时期，对于终端用户而言，快递的成本相比其他方式较贵，因此也没有对当地的互联网、电子商务等行业起到太大的帮助。

第二阶段：百家争鸣。

随着市场的放开，以及用户和企业对于快递的需求量增加，市场上一夜间涌现出了许多专业快递配送的民营公司。这些公司以特定的某个区域配送为主或者通过“自建+加盟”的模式来抵消建立全国快递体系的高成本和长周期。做得比较大、较为成功的企业有，顺风、宅急送、申通、圆通和韵达等。此阶段的特点是，行业快递单量和各家体量不断扩增，用户使用成本进一步下降。

第三阶段：行业竞争与整合。

随着市场扩增，快递公司数量增加，行业竞争进一步加剧，快递公司之间比拼价格的恶性竞争加剧。同时，随着快递加盟网点增多，也增加了企业有效管控的难度，丢件、破损等恶性事件时有发生。这些行为大大损害了产业链前端企业的利益，对于前端商品的生产和销售，企业的形象和品牌等在用户中造成了严重的影响，甚至在部分加盟网点中还出现了公开倒卖用户个人信息的事件。因快递问题而产生的投诉、拒收问题数量不断增加。同时，在各快递公司内部，随着订单量的增加，其内部运营成本高和效率慢等问题也日益显现。为此，行业、企业和用户对于快递行业有效规范与整合的呼声高涨。

针对以上问题，快递公司内部和前端生产销售企业纷纷采取了各种措施加以应对和改进。

在快递公司内部，加大了对于加盟网点的管理和查处力度，同时逐步增加自营网点的数量，在快递相关硬件和系统上的投入也是逐年递增，但受到加盟这种形式的影响，无论是在硬件建设还是规范管理上的效果还需市场的进一步检验。

前端生产销售企业为增加自身的竞争力，加强商品内部运转的效率并有效提升面对最终个人用户的服务质量，纷纷加大在物流、仓储和快递领域的投入。一系列重大项目，如阿里的菜鸟、京东的亚洲一号工程，以及各类限时达的服务承诺纷纷出台，在提升自身竞争力的同时，有效缓解了部分快递行业的顽疾问题。

1. 物流行业现状

从现有的快递行业的整体规模、网点分布看，在主要一二线地区传统快递行业存在高度市场竞争和严重的产能过剩的问题。同时在某些特定的快递领域，如生鲜商品、社区等，以及广大的三四线地区存在着广泛且巨大的需求和市场增长空间，在个别领域至今仍是空白。作为传统快递公司而言，调整并优化自身发展战略，在应对市场高度竞争的同时，保持良好的发展势头，从红海成功走向蓝海，实为当务之急。

就目前物流业存在的问题而言，基本集中在市场竞争、服务和配套建设三个方面。

（1）市场竞争。

在主要的快递集中区域，市场已从过去的需求型向饱和型转变，企业间市场竞争的主要手段集中在比拼价格，这对于行业和整个产业链而言，是非常不利于长久发展的。

（2）服务。

受到加盟等因素的限制，快递业目前较为普遍地存在着商品丢件、运送过程中商品破损、面对终端个人用户服务不好，以及快递慢等一系列问题。笔者就亲身经历过从南方某大型购物平台购买商品时，商家在售前和销中的服务非常好，但一旦到了发货环节不仅时间长，而且快递员为了提高送件的数量拿更多提成，会发生不通知用户，直接将快递商品往小区传达室一扔的情况。

这不仅造成了非常差的用户体验和直观感受，而且对于商家的信誉、品牌也会造成连带影响。同时承诺的那些支持开箱验货等服务在实际快递层面也是不支持的。

（3）自身配套建设。

大家都记得“双十一”和节假日各大快递公司“爆仓”的震撼场面，在震撼的同时也反映了快递公司的一个普遍问题，那就是配套设施建设不足，自身运转效率低下。

快递配套设施的建设、企业硬件的投入直接影响着企业内部的运转效率，同时也与运输地点和配送的时效息息相关。这里面既有企业对于内部规范、标准的不重视，也有在经营上急功近利的思想的体现。这些都是不利于企业打造自身核心竞争力和长久发展的。

2. 云仓储

云仓储的概念是随着 O2O 概念的提出而提出的一个比较火的概念。所谓“云”的思路，即将过去相对集中的商品仓储，为更快、更高效地送达用户手中，而采取的一种更加灵活并且分布广泛的存储方式。

云仓储概念的诞生，离不开商业的发展和市场的变化。在线上电子商务和线下相关业务处于市场发展期，或者需大于供的阶段，企业在仓储上的主要目的是如何增加自身的仓储面积、提升库存周转率并降低存储损耗。由于仓储在企业经营和销售上相对于其他环节处于流程的后端，且建设投入大、周期长，建成后在前端不能迅速反应效果。因此，除个别企业外，大多数企业都采取成本优先或者“凑合能用”的态度去处理商品的仓储和配送问题。商品在企业内部的仓储和配送资源按照销售的分布主要集中在几个大的区域和核心城市，这样做的好处是一来可以有效满足核心区域的商品销售需求，二来可以将手中有限的资源集中发挥。

但随着市场的变化及行业竞争的加剧，企业之间的竞争已经由过去的简单价格比拼转向到企业综合实力和服务的比拼。同时由于消费者选择方式的增多，用户已经越来越不满足于简单商品购买而上升为商品购买前、中、后期用户服务和体验上来。在销售地区分布上，由于大多数企业在少数几个核心地区的集中分布，不仅造成了核心区域市场的过度饱和，市场竞争进入白恶化甚至是无序状态，而且企业总体的销售增长率环比同期也呈现放缓趋势，而广大二、三、四线市场的销售额和市场占有率环比显著提升。这些趋势和变化让企业不得不高度重视并关注。此外，从商品销售的角度，由于商品供应链的不同和区域销售政策的影响，以及不同区域的人商品喜好和消费喜好的不同，原来的这种商品集中存储的方式已经越来越难以适应。同时随着商品销售量和销售商品品类的增加，商品的库存周转率也会呈现出一定的反比关系，这都在无形中增加了企业的仓储和配送成本。因此，在企业内部对于低成本、高效率和迅速配送的需求日益高涨。云仓储的概念由此诞生。

目前市面上所谓的云仓储，基本上存在以下几个类型。

（1）化整为零型。

企业通过调整优化自身仓储配送体系，自己建设或者与第三方公司合作将原来集中在一起的商品分布到各个细小的仓储点中。

（2）快速配送型。

所谓快速配送型即企业将部分商品提前在配送点中进行预先调配和适当的存货，一旦有订单产生，商品可不经过去传统的发货过程，而是直接从配送网点进行终端配送，可迅速缩短商品配送周期。

（3）众包型。

众包型是指企业与一些具有商品货品权的公司或者零售网点直接签署采购协议。一旦用户订单产生，配送公司直接从这些距离用户较近的网点中取货配送，同时按照约定的采购价格和周期进行商品结算。这种方式可以最大程度降低企业的采购成本、仓储成本并提升配送的及时性。

云仓储需要以下条件支持。

（1）系统支持。

云仓储概念的背后需要系统对于仓储订单、商品出入库、库存及配送、用户退换货等一系列事情的统一管理，没有这些系统的强大支持，云仓储的概念将无法实现。

（2）管理支持。

在集中式的仓储配送模式下，商品的库存管理、出库及分拣打包等工作都是统一集中在一起管理的。商品云仓储后这些必要的环节和工作也随着商品分发到各个云站点，这本身也是对于企业管理能力的一个考验。

（3）商务支持。

云仓储需要的商务支持很好理解，就是房租、场地、人员和价格等是否能够争取到有利的条件。此外，是否能够得到零售网点上采购和库存共享等方面的有效支持。

（4）制度支持。

云仓储这种概念不同于过去企业内部的原有仓储体系，既牵涉到系统和管理问题，同时又涉及企业内部制度、规范和考核方面的问题。再好的理念，再先进的系统，在终端不能实现合理的利益分配和有效的人员激励时，云仓储也是无法真正实施的。

实施云仓储有以下难点。

（1）系统能否真正打通和支持。

云仓储这一概念涉及商品的库存管理、质量管理、出入库管理，商品的订单管理、货到付款的现金财物管理，以及库存、商品、配送、财物和客服等多系统的综合管理。其能否成功跨越并实现多功能子系统之间的高效互联是云仓储成功实施的关键。

此外，由于合作方的系统多样性，能够成功实现不同系统之间的数据传输，以及对库存、订单的读取也关系到云仓储在不同零售节点间，是实现真正云概念的前提。

（2）订单和商品问题。

云仓储的分布式实施，使得原本集中的仓储配套的库存和出入库等环节进一步分散，同时增加了原有配送点和仓储点功能和工作人员的工作量。这些增加的工作不仅关乎着商品的库存安全和商品质量，还关乎着在每个云节点中业务流程是否能够正常实施。这无论是在业务的规范、管理和实施上，还是在人员的日常考核、激励上都是需要予以配套的。

（3）合作方因素

合作方因素主要是指云存储这个概念无论是在分布中存储还是在云端采购，合作的成功与否基于必要的支持，以及合作的条件如采购的价格、结算的周期、租赁存储的价格等双方是否能够达成双赢和统一，否则再好的概念，一头热的状态恐怕不会长久。同时能够依托现有资源打造一种开放式的商业生态圈也是云存储今后发展需要努力的方向。

3. 社区快递变革

与传统的快递物流不同，随着线上电子商务的区域下沉，以及基于生活周边 O2O 的发展，在原有干线和城市快递配送的基础上，诞生了一种新的快递方式和快递服务的变革，这种创新以社区和区域周边生活为核心。

过去传统的大型商品快递配送公司在商品配送时，往往要经过商家库房发货，再经快递公司分拨至不同的快递网点后，由快递网点人员进行配送。这样不仅周期长、流程多，而且不能实现对于特定区域的高效覆盖。

随着用户对于周边生活服务需求的增加，以及各类线上线下 O2O 产品的兴起，原来顾客需要在线下享受到的产品和服务，经过网络中介可以通过线上的方式进行选择、预定和支付，这类产品往往集中在生鲜等品类。同时对于商品的配送时效和配送服务提出了更高的要求，这种以某个特定区域为配送范围，并以生活周边产品为主要目标的社区快递便应运而生。

社区快递的诞生和发展，也经历了不同的发展阶段，受市场需求和行业的影响较大。社区快递的概念其实很早就被引进到我国，并且也有一大批勇于创新的公司在不断地尝试，但受限于当时的国内经济环境、人民经济水平，以及居民消费需求品和需求量等多方面的影响，社区快递业务始终没有进入到良性循环的轨道。随着 O2O 的兴起，以及消费者对于周边生活消费品需求的不断增加，无论是在整体市场宏观方面还是用户的需求方面都为社区快递的发展注入了一剂强心剂。

同时，在针对社区居民日常生活消费方面，部分传统的快递公司也开始积极地实施业务的多元化，一方面加强快递业务在社区内的下沉，另一方面扩增已有的快递网点的功能性，引入电子商务和 O2O 的理念。通过快递收入支撑业务网点日常运营，通过业务的多元化吸引客流，实现收入的多元化。这些都是很好的尝试和创新，需要企业好好经营，把握商机。

但由于本质上与社区周边存在的商超和小卖铺现款现货的商品购买模式不同，所以企业可以在商品属性、需求聚焦和人群聚焦方面多进行挖掘和创新。

（1）社区快递的实施要点。

地域性：由于这种服务本身的定位，要求在企业和服务实施时必须紧贴用户和用户区域本身，它不同于在重点地域集中建设配套设施的传统模式，而是由一个个零散的且独立运行的网站组建而成。在现阶段，这种市场和地域性还仅限在一线城市的部分以年轻网民为主的新兴区域。

商品属性：这类用户的需求集中在生活周边的服务和餐饮，其商品的基本特征是小件、短距离和时效性较强。

商态属性：这种基于用户社区的服务，在商业上应当与用户周边的商业达成产业链上下游方面的合作，而不是直接竞争。同时尽量发挥自身的硬件优势，打造开放式的区域生活生态圈概念。

随着 O2O 的不断兴起，社区最后一公里服务渐渐受到各方的关注和青睐。传统的快递巨头顺丰在这方面表现得尤为突出，下面我们看一则新闻。

据相关媒体报道，2015 年 6 月，顺丰以增资的方式，收购了北京青年报下属落地配企业“小红帽物流”，成为其第一大股东。2015 年 7 月，顺丰收购了第二家落地配企业——深圳银捷速递。2015 年 9 月，顺丰又收购四川星程宅配物流有限责任公司。顺丰 3 个月连续三次出手，将 3 家落地配送公司收入囊中。此外，顺丰还与中石化签署了业务合作，在部分省市的中石化易捷便利店试点开设“嘿客”店等。

事实上，顺丰的“嘿客”便利店早已在全国启动，目前嘿客开业的门店数量，全国已经接近 2000 家，覆盖不同城市和乡镇的很多地区。顺丰嘿客筹划建立之初，其定位只是顺丰为解决快递最后一公里难题而铺设的收派件网点，便利店功能并非主要业务，而是旨在分摊网点的运营成本。但随着嘿客店数量的增多，其无论是从定位、功能，还是陈设和投入上都发生了巨大的变化。

在一家嘿客店我们可以看到，由于水蜜桃即将上市，店里也推出了直接由原产地发货，可 48 小时内到达的水蜜桃礼盒。在顺丰的嘿客店内实物产品的展示并不多，而是张贴了几十款的产品广告图片。顾客如果想获取更加丰富的产品信息，可用店里提供的 iPad 上网挑选。此外，顾客如果是在嘿客下单，则可以比网上下单享受更多的优惠。

顺丰目前的两大战略，一是打造物流行业的百货公司，二是连接社区供求。在顺丰目前的战略布局中，传统快递服务只占其中很小的一部分，更大的战略则是通过落地配实现一个包括 B2B、B2C、C2B、O2O 的全零售布局，同时随之配套的还有金融、移动互联网和大数据等战略。对于一直从事配送服务的落地配企业而言，在多年的实践中积累了丰富的用户数据，借助这些大数据可以分析出相关人群消费习惯。这不仅对于顺丰优选、顺丰嘿客未来的大数据驱动的精准营销拥有不可想象的商业价值，而且顺丰一旦将各大城市优质的落地配企业收编，结合自身的骨干网，再与金融界结合，就会掌控最后一公里的优质资源，同时牢牢控制未来社区消费的格局。

（2）配送模式。

关于线上电子商务和 O2O 实施过程中的仓储、物流和配送体系的建设上，目前业内主要采取自己建设、第三方合作，以及半自建半第三方合作这三种模式。这三种模式没有绝对的好坏之分，有着各自的优缺点。下面我们简单介绍一下这三种模式。

第一，自建模式。

采取这种配送模式的企业，其对于配送队伍、人员的管理，以及用户服务质量和配送时效的提升，具有巨大的优势。同时在用户退换货这些逆向物流环节，更是具有其他物流模式无法相比的天然优势。但这种模式有一个较大的缺点，就是需要建设的投入较大，建设的周期较长。而且这种投入很多时候不是一次性的投入，而是一个日积月累的过程。仅凭这一点要耗费企业大量的人力、财力和物力，绝非是一般企业可以轻易尝试的。

此外，这种模式还有两个量级突破点也是需要格外注意的。

自建规模突破点。自建的配送物流只有到达一定规模，突破一定的量级后，其才能体现并发挥作用。如果企业的自建配送物流没有达到这个突破的规模量级限制，那么不仅对于企业前期所投入的资源是一种浪费，而且还不能起到应有的作用。

业务量级突破点。所谓业务量级突破点主要是指当企业在自建的快递配送上已经投入了巨大的时间、精力和资源的前提下，自建的快递配送也已经突破了规模量级限制。这时，如果没有足够多的订单和业务对企业的快递配送进行必要的支撑，那么之前的所有努力都如同沙雕一般，随风即逝。前段时间我们看到曾经叱咤风云，且年年不断反思的、以男装起家的电子商务网站，公开出售了自己曾经一手打造的快递配送团队，正是这个道理。当企业内部自身的订单或者业务量已经不能满足自身配送能力的业务需求时，采取硬件平台化或者基于快递物流去建设一个开放式的商业生态圈，或许是个不错的选择。

第二，第三方合作模式。

第三方合作模式是指企业通过与专业的第三方快递配送公司合作，将自身的物流快递配送进行外包，由一家或者多家第三方公司负责自己的快递物流配送。这种模式的好处在于，无需企业投入大量的资金、时间、人力、物力等资源，即可在短时间内迅速实现对全国范围内的产品配送覆盖。目前很多在平台上开店的商家往往都选择这种模式，同时它也使得线上电子商务实现的成本和门槛大大降低。但这种模式有个弊端就是企业在很大程度上受制于快递合作的第三方公司。

这主要体现在话语权不平等。对于中小企业而言，其自身的企业实力、资源和业务量相比专业的大型第三方公司，无论是在资源还是业务量上都不处于一个量级，这也就造成了双方在合作时对于合作方式、条款和价格上话语权的不平等。

加盟快递难控制。目前国内快递行业主要采取招募加盟网点的模式，能够真正独立自建覆盖全国网点的快递公司屈指可数，且服务价格往往较高。这也就造成了企业在与这些以区域网点加盟形式的快递公司合作时，由于加盟网点在管理、经营上的相对独立性，以及总部对于加盟商的管控水平不同，在相当的程度上造成了快递服务质量、服务标准的不统一，以及大量投诉的产生。近期各快递公司虽有改进，但效果并不显著。

旺季业务量受限。企业在产品的销售上随着季节和时间的不同，其销量有着比较明显的起伏。以线上电子商务为例，在其业务淡季时，由于订单量较少，现有的第三方合作快递公司基本上可以很好地满足企业和用户的需求。然而到了行业的销售旺季时，由于众所周知的原因，快递公司“爆仓”，服务质量下降等问题显得尤为突出，并直接对企业的销售产生了一定的负面影响。

责任问题难界定。商品从运输到传递到顾客这段过程中，特别是商品发生逆向物流，如发生退换货等问题时，由于商品的物权在其中进行了“顾客——快递——企业”的倒手。一旦发生商品的破损，由于在顾客、快递和企业库管这三方都有可能发生商品破损的问题，这个责任很难在现有第三方合作体制下进行定责，而且还很容易产生三方相互扯皮的事件发生。

控制调度难度大。由于目前国内快递行业存在着区域能力不对等，不同的快递公司在全国不同区域其配送能力、服务水平差异较大，这就造成了企业往往不是与一家第三方快递公司进行合作。无论是在其业务订单分配还是在出库打包时，都在无形中增加了企业控制和调度的难度。需要企业从成本、时间和商品运输要求等方面进行综合判断与衡量。

第三，自建与第三方合作组合。

这种模式目前在中等规模或者产品属性对于运输过程中没有特定要求的行业较为适合。首先，企业可以根据自身的实力、销售地域分布状态，在销售核心地区组建自己的快递团队。同时在自身资源和能力不能达到的范围之外，通过与第三方的合作进行补充覆盖，实现对自身短板的弥补。这种模式的选择存在三个前提。

顾客二八原则。集中在某个区域内 20%的客户产生了企业绝大部分的利润，为更好地满足这部分用户的要求，企业通过自建快递进行了有效覆盖。而剩余的 80%人数众多，分布零散，利润不高，则可以通过第三方快递进行满足。

过渡阶段。所谓过渡阶段是从企业长期发展战略等方面而言的，这种"部分自建+部分外包"的模式适用于企业发展的前中期。在自身能力和资源有限的条件下，随着企业实力、业务量、规模和市场竞争的不断提升，这种模式注定只是企业发展过程中的一个过渡和权宜之计。

竞争中等规模。这种模式由于第三方快递公司的存在，对于企业而言第三方快递公司属于社会开放资源，不能形成企业的竞争力，因此适用于竞争不太激烈的行业。

线上电子商务也好，线下实体企业 O2O 也罢，其在配送快递模式上的选择，不是凭某个人的感觉或者开会时拍脑袋的方式能够决定的，它取决于以下三个核心要素。

商业形态。这里面既包括企业和产品针对的市场与用户需求，又包括企业的商业模式、盈利模式等多方面的综合。在产业链上开放式生态圈的打造也属于企业商业形态的一部分。因此，商业形态对于快递配送模式的影响就好比企业自身建设的实际需要。

行业竞争。市场和行业的竞争是企业生存的关键之一，市场与行业的竞争是由其自身发展规律和受到宏观经济影响所决定的。企业在决策自身快递配送体系时应当遵从自己整体的市场策略，在自身资源、条件所及，甚至是在优势领域展开这种竞争。快递配送体系的建设在应对市场竞争时，在某种程度上可以使企业从过去的恶性价格战中最大限度地解放出来，通过差异化服务的竞争优势面对市场的挑战。

未来发展。自建物流和外包物流这两种模式都是在企业不同阶段发展需求服务的方式。首先企业应以发展的眼光看待这两种不同的模式，其次无论是自建还是外包在很多标准流程，甚至是系统层面都有很多基础型相通的工作，企业应当扎扎实实地对这些基础性工作进行筹备。最后企业应当提早明确自己在未来五年、十年的发展目标，只有这样才能在未来为自身业务的发展指明方向。

4. 用户为什么会选择“自提货柜”

在目前的快递物流配送领域，随着线上电子商务和 O2O 的兴起，诞生了一大批新的旨在解决“最后一公里”的创新概念和大胆尝试，“自提货柜”便是其中之一。

与过去传统货柜不同的是，这种货柜无论是在外观上还是在联网智能化方面都有着天壤之别。这种新型的集联网、高度信息化于一身的货柜解决了 O2O 等模式在“最后一公里”配送上存在的问题，即通过智能自提货柜不仅可以解决原来快递配送过程中快递员的服务态度、沟通问题，同时给予货物更好的存放保障，而且还可以节省用户时间，保护用户的隐私和安全，等等。因此，这种智能自提货柜一出现，便引起了业界众多的关注。

好的产品、好的模式固然重要，但更要注意其在市场和实际使用场景中的运用，否则再好的理念和产品在不同的人手中会产生不同的结果。目前智能自提货柜的运用存在一定的误区，这本身既是企业在运用理念上的落后，同时又是没有遵从智能自提货柜的属性和需求所决定的。

（1）货到付款问题。

在目前线上电子商务网站或者以网络为渠道的 O2O 业态中，用户对于购买商品时的货到付款的意向和支付方式选择比例，相比其他支付方式，高出了几个数量级。站在用户的角度，货到付款本身是一种风险最低的方式，同时购物体验和操作也相对简便。而站在企业的角度，货到付款增加了企业的经营风险，商品破损、用户拒收等现象，以及货到付款的物流费用都大大增加了企业成本。

智能自提货柜的出现，由于其无人值守且高度的自动化，在流程和操作上都不能支持用户对于货到付款商品的快递配送需求。因此，在货到付款商品的配送选择上，自提货柜存在天生的基因短板。

（2）商品限制。

从目前市面上现行电子自提货柜规格来看，绝大多数的自提货柜对于商品的体积、大小，以及存放条件都有一定的限制。一旦用户购买的商品自身体积较大，或者一次整件购买的商品较多，那么现行绝大多数的自提货柜在硬件上都是不能支持的。这本身也就限制了用户的选择和使用。

此外，现行的大多数智能自提货柜仅仅是提供了一个简单的存储环境，遇到需要特殊存储条件的商品，如生鲜或者冷冻商品，则不能供用户选择和使用。

（3）使用场景。

在使用场景上，我们可以从几个常见的，也是大多数用户选择的快递配送的使用场景进行分析。

办公地：用户选择自己平时上班所在的办公地作为收货地址时，绝大多数情况下，无论是快递员还是用户都会很自然地把商品当面直接传递，不存在需要自提货柜中转的必要和使用需求。

家庭住址：用户选择家庭住址作为收货地址时，一方面当用户在家时可以正常地接收快递配送，另外一方面即使用户不在家或者不方便，在很多小区内都有可以帮用户代收货物的小卖铺、零售店之类，同时很多小区的物业也推出了帮助收货的服务。这些都是自提货柜在用户家庭区域推广和实施时所面临的难题。

（4）物流配送。

自提货柜对于用户而言，其最大的特点就是不受时间限制，可以方便提取。而目前很多大型的线上电子商务公司或者专业的第三方快递公司都提出了一日三送、限时送达等服务，用户选择配送的时间更加灵活，配送方式相比用户自提更加可靠。而这些服务也对用户自提做了进一步限制。

以上场景和行业变换是智能自提货柜这种模式所必须认真考虑的。当然，由于市场足够巨大，用户需求的多样性，特别是针对一些中小型物流快递配送公司配送服务不及时，不能实现全时段有效地覆盖；用户所在位置偏僻，配送周期长且不便；用户所在区域没有代收网点或者物业不提供业主代收货等服务；用户不愿意将商品先寄到所在公司、办公地再自行携带转移至住家等需求时，智能自提货柜这种模式还是有很大的需求和存在空间的。

此外，自提货柜这种模式也许可以在自身上多下工夫，实现以下新的突破。

1）增加自提货柜的存储功能，可以为产品提供生鲜或者冷链保存。

2）增加自提货柜的使用功能，可以为用户提供其他额外的如水电交费、手机充值或者是商品的自动售卖等，以增加用户的使用。

3）利用自身的规模和场景优势，打造商业广告平台，增加自身盈利模式和手段。

4）根据不同的商品属相和用户需求，进一步细分市场，以便更好地满足用户。

5）优化合作方式，加强与在线支付为主的线上平台 O2O 企业进行合作，与中小型快递公司进行更深层次的业务交流等。

4.5 叫好不叫座的牛腩——创新者的窘境

1. 创新的方式和来源

通常我们将创新与商机和对旧秩序的颠覆等结合起来。抛去社会的浮躁，我们从社会经济发展和科技不断进步的角度去分析创新，任何一种创新都离不开其大环境发展所带来的影响。创新一旦脱离社会大环境，脱离了可实现的基础，那么创新就会变得苍白无力。这点我们可以从互联网经济的发展和 O2O 诞生中窥见一斑。互联网的种种奇迹如果没有信息技术的发展、计算机网络在社会上的广泛普及，其也很难实现。O2O 模式的诞生也是由线上互联网高度普及、移动互联网和智能手机日益提高，以及线下实体产能过剩和效率较低等一系列因素共同作用的结果。因此所谓的 O2O 服务创新既是科技发展的必然，同时也是社会经济发展不同阶段的需要。

由此，我们看到创新并不是少数天才或者精英们的专利，而是根植于我们的社会、生活和时代大背景中的。

2. 创新思维

一种新技术、新产品从无到有，固然有其社会大背景的原因，但还需要人们具有一定的创新思维和帮助人们创新的手段和工具。

（1）创新思维的步骤。

第一步，观察。

关于“观察”很多人简单地理解为“看”，但这其实是一种误解。“看”是指事物简单地映入了我们眼中，是对信息的收集和事物的认知，而观察则有对事物的外在“观”和内在“察”两部分要素组成。通过观察我们可以对信息进行聚焦，并明确需求的解决方案。因此，观察是所有创新产生的第一步。善于观察或者掌握观察技巧的人，才能从纷繁的事物中窥探先机，创新自然也就不是什么难事了。通过观察我们可以搞清事物最基本的问题和特征，如“有谁、有什么、有多少、什么时候、在哪里、怎么样”等，我们可以对事物建立一种直观的印象。同时收集的信息越多，我们对事物就越可以按照组成的要素，建立一个综合立体的坐标。通过对事物组成要素的收集，我们在第一步建立事物组成要素坐标的基础上，以坐标中的要素为研究对象，通过对坐标内目标数量、时间推移、空间位置、印象因素和逻辑关系的有效分析，并通过目标（画像）、数量（图表）、时间推移（时间轴）、空间位置（布局图）、影响原因（流程图）、逻辑关系（多重变量图）等方式进行有效展示，同时找出材料间的共性和联系，并对材料信息进行分类。

第二步，自我反问。

自我反问的过程也是要点的提炼过程，我们通过在有效观察的基础上，对事物间的共性、联系和分类关系进一步地浓缩和提炼。这种提炼的过程往往由一系列自我反问组成，如“是什么、原因是什么、为什么、如果……会怎样？”等得出相关要点提炼后的结论。这种要点的提炼可以是发散性的，也可以是一个问题多个答案的。由于我们每个人思维方式和习惯的局限性，往往导致我们在看待问题时总是受限于自己的思维惯性，这也导致了我们看待问题和创新的局限性。因此，我们还可以通过与别人的不断交流，最好是与那些和自己思维、逻辑迥异的朋友加强交流，往往会有耳目一新的感觉，这些对于要点的提炼可以进行有效补充。

第三步，要点组合。

通过对事物本质的有效观察和内在要点、要素的不断提炼和总结，我们可以将这种结果同不同的事物、材料等建立一种新的联系。这种新的联系建立方式，我们可以通过新角度去审视事物并参照以往的经验，找到可以类比的事物进行创新。

将原本相互没有关联却有一定内在联系的要素进行奇异组合，从而达到一种耳目一新的感觉。这类方式常见于微创新和对原有产品不断改进，将统一维度内的微观要素与不同维度的宏观要素进行组合，这既是对于微观要素的一种延续，也是对于宏观要素的一种内在改变，从而达到创新的效果。通过对于事物内在联系的挖掘，将不同属相、分类之前的要素按照一定内在关系和逻辑进行累积，从而实现创新的过程。

要点的组合既需要一定的经验和技巧，同时也需要我们在日常工作、生活中不断地培养这种组合联系性的思维和习惯。下面介绍几种常见的组合联系性思维的养成方式。

准确的想象：往往是一种人潜在意识的表现，即直觉。

情景换位思考：包括从不同的场景或其他人的角度去尝试性思考。

SQVID 思考框架：一种视觉化的思考方式，并通过五种要素之间的不断变换实现创新，这五种要素包括“简单—精细，定性—定量，愿景—执行，个性—比较，变化—现状”。

（2）创新思维的 SCAMPER 策略。

创新思维的 SCAMPER 策略主要应用在以现有产品为基础，通过不断调整其内在要素的方式，实现从旧产品到新产品的创新过程。所谓 SCAMPER 策略是英文单词当中“Substitute（替换），Combine（合并），Adapt（改造），Modify（调整），Put to other uses（挪用），Eliminate（去除）和 Reverse（颠覆）”的缩写。

替换：包括原产品在材料、成分等方面的替换。

合并：包括对原产品的部分功能与其他功能的整合等。

改造：对原产品中部分结构或者功能改变和升级。

调整：对原产品在外观上的调整和内在使用上的优化。

挪用：改变原产品的本来意图或者挪作他用。

去除：为凸显核心功能，针对原产品去掉部分功能或特征的删减和简化。

颠覆：对原产品内在关系，逻辑方面的上下颠倒，里外对换等的重新安排和逆向操作。

3. 创新的分类和特点

（1）延续性创新。

微创新主要是指以完善产品功能和改善产品性能为目的的创新行为。在主流消费市场，针对用户所侧重的产品功能和性能层面，将产品的性能更加完善和成熟的过程，即以消费者所认可的方式提高产品的性能。通过对产品的延续性创新，当面对市场和竞争时，可以通过提供更好、更具吸引力的产品，获得更多的顾客和更多的利润。延续性创新还可以帮助市场参与者更好地面对新的挑战。

延续性创新需要在企业日常管理和经营上包含以下几个方面。企业产品始终以获取更大市场和市场占有率不断提升为目标，而不是聚焦细分市场和满足现状；企业内部经营和资源投入以市场和用户希望得到进一步的改善为导向；通过产品争取更高的利润；重视并乐意倾听用户的意见和声音；革命性创新。

（2）革命性创新

革命性创新的产品在产品性能的某个方面可能会低于市场上主流的

成熟产品，但却往往拥有可以吸引新消费者的其他功能和特性，如价格更低、体积更小，更方便用户使用等。通过革命性创新，产品可以给用户和市场带来截然不同的价值主张。虽然革命性创新的产品在初始阶段的性能可能低于市场和用户的预期及需求，但却仍可在日后发展成为同一市场上完全具备性能竞争力的产品。革命性创新的特点有以下几点。

低门槛：对用户而言，革命性创新产品在产品使用和操作上更为简单，价格更便宜，这也就大大降低了用户的使用门槛。

毛利：从长期来看大多数革命性创新产品的毛利不会比原产品更高。

市场：由于受大公司产品和市场的既得利益的影响，对于在夹缝中求生存、专注新技术的小公司往往更为重视革命性创新，并积极投入到开辟新用户和市场的进程中。同时由于这些企业和产品自身实力和属性上的因素，前期往往在新兴市场或者是不重要的市场竞争中取得一定的成绩。

用户：在原产品市场和消费中带来最大利润的用户出于自身感受和性能要求等因素，在初期往往不会使用和接受这种革命性创新产品。但随着新技术逐步成熟，性价比超越上一代技术，原来老产品的客户也会呈现出下降和转移。

4. O2O 创新与线下革命

线下实体经济，无论是自身的体量规模，还是在供应链和硬件基础方面都大大领先并强于以虚拟产品和虚拟经济为基础的线上互联网。但线下实体这种天然的资源优势并没有成为其深入发展或者扩大业务的助力器，在某种意义上反而成为了一种负担和累赘.下面我们对这种状况进行分析和说明。

O2O 对于传统商业和行业市场而言，其所产生的深远意义和由此带来的消费模式的改变，用革命、颠覆等词来形容，一点都不为过。无论是在创新类型还是价值领域，O2O 模式都应属于革命性创新。

O2O 模式其实早在线上还处于市场形成期的时候，在传统线下实体经济领域和一些成熟的大型连锁企业内部，就互联网和信息技术对于企业的业务、运营和市场营销等方面的运用就有过比较成熟的理论和典型案例。

但受限于当时的网民数量、社会科技水平和线下实体中主流消费人群的属性限制。当线下企业采取 O2O 方面的努力和尝试时，由于功能相对简单，性能和效率不高，尤其是市场反应冷淡，加之线下实体经济一直享有巨大的既得利益，因此很自然地让企业的决策者做出了对于这种创新模式在紧迫性和未来发展等方面的悲观判断。由此也使企业经营者为了追求更大的销量和利润，转而将企业的资源向基于原有业务和服务的微创新方式和扩大增强传统实体竞争力等方面转移。

随着线上互联网市场逐渐成熟，线上互联网无论是在影响力、用户数量还是在经济增长和拉动方面都日益增强，并通过团购这种方式对线下业务进行试水。在不断尝试中逐渐形成一套完整的模式，包括线上互联网对线下产品服务的引流、线下功能的完善和寻找并吸引转化新用户等，从而使得 O2O 这种创新不断发展并渗透到主流消费市场。

通过在主流市场打下的基础，并对 O2O 模式不断进行微创新改进，最终将销售和市场覆盖到原来传统线下实体经济的客户身上，并获得相对较高的利润。面对这种革命性创新的大举入侵，线下实体企业为维护自身的既得利益、老用户和市场份额等，也纷纷被动加入到这场商业模式创新的大战中来。为此，特别建议那些参与 O2O 模式的线下大型实体企业，做好以下几点。

（1）内部创新。

线下实体企业在 O2O 创新的实施过程中，一方面可以充分利用自身资本的优势，通过对 O2O 实施和创新需要相匹配的小企业收购来应对，或者在企业内部通过建立一个独立的分拆机构和新组织来应对这种创新所需的能力。企业只有通过内部的不断创新，才能最终实现摆脱来自原有组织结构、价值链、主流消费者和原有模式的制约。

（2）实施层面。

在 O2O 创新的实施过程中由于新用户的需求及新市场的规模、发展趋势无法精准预测。因此，如果畏首畏尾或者基于传统决策、考核方式等因素制约，那么企业的 O2O 实施将在计划层面停滞不前，而对于创新而言，行动永远比计划和想法更重要。

同时也正是这种不确定性，造成了在初始阶段企业对于适合企业自身特点的 O2O 发展战略往往需要不断的努力，更为重要的是企业通过保留足够的企业资源才能确保 O2O 在不断的尝试中找到正确的方向，而那些在找到适合自己的 O2O 方式和发展战略之前，便耗尽了企业全部资源的创新必然是失败的。

（3）市场竞争。

对于 O2O 领域线上互联网和其他实体企业的竞争，由于 O2O 不同于传统的线下实体，其建设所需的各类资源较多，产业链较长，因此企业应当秉持一种有所为和有所不为的态度，不必在业务的各个方面都争当领头羊，并防止在业务转型期间业务量和需求量过度的情况出现。

5. O2O 创新的失败

（1）产业价值链制约。

对于 O2O 而言，无论是线上互联网还是线下实体都不是独立存在和运营的，必然需要与之相配套的产业链进行支撑。O2O 模式对于产业链而言，一方面对原产业链的参与方、流程和环节进行了剔除和优化，另一方面在成熟的产业链上，上下游合作伙伴的成本结构均已达到平衡状态。而 O2O 对于产业链中成本结构的改变和相关方利润率降低，这些行为无法得到原行业产业链伙伴的支持，并遭受外部产业链中的制约和抵触。

（2）企业内部制约。

企业内部对于 O2O 模式的制约主要集中在两个方面。第一，在企业内部其现行的组织结构通常能够推动微创新。因为大多数业务是由各个部门负责完成的，只要产品的基本结构不改变，这个体系的运作就仍然有效。然后对于革命性创新产品而言，当需要对本质层面的东西做出改变时，企业内部的这种组织结构体系将阻碍那些需要人员和团队以全新的方式进行交流和工作的创新。第二，KPI 考核作为一种本质上全新的产品，革命性创新在初期市场规模和容量都很小。无法有效满足企业对于业绩增长需求和原体系内增长指标的 KPI 考核，而那些采取等待策略的企业，即等到新市场的规模发展到足够大时，再进入往往会彻底丧失主动权并惨遭失败。

（3）老用户冷淡。

由于 O2O 模式对于用户需求和发展阶段等因素的影响，决定了其在用户需求和用户群选择上往往也是有所为和有所不为的。而对于传统线下实体中的老用户而言，O2O 的创新对其并没有在功能上和需求上进行本质的提升，因此不同的人群对于 O2O 创新的反应不同，也说明了这一点。

4.6 人人都是上帝

O2O 模式的特点之一就是可以通过网络突破线下实体在时间和地域等方面的限制，在为线下实体吸引并增加有效客流的同时，帮助线下实体企业解决在日常经营中的效率、成本和硬件投入等瓶颈问题。站在 O2O 两端，无论线上还是线下都存在产能过剩的问题，这也就造成了在 O2O 模式下，企业间的市场竞争在一开始就陷入了白恶化的阶段。为占有更多的市场和用户，价格战硝烟四起，而对于线下实体而言，服务的竞争直接决定了企业的未来和持久发展的核心竞争力。

互联网的传播使得用户对于产品和消费的可选择性一下子多了起来，顾客手中的消费权利比以往也增大了很多。这也使得企业和市场对于顾客消费行为的引导由过去的简单扩大产能，铺天盖地的广告式宣传转为以满足不同用户个性需求为导向的服务式营销。对于线下实体而言，由于在经营过程中积累了庞大的老用户群体，造成了其对于用户、销量增长的重点应当放在最大程度盘活老客户资源、提升老客户的活跃度，以及通过老客户的口碑传播吸引新客户的方面。在这个过程中广告和营销本身并不是重点。正是服务市场和用户的转变，影响了 O2O 模式中对于用户的服务价值和服务竞争力的提升。

受限于线下实体内部的信息化、数据化和互联网化程度，以及线上互联网的虚拟性和间接性等问题，造成了其对于用户服务和用户价值的体现存在一定程度的不足和制约。如在线下的实体中，对于顾客的购买和服务不能根据不同用户的习惯和需求的差别进行针对性的服务，而只能按照针对全部用户群制定的所谓标准流程进行操作。线上服务也是同样的道理，虽然线上互联网在用户的精准服务方面更加领先，但是受限于没有实体和网点等原因，只能提供间接的服务过程，也造成了用户在直观体验上和服务感受上的不足。

因此，在服务竞争和用户服务需求与日俱增的年代，为了争夺用户手中的选择权。无论是线上互联网还是线下实体只有通过 O2O 的方式，有机地将信息化、互联网化和数据化技术与用户的行为、习惯结合起来，并通过线下实体渠道实现对于用户不同需求的满足，进而实现服务竞争所需要的“人人都是上帝”的理念。

1. 什么是“人人都是上帝”的理念

在 O2O 用户服务的过程中，“人人都是上帝”的理念不仅体现在简单地满足用户的个性化需求这一个方面。还应包括细致、迅速响应、专业、极致思维等方面。

细致：“人人都是上帝”的理念还包括在用户的服务和场景体验过程中，使得每个用户都觉得自己受到了不同于其他客户的特殊待遇或 VIP 服务。这需要企业在服务的过程中，就每个环节、流程乃至人员沟通的细节进行适当的可以让用户察觉的体验。这种服务的感受不仅会极大地提升用户的满意度，而且还会增强顾客对于企业的忠诚度和品牌意识。当然这中间也需要一定的企业内部权限、大数据技术等帮助。

迅速响应：现代社会是一个快节奏的社会，简单地对用户个性需求的满足还不能完全使用户满意，通过一些公开的关于服务等待时间与用户满意度之间的调研数据资料，我们可以看出对于顾客而言，最好的服务不仅是能让顾客在正常的消费过程中感到满意，而且还能给顾客带来惊喜和感动。这就要求企业在服务的过程中，不仅仅是把顾客当成上帝，更要把顾客当成自己的家人一样，处处为顾客着想让顾客感受到这种实实在在的温暖。

一家餐饮店的服务能够称之为“招牌”，一定有其特别之处。尤其当这个“招牌”使一家默默无闻的小公司，在竞争激烈的火锅餐饮市场名列前茅时，则更加令人瞩目。像海底捞这样的企业将对顾客的服务做到了极致。

对于很多餐饮企业来说，能做到菜品让顾客满意已经算是不错了。在海底捞，他们并没有停留在这个菜品口味和质量这个阶段。对于海底捞来说，让顾客放心是三级服务，让顾客满意是二级服务，让顾客感动才是一级服务。只有让顾客感动了，才能让顾客心甘情愿、义无反顾地忠诚于企业；只有让顾客感动了，才能让他们成为企业的粉丝，永远支持企业。

在海底捞官方网站上有一个“特色服务”栏目，介绍了一些已经被列为标准项目的特色服务。

（1）如果顾客点的酒没喝完，那么可以存放在酒架上，等下次来用餐时继续享用。

（2）顾客生日时，不仅会为他庆生，还会派出几名员工为他唱生日歌，并送上特殊的礼物。

（3）在等餐时，顾客可以免费享受到美甲、擦鞋、上网、玩棋牌游戏、喝免费饮料等服务。

(4) 当病人、残疾人或年纪大的顾客到海底捞用餐，会提供方便轮椅。

(5) 对于戴眼镜的顾客，会送上一块擦眼镜的布。

(6) 带着孩子来用餐的顾客，会为孩子准备好婴儿床、婴儿椅、睡袋等。

(7) 当客人上完洗手间走出来，海底捞的服务员会为他及时送上热毛巾。

(8) 为了不让顾客的手机被食物弄脏，会送上一个透明的小塑料袋用来保护手机。

(9) 如果女性顾客披散着头发，会送上一条小小的橡皮筋。

凡是到过海底捞的顾客，都能切实感受到这些特色服务。无论是普适性的服务，还是个性化的服务，其内涵都是一致的，那就是要为顾客提供远远超过他们预期的服务。

对于自身服务的响应或者回馈是要有一个时间预期的。这个时间预期的长短，与心情、个人经历和对业务的需求度等诸多因素相关，进而也就造成了不同用户对于服务迅速响应的自我预期时间的不同。在企业的经营和服务过程中，我们无法对不同用户的自我预期时间进行干预，但有一个共同的地方可以把握，那就是迅速响应。所谓迅速响应是指减少在服务过程中用户等待的时间。为此，企业需要强化工作人员的服务意识，在企业内部考核和激励方面予以充分的考虑，适当地扩大在服务方面的软硬件费用，明确告知服务进度，增加互联网技术在线下实体中的应用，增加用户自主服务功能等。

专业：由于部分行业和产品涉及很强的专业知识，这要求企业在为用户提供服务时能够从专业知识的角度对用户进行服务。这主要集中在以下两个方面。

（1）专业度不足。很多 O2O 产品和服务在用户需求、迅速响应和体验等方面本身并不乏亮点，但一涉及产品相关的专业内容和知识时，有些服务人员往往会含糊其辞，说不清道不明，让用户自行判断或者干脆转给他人服务。

（2）过程简单。在为客户服务的过程中，专业服务的重点往往只涉及产品、服务的售前。而对于售中和售后的过程则明显不足。

“人人都是上帝”的理念要求企业在为用户提供服务的过程中，在专业度方面不仅能够给用户最便捷、最直观的体验，同时还需要提升专业度在使用中、使用后和周边的附加价值，从而提升用户的服务质量和水平，并增加老会员的回流和互动。

极致思维：在“人人都是上帝”的企业服务理念下，服务已经从一种过程转化为企业竞争和占有顾客心智的载体。企业通过极致思维不仅可以实现“人人都是上帝”的企业服务理念的需求，同时更可以让用户对企业产生依赖和深刻的印象。

极致思维主要包括以下三个方面。

第一，将用户服务过程中的各类感官和体验完善至臻。

第二，服务的过程将各种体验发挥到极致，甚至超出用户的预期。但需要结合成本、核心需求并且聚焦用户人群。

第三，服务过程中存在一两个能让用户眼前一亮的特点。

2. “人人都上帝”理念中的用户需求

用户需求这个概念，很多专家学者对其内容和在经营方面的运用存在不同的理解。个人认为用户需求包括两个方面的内容。一方面是企业用户作为一个群体，其对于产品、服务在需求方面的共同特征和表现；另一方面，不同的用户作为单独的个体，其自身对于企业产品、服务的需求表现。由于企业在广义资源上的有限，企业不可能提供无限的产品、服务去满足整个市场的需要并涵盖所有的用户要求。这也是任何企业发展到今天没有出现一个覆盖全行业或者完全占有某个行业市场的王者出现的根本原因。也正是这种情况在根本上决定了企业市场和竞争的丰富性和多样性。

在之前的章节中我们对用户群体需求的组成、用户需求的变化等规律性进行了详尽介绍和说明，正是用户这种需求的动态性，以及一个层次的需求满足后会自动进入下一层次需求的变化，使得企业不可能对动态事物进行全程把控，而必须将自身聚焦在整个过程中的某一个静态节点。因此在“人人都是上帝”的服务理念中存在着两点误区。

第一，需求放大。

一谈到顾客是上帝，以服务为竞争力，很多人往往认为这就是要求企业必须无条件和无底线地满足用户的一切需求。这其实是人为扩大了用户的需求范围，没有一家企业或者产品可以无限地满足用户的所有需求，无论是从资源上还是产品的“弹性”上。

第二，过度服务。

还有一种较为普遍的误解就是，企业的产品、服务一定要做到“顶点”。为了这个所谓的“顶点”，企业往往需要投入数倍的资源。这不仅造成企业内部成本的增加和利润的降低，同时对于不同需求层次的用户而言，顶点并不是其需求的核心关键，企业这种行为除了满足了少部分的用户外，对于大部分用户而言是一种浪费。

3. O2O 过度服务的案例

O2O 领域历来不缺乏创意、理想。从国内互联网起步诞生到形成巨头格局，几乎仿照国外的经典案例。当然，也有国外互联网巨头来华失败的案例，除了太不接中国地气之外，更多是因为由一群外国精英在操盘。脱离用户人群属性、需求和特点，脱离中国特色行业产业链的项目，纵使再好的商业逻辑、商业模式，再优秀的团队和理想也必将失败。

目前的 O2O 恰恰就是这个局面，O2O 这样一个跨业态综合的复杂体，其包含了营销、服务、产品、供应链、互联网、企业战略、商业模式等一系列纷繁复杂的问题。其本身对于企业内部协调性、人才的综合性都有很强的要求。目前炒作最火的无非是两类人群，一类是自媒体，另外一类是互联网从业者。自媒体炒作和追捧可以理解，毕竟人家风光的背后也要养家糊口，不吸引眼球没有噱头，谁会关注你？然而互联网从业者们的炒作都是由更复杂的原因造成的。

（1）盈利水土不服。

线下实体经济由于其成本、特性等因素，其销售和盈利往往都是短、平、快的路线，互联网免费的思维虽然在某种程度上叫好，可是面对让顾客掏钱的问题却往往还是那么“腼腆”。

（2）行业一环难带全局。

互联网在 O2O 领域站在产业链角度看，无非就是利用网络引流、传播的问题，在 O2O 的产业链中无非是马车上的一个轮子罢了。试想，一辆马车抛弃所有轮子就单凭一个轮子会怎么样？

（3）不熟悉实体产业和其特点。

这个很好理解，隔行如隔山。站在传统线下的角度看待 O2O，互联网也好，移动互联网也罢，由于其本身传播的跨地域性、跨时间维度和相对传统媒体宣传的低成本，以及便于精准营销的一系列特征可以较好地降低成本进行有针对性地精准宣传，为线下带来客流。

至于 O2O 领域的数据分析挖掘、CRM 系统等，企业做大做强之后这些都是必然的产物，同时也是企业竞争力的体现，并非互联网的专利和优势，大可不必“另眼”看待。

正是目前 O2O 市场盲目的追捧和自我膨胀，导致了乌邦托似的幻想和在很多方面的过度泛滥，造成了企业资源的浪费和实际实施效果极差的尴尬局面。

（1）过度细分市场。

过度细分市场的典型表现就是在目前自己的消费人群中按照过于精细的划分，人为地造成了顾客需求和属性的千差万别。判断市场细分是否过度的标准是，满足细分之后所带来的经济效益是否超出了为此而付出的经营成本。每个企业也好，产业也好，永远不可能满足不同人群的所有需求，就像人的手掌，五根手指本来就是不齐的。

在企业以盈利为目标的今天，以有限的企业内部资源如何调动、创造更大的财富，满足更多的客源需求，这才是企业发展生存的关键。当然，这些都与企业发展的战略息息相关。如果企业将有限的资源放到满足自身仅仅 1%的边缘用户的个别需求上，那么这样的企业发展不会太好。而如果将有限的资源放到优先满足主要客户的核心需求上，不仅可以增加企业的竞争力而且可以给企业带来不少的利润。至于那些小众用户或者潜在的需求，在现有资源和系统能够支持的情况下，企业进行优化来满足这些小众或者潜在需求，对于企业的长久发展也是锦上添花的事儿。

（2）过度价格营销。

价格的制定，其实一直和企业战略、市场需求度、产业链结构，以及地域性等因素息息相关。制定的价格高于市场需求水平显然会失去竞争力，但当价格和竞争放到用户特殊需求和地域性这两个维度去看待则其结果必然是颠覆性的。

举两个小例子，一是买车的例子。汽车市场竞争激烈，各家 4S 店都在促销，精明的消费者在货比多家之后，才会选择自己中意的渠道和价格购买。这本是再普通不过的事情，但如果遇到顾客急需用车，急需提车的时候，面对顾客需求的变化，4S 店要做的不是降价，而是加钱提车。而此时，这些顾客往往也愿意通过加钱的方式来满足自己对于产品的急需。二是可口可乐的例子。可口可乐在大城市里价格很低廉，但到了某些特殊的地区，如偏远的小城镇，一瓶可乐的价格高到 5 块或者更高时，同样还是有顾客购买。以上两个例子都是生活中常见的事情，但也确实反映了营销在不同需求和地域维度下的变化和特征。O2O 的实施面临房租、人员等成本的同时，加之顾客需求和地域的变化，成本也会急变，一味地通过降低产品价格刺激市场销售，为了市场促销不惜大打价格战，既不利于企业正常发展，同时又将市场正常的秩序搅乱，企业应得的利益也随之丧失。

（3）过度服务。

过度服务，其本质是企业对于核心竞争力的把握不足，盲目地将客户全部需求服务作为竞争力去打造，片面强调用户体验和服务，将少数顾客的个别需求作为发展的重点去对待。“全心全意为顾客服务”这个理念本身没有错误，但企业的第一目标是盈利，应当和企业战略、不同发展阶段息息相关，如果盲目投入过多的资源必将导致企业的亏损和发展停滞。

以上三个问题，在目前 O2O 领域内无论是企业实施方，还是供应链的上下游都普遍存在。抛去互联网的热度和空想，还原到商业的本质中来，实体 O2O 应当更多地从企业发展、盈利的角度去看待竞争力的打造和市场营销服务。

从市场营销角度看，抛开企业的战略营销外，目前 O2O 领域的大多数营销启示都只是一种战术手段，从营销的定义和概念中可以看到这种战术性的营销行为不过是销售的一个引导活动罢了。而现实是很多企业却希望这样一个“销售引导”变为“制造价值”，这些是 O2O 经营者们应当格外注意的地方。

从价格和服务角度看，价格战形成的原因往往是企业产品同质化造成的。这种情况往往发生于互联网电商当中，对于消费者而言，电商间的购物环境、条件、产品并没有本质区别。而 O2O 则不然，其线下服务体验的不可替代性，以及地域性等因素造成了局部产品垄断和在消费者心中的消费底线变形。这就好比同样是可口可乐，放在超市和酒吧 KTV 里面之后，同样的顾客却可以接受不同的价格一样。当然，顾客中也有部分顾客对于价格因素很敏感，这样的顾客对于企业而言就应当学会放弃。

经典市场营销理论中有一种定价原则，即通过高价格来提升并凸显产品的品质。同时高品质的产品与之对应的理所应当是高价格和高毛利。这些理解某种程度上是完全站在企业净利润的角度，以企业创造价值、产品为需求驱动核心的理念体现。现阶段的市场早已不是当年“需大于供”的时代了，用户需求才是企业创造价值和实现消费驱动的核心，高服务等于高价格的理念，不仅不会帮助企业实现“人人都是上帝”的理念，反而会将原本属于企业的用户赶走并造成流失，因此企业在提升服务和用户价值的同时，应当努力降低成本，实现有竞争力的合理成本。

因此，从对“人人都是上帝”的用户需求的满足过程中，实际上也是考验企业对于其背后的本质“顾客价值”的理解和运营。这种理解和运营绝不是漫天要价，而是企业有目的、有阶段和有策略地有的放矢的过程，即在企业发展的不同阶段，产品、服务的不同生命周期，结合当时市场和行业的动态，对用户群中“利益最大化”的核心用户进行聚焦。不同的企业，其利益最大化的定义也不同，有的商业模式最大化的利益就是用户流量和规模；有的商业模式利益最大化指的是净利润最大的用户。在这种核心用户群聚焦的基础上，对于用户的需求进行定位并明确其核心需求，在围绕这个核心需求展开，满足用户个性所需的二级需求，从而实现成本、资源和利润的最佳平衡。

4．人人都是上帝——用户参与

“人人都是上帝”不仅是企业对于“用户价值”的体现，这种用户价值是指导企业经营和日常一切活动的一种战略和主题。如果说服务好用户实现企业服务竞争力的话，那么这种用户价值在企业一切活动中的体现，则直接反映了企业核心竞争力的情况。

随着线上互联网的发展和终端网络用户的普及，用户对于产品、服务甚至是企业内部行为的参与意识愈来愈强，这种意识使得众包理论在实际生活中的实现变为可能。同时无论线上互联网还是线下实体，产品的生命周期缩短，新品发布周期加快。这些都要求企业对于产品的管理需要全员客服理念，全时段对用户需求和体验进行调研。这些无论是在企业内部还是社会用户角度，用户的参与已经成为一种趋势。

用户参与的趋势在企业产品、服务中可以体现在以下两个方面。

(1) 产品、服务全面参与开放。企业除产品、服务核心的商业秘密外，将新品的需求、测试和发布等全程向用户开放，并在这个过程中通过与用户互动机制的设置，对用户意见进行收集并不断迭代和完善产品，确保用户拿到了自己想要的产品和功能。

(2) 市场传播和宣传参与开放。由之前企业在传统媒体上投放广告进行营销的模式，通过社交软件和工具，以及内部机制的设立。通过活动产品化（以产品化的思路和运营手法组织市场营销活动并与用户互动，设置用户参与环节和分享话题）和产品活动化（在产品的运营过程中植入活动化的原则和环节的方式），吸引用户参与和扩散口碑事件让用户主动分享。